JN198652

PwC Japan有限責任監査法人［編］

税効果会計の実務ガイドブック

基本・応用・IFRS対応

改訂版

中央経済社

はじめに

　税効果会計は，企業会計と税務会計の乖離を企業会計の領域で調整して会計上の税引前利益と税金費用を対応させる技法です。税効果会計の適用により，将来において税金を減額させる効果に対して繰延税金資産，増額させる効果に対して繰延税金負債を計上します。過去，減損会計などの会計上の見積りを前提とした会計基準の導入や法人税法における引当金の廃止などにより企業会計と税務会計が大きく乖離してきたことに伴い，繰延税金資産の計上額も重要なものとなっています。そのため，とりわけ繰延税金資産の回収可能性は財務諸表に大きな影響を与えています。繰延税金資産の回収可能性は，将来課税所得の見積りなど重要な会計上の見積りを伴うため，重要な会計上の見積りの注記や監査上の主要な検討事項（KAM）において記載されることの多い項目の1つとなっています。税効果会計は，税法が頻繁に改正され，また，税金計算そのものが複雑化していることも相まって，複雑かつ重要な会計領域の1つとなっています。

　わが国では，1998年10月に企業会計審議会から「税効果会計に係る会計基準」が公表されて，税効果会計が本格的に導入されました。これを受けて，日本公認会計士協会（JICPA）から税効果会計に関する実務指針が公表されました。これらには，「繰延税金資産の回収可能性に関する監査上の取扱い」（監査委員会報告第66号）が含まれます。2013年以降，JICPA における税効果会計に関する実務指針のうち，会計に関する部分を企業会計基準委員会（ASBJ）に移管すべく審議が行われ，2015年12月に「繰延税金資産の回収可能性に関する適用指針」（回収可能性適用指針）が公表されました。回収可能性適用指針では，監査委員会報告第66号の企業の分類に応じて繰延税金資産の回収可能性を判断するという指針が引き継がれています。また，2018年2月に「『税効果会計に係る会計基準』の一部改正」（税効果会計基準一部改正）等が公表され

ました。税効果会計基準一部改正では，財務諸表利用者が繰延税金資産の回収可能性に関する不確実性やリスクを理解できるようにするため，繰延税金資産の回収可能性に関する注記事項が追加されています。

2022年10月には，移管を完了した後に改めて検討を行うこととされていた，その他の包括利益に対して課税される場合の法人税等の計上区分，および，グループ法人税制が適用される場合の子会社株式等の売却に係る税効果の取扱いについて，改正企業会計基準第27号「法人税，住民税及び事業税等に関する会計基準」（法人税等会計基準）等が公表されています。法人税等会計基準では，税引前利益と税金費用の対応関係をより明確にさせるための改正が行われています。

また，令和5年（2023年）度税制改正において，大規模な多国籍企業グループを対象として「グローバル・ミニマム課税」が導入されています。グローバル・ミニマム課税は，臨時的・特例的な課税ではなく，法人税の新たな課税類型として，既存の法人の所得に課税する法人税と並列的な課税とされています。これに伴い，ASBJ から2023年3月に「グローバル・ミニマム課税制度に係る税効果会計の適用に関する取扱い」（実務対応報告第44号）が，2024年3月に「グローバル・ミニマム課税制度に係る法人税等の会計処理及び開示に関する取扱い」（実務対応報告第46号）がそれぞれ公表され，グローバル・ミニマム課税制度に係る繰延税金および当期税金の取扱いが定められています。

2023年11月には，四半期開示の見直しとして，「金融商品取引法等の一部を改正する法律」が成立しています。これにより，上場企業について金融商品取引法上の四半期開示義務（第1・第3四半期）を廃止し，取引所規則に基づく四半期決算短信に「一本化」すること，および，開示義務が残る第2四半期報告書を半期報告書として提出することになります。これに伴い，2024年3月にASBJ は「中間財務諸表に関する会計基準」（企業会計基準第33号）等を公表し，税効果会計を含め，従来の四半期での実務が継続して適用可能となる取扱いを定めています。

本書は，このような最近の税効果会計に関する会計基準等の新設や改正も含

めて，基本的な事項から組織再編における税効果会計まで網羅的に解説しています。また，初版から引き続き国際財務報告基準（IFRS）上の取扱いや IFRS 移行時の検討ポイントについても解説しています。解説にあたっては，具体的な設例や図表をなるべく多く取り入れ，基準設定の経緯など有益と思われる内容をコラムとして記載することで，理解が容易になるように心がけました。

　本書が，税効果会計の実務に携わっている方々や，これから税効果会計について学ぼうとされる方々の一助となれば幸いです。

　最後になりましたが，本書の刊行にあたってご尽力いただきました中央経済社の坂部秀治氏に，この場を借りて深く感謝申し上げます。

2024年 9 月

PwC Japan 有限責任監査法人

代表執行役　久保田　正崇

Contents

第Ⅰ部　基本編

第4章　繰延税金資産および繰延税金負債の計算に用いる税率
および税法　94

第5章　繰延税金資産の回収可能性　104

第6章　当期税金に関する取扱い　　167

1．当期税金の会計処理／167

第7章　中間財務諸表および四半期財務諸表における取扱い　179

第Ⅱ部　応 用 編

第1章　組織再編における税効果会計　　232

第Ⅲ部　IFRS 対応

第 2 章　**IFRS 会計基準への移行時の検討ポイント**

略称一覧

略称	基準等名称
税効果会計基準	税効果会計に係る会計基準（企業会計基準審議会）
税効果会計基準一部改正	「税効果会計に係る会計基準」の一部改正（企業会計基準第28号）
税効果適用指針	税効果会計に係る会計基準の適用指針（企業会計基準適用指針第28号）
回収可能性適用指針	繰延税金資産の回収可能性に関する適用指針（企業会計基準適用指針第26号）
中間税効果適用指針	中間財務諸表等における税効果会計に関する適用指針（企業会計基準適用指針第29号）
法人税等会計基準	法人税，住民税及び事業税等に関する会計基準（企業会計基準第27号）
実務対応報告42号	グループ通算制度を適用する場合の会計処理及び開示に関する取扱い（実務対応報告第42号）
実務対応報告5号	連結納税制度を適用する場合の税効果会計に関する当面の取扱い（その1）（実務対応報告第5号）
実務対応報告7号	連結納税制度を適用する場合の税効果会計に関する当面の取扱い（その2）（実務対応報告第7号）
実務対応報告44号	グローバル・ミニマム課税制度に係る税効果会計の適用に関する取扱い（実務対応報告第44号）
実務対応報告46号	グローバル・ミニマム課税制度に係る法人税等の会計処理及び開示に関する取扱い（実務対応報告第46号）
中間会計基準	中間財務諸表に関する会計基準（企業会計基準第33号）
中間適用指針	中間財務諸表に関する会計基準の適用指針（企業会計基準適用指針第32号）
四半期会計基準	四半期財務諸表に関する会計基準（企業会計基準第12号）
四半期適用指針	四半期財務諸表に関する会計基準の適用指針（企業会計基準適用指針第14号）
連結会計基準	連結財務諸表に関する会計基準（企業会計基準第22号）

資本連結手続実務指針	連結財務諸表における資本連結手続に関する実務指針（移管指針第4号）
持分法実務指針	持分法会計に関する実務指針（移管指針第7号）
企業結合会計基準	企業結合に関する会計基準（企業会計基準第21号）
事業分離等会計基準	事業分離等に関する会計基準（企業会計基準第7号）
結合分離適用指針	企業結合会計基準及び事業分離等会計基準に関する適用指針（企業会計基準適用指針第10号）
会計方針開示等会計基準	会計方針の開示，会計上の変更及び誤謬の訂正に関する会計基準（企業会計基準第24号）
金融商品会計基準	金融商品に関する会計基準（企業会計基準第10号）
役員賞与会計基準	役員賞与に関する会計基準（企業会計基準第4号）
棚卸資産会計基準	棚卸資産の評価に関する会計基準（企業会計基準第9号）
退職給付会計基準	退職給付に関する会計基準（企業会計基準第26号）
純資産会計基準	貸借対照表の純資産の部の表示に関する会計基準（企業会計基準第5号）
自己株式等会計基準	自己株式及び準備金の額の減少等に関する会計基準（企業会計基準第1号）
自己株式等適用指針	自己株式及び準備金の額の減少等に関する会計基準の適用指針（企業会計基準適用指針第2号）
ストック・オプション会計基準	ストック・オプション等に関する会計基準（企業会計基準第8号）
包括利益会計基準	包括利益の表示に関する会計基準（企業会計基準第25号）
法法	法人税法
法令	法人税法施行令
法規	法人税法施行規則
措法	租税特別措置法
財務諸表等規則	財務諸表等の用語，様式及び作成方法に関する規則
連結財務諸表規則	連結財務諸表の用語，様式及び作成方法に関する規則

IFRS	国際財務報告基準
IAS 第 1 号	国際会計基準第 1 号「財務諸表の表示」
IAS 第 7 号	国際会計基準第 7 号「キャッシュ・フロー計算書」
IAS 第10号	国際会計基準第10号「後発事象」
IAS 第12号	国際会計基準第12号「法人所得税」
IAS 第32号	国際会計基準第32号「金融商品：表示」
IAS 第34号	国際会計基準第34号「期中財務報告」
IFRS 第 3 号	国際財務報告基準第 3 号「企業結合」
IFRS 第 5 号	国際財務報告基準第 5 号「売却目的で保有する非流動資産及び非継続事業」
IFRIC 第23号	IFRIC 解釈指針第23号「法人所得税の税務処理に関する不確実性」
ASBJ	企業会計基準委員会
JICPA	日本公認会計士協会

基 本 編

第1章

税効果会計の意義および概要

1．税効果会計の意義

(1)　税効果会計の目的

　税効果会計は，企業会計上の収益または費用と課税所得計算上の益金または損金の認識時点の相違等により，企業会計上の資産または負債の額と課税所得計算上の資産または負債の額に相違がある場合において，法人税その他利益に関連する金額を課税標準とする税金（以下「法人税等」という）の額を適切に期間配分することにより，法人税等を控除する前の当期純利益と法人税等を合理的に対応させることを目的とする手続です。

　法人税等の課税所得の計算にあたっては企業会計上の利益の額が基礎となりますが，企業会計と課税所得計算はその目的を異にするため，一般的に，収益または費用（益金または損金）の認識時点や，資産または負債の額に相違が見られます。

　企業会計上の利益と課税所得の間に差を生じさせる要因としては，主に以下の項目が挙げられます。

①　課税の公平性を確保する観点から，課税所得の計算にあたっては極力不確実性を排除している（会計上の引当金や資産の評価損や減損など会計上の見積りを多く含んだ項目など）

②　政策上，特定の取引を抑制するために，あるいは，特定の取引を奨励す

るために税務上の特有の取扱いを設けている（損金不算入となる交際費や租税特別措置法上の税額控除や特別償却など）

③ 税体系上，課税すべきでないと考えられる取引を調整している（受取配当金の益金不算入など）

このような会計上の利益計算と税務上の課税所得計算の相違には，その相違が一時的に生じるものと，その相違が永久に解消されないものが存在します。税効果会計の適用により，会計上の利益計算と税務上の課税所得計算から生じる差異が一時的であり，いずれその差異が解消されることを前提に，会計上の利益に対応させて税金費用が認識されます。

(2) 税効果会計の必要性

わが国では税効果会計が導入される前は，会計上の利益と税金費用との関連を考慮することなく，確定した納税額をその期の税金費用として取り扱う実務が定着していました。

しかし，税効果会計を適用しない場合には，課税所得を基礎とした法人税等の額が税金費用として計上され，法人税等を控除する前の会計上の利益と税務上の課税所得の間に差異があるときには，法人税等の額が法人税等を控除する前の当期純利益と期間的に対応せず，また，将来の法人税等の支払額に対する影響が表示されません。

一方，税効果会計を適用すると，繰延税金資産および繰延税金負債が貸借対照表に計上されるとともに，当期の法人税等として納付すべき額および税効果会計の適用による当期の法人税等として納付すべき額に対する調整額が損益計算書に計上されます。

税金の会計処理として，これらの2つのうち，どちらが正しくてどちらが誤りであるという性格のものではありません。企業と税務当局との関係でみれば，取引事実が生じて課税関係が生じてこそ税務当局に対して納税義務が生まれるので，そのような税務当局との関係で生じる権利義務だけを会計処理に反映させれば十分とする考え方も十分にありえます。しかし，現時点で確定している

税務当局との法的な権利義務関係のみならず，将来において税金費用を増加もしくは減少させるような潜在的な権利・義務も企業会計における資産や負債を構成しうるという考え方が税金に関する会計処理として国際的にも主流となっており，この前提に立てば，税効果会計を全面的に適用することが必要となります。

　このように，税効果会計は，将来における税金の減額効果または追加的な負担を会計上の資産または負債として取り扱う会計処理の総称です。別の見方をすると，課税のもととなる会計上の利益と税金費用を対応させるための会計上の技法とみることもできます。

（本セクションのポイント）

- ●税効果会計は，企業会計と税務会計との取扱いの乖離を企業会計の領域で調整する機能を有し，会計上の利益と税金費用を対応させる計算上の技法である。

2．税効果会計の概要

(1)　税効果会計の基本的な考え方

　税効果会計は，利益を基礎として計算される税金費用をその利益と対応させて測定すべきであるという考え方を基礎とした，企業会計と税務会計の差異を調整する会計上の技法と考えることができます。

　具体的な例を紹介します。

設例Ⅰ-1-1　税効果会計の適用

前提

- 投資有価証券（取得価額100）の時価が40に下落し，60の減損処理を行った（投資有価証券評価損60）。
- 当該減損処理60について，税務上は損金不算入とした。

- 当期における会計上の税引前利益は100，課税所得は160であった。
- 法定実効税率は30％である。
- 繰延税金資産の全額について回収可能性があるものとする。

[会計処理]
- 会計上は，60の減損処理を行ったため，投資有価証券の簿価は40となる。
- 税務上は，減損処理されておらず投資有価証券の簿価は100のままである。
- 投資有価証券の会計上の簿価40と税務上の簿価100との間に60の差額が生じる。
- この60の差額に，法定実効税率30％を乗じた18を損益計算書上の法人税等に対して調整し，同額だけ繰延税金資産を計上する。

| （借） | 投資有価証券評価損 | 60 | （貸） | 投 資 有 価 証 券 | 60 |
| | 繰 延 税 金 資 産 | 18 | | 法 人 税 等 調 整 額 | 18 |

　上述のような税効果会計の適用により，大きく以下の2つの効果を確認することができます。

①　期間対応

　「法人税等」は当期の課税所得から計算されます。この課税所得は会計上の利益から算出されるものの，収益や費用の認識時期が税務上の益金や損金の認識時期と異なる場合があるため，会計上の利益と「法人税等」が期間的に対応せず，将来の法人税等の支払額に対する影響が表示されない場合があります。**設例Ⅰ-1-1**では税効果会計の適用により，「法人税等調整額」という税金費用の調整を行う損益計算書上の科目に18が計上されますが，この調整により，会計上の税引前利益に税率を乗じたものが税金費用になります。**設例Ⅰ-1-2**で税効果会計を適用しない場合との比較を説明します。

設例Ⅰ-1-2　税効果会計を適用しない場合と適用した場合の比較 ──

[前提]

- 設例Ⅰ-1-1に以下の前提を加える。
- 営業利益は当期，翌期ともに160とする。
- 税引前利益は当期が100，翌期が160とする。
- 翌期に投資有価証券を40で売却する。
- 当該売却により，当期に税務上否認した減損処理を行った60（投資有価証券評価損60）が翌期に認容減算される。
- これにより課税所得の計算は以下のとおりとなる。

	当期	翌期
会計上の利益の計算		
(a)営業利益	160	160
(b)投資有価証券評価損	▲60	−
(c)税引前利益(a)＋(b)	100	160
課税所得の計算		
(c)税引前利益	100	160
(d)評価損の損金不算入（▲認容減算）	60	▲60
(e)課税所得(c)＋(d)	160	100
法人税等の計算		
法人税等(e)×30%	48	30

【会計処理】

a　税効果会計を適用しない場合

	当期	翌期	2期通算
営業利益	160	160	320
投資有価証券評価損	▲60	–	▲60
税引前利益(f)	100	160	260
法人税等	▲48	▲30	▲78
法人税等調整額	–	–	–
税金費用(g)	▲48	▲30	▲78
当期純利益	52	130	182
税負担率(g)／(f)	48.0%	18.8%	30.0%

　税効果会計を適用しない場合には，税金費用が投資有価証券の減損（投資有価証券評価損）に関する損金不算入と認容減算を含む課税所得のみから計算されるため，税引前当期純利益と税金費用の関係が法定実効税率に対応した関係（30％）になりません。

b　税効果会計を適用した場合

	当期	翌期	2期通算
営業利益	160	160	320
投資有価証券評価損	▲60	–	▲60
税引前利益(h)	100	160	260
法人税等	▲48	▲30	▲78
法人税等調整額	18	▲18	–
税金費用(i)	▲30	▲48	▲78
当期純利益	70	112	182
税負担率(i)／(h)	30.0%	30.0%	30.0%

　税効果会計を適用した場合，投資有価証券の減損（投資有価証券評価損）に損金不算入と認容減算に係る影響が調整されるため，税引前当期純利益と税金費用との関係が法定実効税率に対応した関係（30％）となります。

②　将来の税金負担の加減効果

　税効果会計では，将来の税金負担を軽減できる能力を会計上の資産「繰延税金資産」として認識し，将来の税金負担を増加させる能力を会計上の負債「繰延税金負債」として認識します。**設例Ⅰ-1-1**では税効果会計の適用により，「繰延税金資産」18を新たに認識しますが，これは，将来投資有価証券を売却すれば，その売却した事業年度において認容減算されることにより，会計上の売却損益に見合う税金よりも18だけ税金費用を低く抑えることができる，という事実を反映させています（**設例Ⅰ-1-2**）。このように，税効果会計は，会計上の資産や負債に相当する将来の税金負担の加減効果を財務諸表に表す効果を有します。

　このように，税効果会計は損益計算書の観点からの効果と貸借対照表の観点からの効果の両方を生じさせます。

(2)　繰延法と資産負債法

　税効果会計の適用により，損益計算書からのアプローチと貸借対照表からのアプローチの両方についてその効果を確認することができますが，このアプローチとの関連で，税効果会計を実際に適用するときに「繰延法」と「資産負債法」という2つの考え方が存在します。税効果会計を理解するにはこれらの考え方を理解することが非常に重要です。

①　繰延法

　「繰延法」とは，会計上の収益または費用の額と税務上の益金または損金の額との間に差異が生じており，これらの差異のうちそれぞれの帰属時期の相違に基づくもの（期間差異）について，差異が生じた年度に当該差異による税金の納付額または軽減額を，これらの差異が解消する年度まで，資産（繰延税金資産）または負債（繰延税金負債）として計上する方法です（税効果適用指針89項(2)）。

　この考え方では，損益計算書の視点，すなわち税金費用を考慮する前の利益

と税金費用を適切に対応させることが重視されています。

②　資産負債法

　「資産負債法」とは，会計上の資産または負債の額と課税所得計算上の資産または負債の額との間に差異が生じており，この差異が解消する時にその期の課税所得を減額または増額する効果を有する場合に，この差異（一時差異）が生じた年度にそれに係る資産（繰延税金資産）または負債（繰延税金負債）を計上する方法です（税効果適用指針89項(1)）。

　この考え方では，貸借対照表の視点，すなわち，資産（繰延税金資産）または負債（繰延税金負債）がその資産または負債としての能力を十分に有するかという視点が重視されています。

③　繰延法と資産負債法の比較

　「繰延法」と「資産負債法」の違いは，大きくは損益計算書アプローチか貸借対照表アプローチかの違いですが，具体的な例として以下の点が挙げられます。

a　税効果の適用範囲

　繰延法における期間差異に該当する項目は，すべて資産負債法における一時差異に含まれるため，両者の範囲はほぼ一致します。しかし，その他有価証券評価差額金などの資産または負債の評価替えにより直接純資産の部に計上された評価差額は，資産負債法における一時差異に該当しますが，繰延法における期間差異には該当しません（税効果適用指針90項）。

b　適用される税率

　繰延税金資産または繰延税金負債を計算するために適用される税率として，繰延法では期間差異が発生した年度（過去）に適用された税率を用います。一方，資産負債法では一時差異が解消される年度（将来）に適用される税率を用

います。そのため，税法が改正されて税率が変更された場合に両者の取扱いに差異が生じます。

- 繰延法のもとでは，過去の税効果会計の適用によりいったん認識された繰延税金資産もしくは繰延税金負債を見直さない。
- 資産負債法のもとでは，税率変更により将来の納税額の減額または増額が生じることから繰延税金資産もしくは繰延税金負債を見直す。

c　繰延税金資産の性質

　繰延法では，税引前利益と税金費用の額を適切に対応させることが重視されます。このため，例えば税金を納付したもののその一部は将来の期間に対応させるべきであると考えられる部分を「繰延税金資産」として計上しますので，実態としては，「税金費用の前払い」と考えることができます。

　一方，資産負債法では，あくまで貸借対照表上の資産または負債としての能力が求められますので，例えば「繰延税金資産」に将来の税金を節約できる能力を認めるためには，将来も税金を払うだけの利益が会計上も計上される，ということが前提となります。これを「繰延税金資産の回収可能性」といいます。資産負債法の下では，常に繰延税金資産の回収可能性が議論になります。繰延税金資産の回収可能性は，税効果会計を難しいものにしている主要な要因になっているため，第5章で詳しく解説します。

　わが国では，原則として「資産負債法」の考え方を採用しながらも，連結会社間の取引により生じた未実現利益に係る税効果について「繰延法」の考え方を一部取り入れています。

(3)　一時差異と一時差異に該当しない項目（永久差異）

　税効果会計は，企業会計と税務会計の相違を調整する会計上の技法ですが，すべての企業会計と税務会計の相違が税効果会計の対象になるわけではありません。

　なぜ企業会計と税務会計には相違が存在するのかという観点から，企業会計と税務会計の相違を大きく3つに分類することができます。

> ①　課税の公平性を確保する観点から，税務会計では極力不確実性を排除している
> ②　政策上，特定の取引を抑制するために，あるいは，特定の取引を奨励するために特有の税務上の取扱いを設けている
> ③　税体系上課税すべきでないと考えられる取引を調整している

　これらの分類を考えてみると，企業会計と税務会計の相違が一時的であり，いずれ解消を期待できるものと，その目的の相違からその差異が解消されることを想定できないものが混在していることがわかります。前者のような差異を「一時差異」と呼ぶのに対して，後者のように一時差異に該当しない項目を「永久差異」と呼んでいます。

　例えば，①に属する引当金の計上などに関しては，税務上は課税の公平性を確保するために見積りの不確実性を排除し多くの引当金の計上を認めていません。しかし，引当金が将来発生する可能性の高い費用や損失を計上するものであるため，概念的にはいずれ税務上の損金も計上されることが期待されるものであり，「一時差異」と考えられます。

　また，③に属する項目としては，企業が受け取る「受取配当金」がありますが，一般的にはこれは会計上の収益でありながら，税体系上課税すべきでないと考えられているため益金に含めないものですので，時間が経過しても通常はこの差異が解消することを期待できません。その点で「永久差異」に属します。

　②に属する項目については，一概に「一時差異」か「永久差異」かは明確ではありません。これは，ある政策的な意図をもって税金の負担を増加させたり減少させたりする方法として，税金の負担を重くする方法，免除する方法，将来に先送りにする方法といろいろな方法があるためです。

　税金負担を重くする方法として典型的に考えられる項目が，「寄付金の損金不算入」や「交際費の損金不算入」です。一方，税金負担を軽くする方法とし

ては「税額控除」があり，将来に先送りにする方法としては「特別償却」があります。

①　一時差異

　一時差異は，「貸借対照表及び連結貸借対照表に計上されている資産及び負債の金額と課税所得計算上の資産及び負債の金額との差額をいう」（税効果会計基準 第二 一2）とされています。一時差異という用語は資産負債法の考え方から生じる用語です。通常は，一時差異に対してその一時差異が解消すると期待される事業年度に適用される税率を乗じることによって繰延税金資産もしくは繰延税金負債が計算されます。

　一時差異については，第2章「個別財務諸表における税効果会計」（16頁）で詳細に解説しています。

②　永久差異

　永久差異は，課税所得計算において永久に税務上の益金または損金に算入されないものであり，将来において課税所得を増額または減額させる効果を有さないため，税効果会計の対象になりません。すなわち，繰延法の考え方によった場合でも，利益計算や課税所得計算の期間のずれを生じさせるものではなく，資産負債法の考え方によった場合でも，将来の税金費用を増加または減少させる効果を有することはありません。

　永久差異には，例えば次のような項目があります。

- 会計上，収益として計上された受取配当金のうち，課税所得計算において永久に税務上の益金に算入されないもの
- 会計上，費用として計上された交際費のうち，課税所得計算において永久に税務上の損金に算入されないもの

　永久差異は，会計上の税引前利益と税金費用の関係を，適用する税率から乖離させる効果を生じさせます。

　この節で解説した期間差異，一時差異および永久差異と税効果会計の対象の

関係をまとめると，**図表Ⅰ-1-1**のようになります。

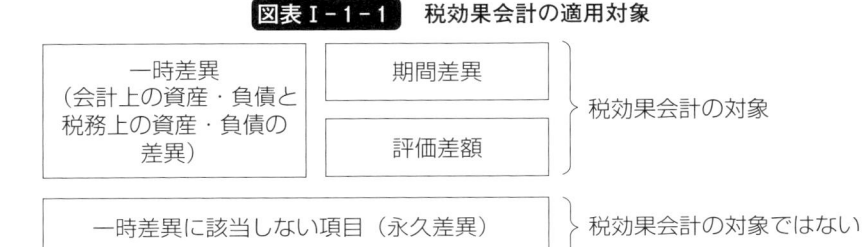

図表Ⅰ-1-1　税効果会計の適用対象

> 一時差異
> （会計上の資産・負債と
> 税務上の資産・負債の
> 差異）
>
> 期間差異
>
> 評価差額
>
> ｝税効果会計の対象
>
> 一時差異に該当しない項目（永久差異）｝税効果会計の対象ではない

（本セクションのポイント）

- 税効果会計の適用にあたっては「繰延法」と「資産負債法」の2つの考え方がある。わが国の税効果会計は「資産負債法」を基礎としながら，一部「繰延法」の考え方が取り入れられている。
- 企業会計と税務会計に差異をもたらすものを「一時差異」と「永久差異」にわけることができる。税効果会計により，「一時差異」に対応する将来の税金費用への影響を「繰延税金資産」または「繰延税金負債」として貸借対照表に反映させる。

3．わが国における税効果会計の体系

　わが国における税効果会計基準は，企業会計審議会から1998年に公表されました。また，当該会計基準を受けて，JICPA から個別財務諸表における税効果会計に関する実務指針や連結財務諸表における税効果会計に関する実務指針などの会計上の実務指針，繰延税金資産の回収可能性の判断に関する監査上の取扱いなどの監査上の実務指針が公表され，これらに基づき財務諸表の作成が行われてきました。

　その後，JICPA が公表した実務指針（会計に関する部分）は ASBJ へ移管され，2018年2月に税効果会計基準一部改正等の公表により，以下のように整

理されました（**図表Ⅰ-1-2**）。

図表Ⅰ-1-2　わが国における税効果会計の体系

	本書における解説箇所
税効果会計基準（税効果会計の適用に関する全般的（会計処理・開示）な基準）	基本編（第6・7章を除く）
税効果適用指針（税効果会計基準を適用する際の指針）	基本編第2・3・4章
回収可能性適用指針（繰延税金資産の回収可能性についての指針）	基本編第5章
中間（四半期）会計基準（中間（四半期）財務諸表等に税効果会計を適用する際の基準）	基本編第7章
中間適用指針（従前の四半期財務諸表等のうち第2四半期に係るもの（第1種中間財務諸表等）に税効果会計を適用する際の指針）	基本編第7章
中間税効果適用指針（従前の中間財務諸表等（第2種中間財務諸表等）に税効果会計を適用する際の指針）	基本編第7章
四半期適用指針（四半期財務諸表等に税効果会計を適用する際の指針）	基本編第7章
グループ通算制度を適用する場合の会計処理及び開示に関する取扱い	応用編第2章
グローバル・ミニマム課税制度に係る税効果会計の適用に関する取扱い	応用編第3章
グローバル・ミニマム課税制度に係る法人税等の会計処理及び開示に関する取扱い	応用編第3章
税効果会計基準一部改正（税効果会計に関する注記を定めた基準）	基本編第8章
法人税等会計基準（法人税等に関する全般的（会計処理・開示）な基準）	基本編第6章

　上表のほか，企業結合における税効果会計の取扱いは，結合分離適用指針に含まれており，持分法における税効果会計の取扱いは，持分法実務指針に含まれています。

　中間財務諸表（従前の四半期財務諸表のうち第2四半期に係るもの）における税金および税効果会計の取扱いは，中間会計基準と中間適用指針に含まれています。また，四半期財務諸表（第1四半期と第3四半期に係るもの）における税金および税効果会計の取扱いは，四半期会計基準と四半期適用指針に含まれています。

（**本セクションのポイント**）

● わが国の税効果会計については，これまで会計基準等の開発主体の相違などから複雑な体系であったが，2018年の税効果会計基準の改正などを経て，現在は整理されている。

第2章

個別財務諸表における税効果会計

　本章では，個別財務諸表における税効果会計の適用について説明します。個別財務諸表においては，資産負債法の考え方をもとに一時差異に対して繰延税金資産および繰延税金負債を認識します。以下では，主にこの一時差異についてどのようなものがあるか，会計処理をどのように行うかについて説明します。

1．概　　要

(1)　資産負債法における税効果会計

　前章において解説したとおり，税効果会計には繰延法と資産負債法の2つの考え方があります。税効果会計基準ではその目的が以下のように定められており，資産負債法が採用されています（税効果会計基準 第一）。

> 税効果会計は，企業会計上の資産又は負債の額と課税所得計算上の資産又は負債の額に相違がある場合において，法人税等の額を適切に期間配分することにより，法人税等を控除する前の当期純利益と法人税等を合理的に対応させることを目的とする手続である。

　以下では，税効果会計基準が採用している資産負債法を中心に解説します。

(2)　一時差異

　上記のとおり繰延税金資産または繰延税金負債は，会計上の資産または負債

と課税所得計算上の資産または負債の差額について計上されます。前章でも説明したとおり，当該差額を一時差異と呼んでいますが，ここでは「財務諸表上の一時差異」について説明します。財務諸表上の一時差異とは，個別財務諸表において生じる一時差異であり，次のような場合に生じるとされています（税効果適用指針75項）（**図表 I - 2 - 1** 参照）。

- 収益または費用の帰属年度が税務上の益金または損金の算入時期と相違する場合
- 資産または負債の評価替えにより生じた評価差額等が直接純資産の部に計上され，かつ，課税所得計算に含まれていない場合

図表 I - 2 - 1　会計上の資産（負債）と課税所得計算上の資産（負債）

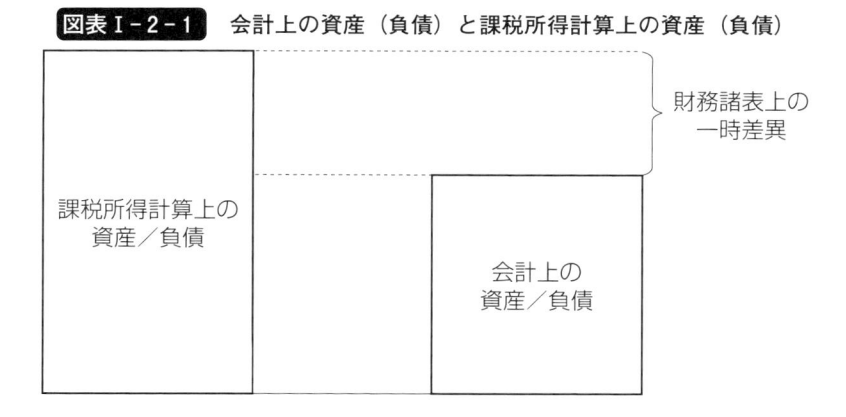

また，財務諸表上の一時差異は，解消される時の効果により「将来減算一時差異」と「将来加算一時差異」の 2 つに分けられます（税効果適用指針 4 項(4)）（**図表 I - 2 - 2**）。

図表Ⅰ-2-2　財務諸表上の一時差異

内　　容	例示（税効果会計基準（注2）（注3））
将来減算一時差異： 財務諸表上の一時差異のうち，当該一時差異が解消する時にその期の課税所得を減額する効果を持つもの	・貸倒引当金，退職給付引当金等の引当金の損金算入限度超過額 ・減価償却費の損金算入限度超過額 ・棚卸資産等に係る評価損の損金不算入額
将来加算一時差異： 財務諸表上の一時差異のうち，当該一時差異が解消する時にその期の課税所得を増額する効果を持つもの	・利益処分による租税特別措置法上の諸準備金等の計上

(3)　税務上の繰越欠損金，繰越外国税額控除等

　(2)で説明した一時差異および税務上の繰越欠損金等を総称して「一時差異等」と呼び，税務上の繰越欠損金等には，繰越外国税額控除や繰越可能な租税特別措置法上の法人税額の特別控除等が含まれます（税効果適用指針4項(3)）。これらの税務上の繰越欠損金等についても税効果会計の対象となります。

　税務上の繰越欠損金は一時差異ではありませんが，その発生年度の翌期以降で繰越期限切れになるまでの期間に課税所得が生じた場合には，課税所得を減額することができ，当該課税所得が生じた年度の法人税等として納付すべき額を軽減する効果があるため，一時差異に準ずるものとして取り扱われます（税効果適用指針76項(1)）。

　また，繰越外国税額控除も，発生の翌期以降の繰越可能な期間に発生する外国税額控除余裕額（控除対象となる外国法人税等の額があるときはその金額を外国税額控除限度額から控除後）を限度として税額を控除することが認められることから，一時差異に準ずるものとして取り扱われます（税効果適用指針76項(2)）（繰越外国税額控除に係る税効果については，第5章4．(7)「繰越外国税額控除に係る繰延税金資産」（161頁）参照）。

(4) 繰延税金資産および繰延税金負債の計上

　繰延税金資産または繰延税金負債は，一時差異等に係る税金の額から将来の会計期間において回収または支払が見込まれない税金の額を控除して計上しなければならないとされています（税効果適用指針7項）。具体的な取扱いは次のとおりです。

- 個別財務諸表における繰延税金資産は，将来の会計期間における将来減算一時差異の解消，税務上の繰越欠損金と課税所得（税務上の繰越欠損金控除前）との相殺および繰越外国税額控除の余裕額の発生等に係る減額税金の見積額について，回収可能性を判断して計上します（第5章「繰延税金資産の回収可能性」（104頁）参照）。

　　ただし，組織再編に伴い受け取った子会社株式または関連会社株式（以下「子会社株式等」という）（事業分離に伴い分離元企業が受け取った子会社株式等を除く。第Ⅱ部第1章2.(5)②「組織再編に伴い受け取った子会社株式等に係る将来減算一時差異の税効果」（239頁）参照）に係る将来減算一時差異のうち，当該株式の受取時に生じていたものについては，予測可能な将来の期間に，その売却等を行う意思決定または実施計画が存在する場合を除き，繰延税金資産を計上しません（税効果適用指針8項(1)）。

- 個別財務諸表における繰延税金負債は，将来の会計期間における将来加算一時差異の解消に係る増額税金の見積額について，次の場合を除き，計上します（税効果適用指針8項(2)）。

　①　企業が清算するまでに課税所得が生じないことが合理的に見込まれる場合

　②　子会社株式等（事業分離に伴い分離元企業が受け取った子会社株式等を除く。第Ⅱ部第1章2.(5)③「組織再編に伴い受け取った子会社株式等に係る将来加算一時差異の税効果」（239頁）参照）に係る将来加算一時差異について，親会社または投資会社（以下「親会社等」という）がその投資の売却等を当該会社自身で決めることができ，かつ，予測可能な将来の期間に，その売却等を行う意思がない場合

　上記のように繰延税金資産については，将来の課税所得を減額する効果や将来の税金費用を減額する効果を有するかどうか，つまり，回収可能性があるかどうかを判断して計上することになります（繰延税金資産の回収可能性における論点については，第5章「繰延税金資産の回収可能性」（104頁）参照）。

（**本セクションのポイント**）

● 繰延税金資産または繰延税金負債は，会計上の資産または負債と課税所得計算上の資産または負債の差額（一時差異）について計上される。

● 税務上の繰越欠損金，繰越外国税額控除や租税特別措置法上の法人税額の特別控除等も税効果会計の対象となる。

● 繰延税金資産および繰延税金負債の計上には，法人税等の減額効果や増額効果があるかが考慮される。

2．財務諸表上の一時差異に係る税効果会計

　前述の1．「概要」（16頁）において，一時差異等に係る繰延税金資産および繰延税金負債の計上についての概要を説明しました。以下では具体的な項目を取り上げ，設例を用いて説明します。

(1)　貸倒引当金

　会計上は，受取手形，売掛金，貸付金その他の債権の貸借対照表価額については，貸倒見積高に基づいて算定された貸倒引当金を控除することとされており，債務者の財政状態および経営成績等による区分に応じて貸倒見積高は算定されます（金融商品会計基準14項，27項）。

　一方で，税務上は，一定の法人にのみ貸倒引当金の計上が認められるなど範囲が限定されています。このため，会計上の貸倒引当金の計上額と，課税所得計算上の貸倒引当金の計上額に差異が生じる可能性があり，その場合，将来減算一時差異が発生します。

設例Ⅰ-2-1　貸倒引当金の計上

[前提]

- A社の決算日は3月31日である。
- A社は売掛金につき，貸倒見積高に基づき算定した貸倒引当金を控除している。X0年3月期においては該当がないが，X1年3月期に貸倒引当金1,000を計上した。
- 当該貸倒引当金は，税務上は損金算入が否認される。
- 繰延税金資産の全額について回収可能性があるものとする。
- A社の法定実効税率は30％である。

[会計処理]

X1年3月期

(1)　貸倒引当金の計上

(借)　貸倒引当金繰入額	1,000	(貸)　貸　倒　引　当　金	1,000

(2)　上記に係る税効果

(借)　繰 延 税 金 資 産(＊1)	300	(貸)　法 人 税 等 調 整 額	300

(＊1)　繰延税金資産（期末）300＝貸倒引当金に係る将来減算一時差異（期末）1,000×法定実効税率30％

　　　法人税等調整額300＝繰延税金資産（期末）300－繰延税金資産（期首）0

(2)　賞与引当金

　会計上は，財務諸表の作成時において従業員の賞与支給額が確定していない場合に，支給見込額のうち当期に属する額を賞与引当金として計上することがあります。

　一方で，税務上は，このような賞与引当金の計上は認められません。このため，会計上のみ負債が計上されることになり，将来減算一時差異が発生します。

設例Ⅰ-2-2　賞与引当金の計上

[前提]

- A社の決算日は3月31日である。
- A社では賞与の支給対象期間がX0年10月1日からX1年3月31日であり，X1年6月に支給する予定である。
- A社では，X0年3月期においては賞与引当金の計上はなかったが，X1年3月期に賞与引当金を400計上し，X1年6月に実際に同額支給された。賞与については，賞与を支給する事業年度に，その全額が税務上の損金に算入される。
- 繰延税金資産の全額について回収可能性があるものとする。
- A社の法人税等の税率および法定実効税率は30％である。

[会計処理]

X1年3月期

(1)　賞与引当金の計上

（借）　賞与引当金繰入額	400	（貸）　賞 与 引 当 金	400

(2)　上記に係る税効果

（借）　繰 延 税 金 資 産(＊1)	120	（貸）　法 人 税 等 調 整 額	120

（＊1）　繰延税金資産（期末）120＝賞与引当金に係る将来減算一時差異（期末）400×法定実効税率30％

　　　　法人税等調整額120＝繰延税金資産（期末）120－繰延税金資産（期首）0

X2年3月期

(3)　賞与引当金（税効果を含む）の洗替処理

（借）　賞 与 引 当 金	400	（貸）　賞与引当金繰入額	400
法 人 税 等 調 整 額	120	繰 延 税 金 資 産	120

(4)　賞与の支給

（借）　賞　　　　　　　与　　　400　（貸）　現　金　預　金　　　400

(5)　賞与の支給に係る法人税等の減額

（借）　未 払 法 人 税 等　　　120　（貸）　法 人 税, 住 民 税　　　120 及 び 事 業 税

（上記の設例における各取引と税金・税効果の関係）

	X1年3月期	X2年3月期	通期
賞与引当金繰入額	▲400	400	－
賞与	－	▲400	▲400
税引前利益(a)	▲400	－	▲400
法人税等	－	120	120
法人税等調整額	120	▲120	－
税金費用(b)	120	－	120
当期純利益	▲280	－	▲280
税負担率(b)／(a)	30.0%	－	30.0%

(3)　**棚卸資産の評価損**

　棚卸資産会計基準では，通常の販売目的で保有する棚卸資産については，取得原価をもって貸借対照表価額とし，期末における正味売却価額が取得原価よりも下落している場合には，当該正味売却価額をもって貸借対照表価額とすることとされています（棚卸資産会計基準7項）。売却市場において市場価格が算定できないときには合理的に算定された価額を売価とします（棚卸資産会計基準8項）。営業循環過程から外れた滞留または処分見込等の棚卸資産について，合理的に算定された価額によることが困難な場合には，正味売却価額まで切り下げる方法に代えて，その状況に応じ，次のような方法により収益性の低下の事実を適切に反映するよう処理することとされています（棚卸資産会計基

準9項）。

①　帳簿価額を処分見込価額（ゼロまたは備忘価額を含む）まで切り下げる方法

②　一定の回転期間を超える場合，規則的に帳簿価額を切り下げる方法

　税務上においても，会計上の正味売却価額による評価減と同様に低価法の採用が任意で認められていますが，採用には事前の承認申請が必要となります。また，会計上では上記のとおり，営業循環過程から外れた棚卸資産について一定の評価減を行う必要がありますが，税務上は著しい陳腐化の要件（法令68Ⅰ）を満たす必要があります。

　このような相違から，会計上の棚卸資産の額が税務上の棚卸資産の額を下回る可能性があり，この場合，将来減算一時差異が発生します。

設例Ⅰ-2-3　棚卸資産の評価損

前提

- A社の決算日は3月31日である。
- A社は，X0年3月期においては棚卸資産の評価損を計上していないが，X1年3月期に，営業循環過程から外れた棚卸資産（帳簿価額1,000）について一定の基準により会計上800の評価損を計上する。棚卸資産の評価損については，当該棚卸資産を処分したX2年3月期に税務上の損金に算入される。
- 繰延税金資産の全額について回収可能性があるものとする。
- A社の法人税等の税率および法定実効税率は30％である。

会計処理

X1年3月期

(1)　棚卸資産の評価損の計上

（借）　棚卸資産評価損	800	（貸）　棚　卸　資　産	800

(2)　上記に係る税効果

| (借)　繰 延 税 金 資 産 (＊1)　　240 | (貸)　法 人 税 等 調 整 額　　240 |

(＊1)　繰延税金資産（期末）240＝棚卸資産に係る将来減算一時差異（期末）800×法定
実効税率30%

　　　法人税等調整額240＝繰延税金資産（期末）240－繰延税金資産（期首）0

（会計上の資産と課税所得計算上の資産）

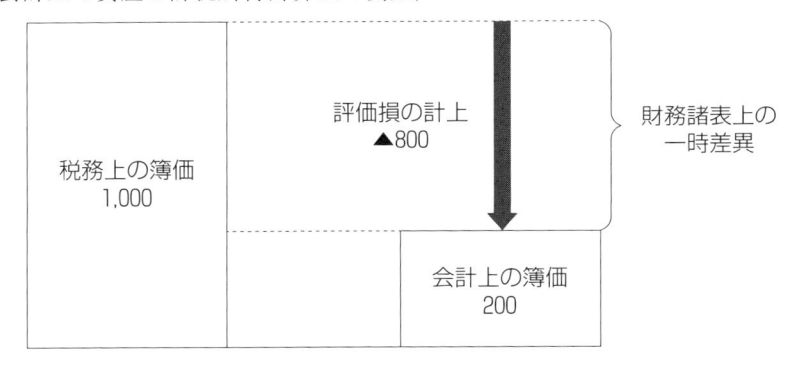

X2年3月期

(3)　棚卸資産の処分

| (借)　棚 卸 資 産 処 分 損　　200 | (貸)　棚 　 卸 　 資 　 産　　200 |

(4)　棚卸資産の処分に係る法人税等の減額と税効果の取崩し

(借)　未 払 法 人 税 等　　300	(貸)　法 人 税, 住 民 税 (＊2)　　300
	及 び 事 業 税
法 人 税 等 調 整 額　　240	繰 延 税 金 資 産　　240

(＊2)　法人税等300＝税務上の棚卸資産処分損1,000×法定実効税率30%

（上記の設例における各取引と税金・税効果の関係）

	X1年3月期	X2年3月期	通期
棚卸資産評価損	▲800	–	▲800
棚卸資産処分損	–	▲200	▲200
税引前利益(a)	▲800	▲200	▲1,000
法人税等	–	300	300
法人税等調整額	240	▲240	–
税金費用(b)	240	60	300
当期純利益	▲560	▲140	▲700
税負担率(b)／(a)	30.0%	30.0%	30.0%

(4)　退職給付引当金

　退職給付会計基準の適用により，会計上は一定の期間にわたり労働を提供したこと等の事由に基づいて，退職以後に支給される給付（退職給付）について，退職給付引当金（年金資産が超過する場合には前払年金費用）が計上されます。退職給付費用の計上額は数理計算によって算出された勤務費用や利息費用，年金資産の期待運用収益，未認識項目の償却額からなります。

　一方で，税務上は，退職一時金は退職者への支給額の確定時に，また，年金掛金は原則として，企業年金への拠出時に損金算入されます。

　このような相違から，会計上の資産または負債と課税所得計算上の資産または負債の金額が異なる可能性があり，一時差異が発生します。

設例Ⅰ-2-4　退職給付引当金

前提

- A社の決算日は3月31日である。
- A社は，退職一時金制度を有している。A社は，当該制度に係る退職給付引当金をX1年3月期に2,000計上した（X0年3月期においては残高ゼロ）。A社ではX1年3月期に退職した従業員はいない。
- 退職給付引当金については，退職一時金の支給額の確定時に損金算入され

る。

- 繰延税金資産の全額について回収可能性があるものとする。
- A社の法定実効税率は30％である。

[会計処理]

X1年3月期

(1)　退職給付引当金の計上

（借）　退職給付費用	2,000	（貸）　退職給付引当金	2,000

(2)　上記に係る税効果

（借）　繰延税金資産（＊1）	600	（貸）　法人税等調整額	600

（＊1）　繰延税金資産（期末）600＝退職給付引当金に係る将来減算一時差異（期末）
　　　　 2,000×法定実効税率30％

　　　　法人税等調整額600＝繰延税金資産（期末）600－繰延税金資産（期首）0

(5)　有形固定資産の減価償却

　減価償却は，固定資産の適正な原価配分を行うことにより損益計算を適正なものとするため，合理的に決定された一定の方式に従い毎期計画的，規則的に行われます。この減価償却を行うにあたっては，企業は個々の状況を考慮して償却方法，耐用年数および残存価額を自主的に決定すべきです。しかし，減価償却に関する税法上の損金算入について損金経理要件が定められていること等に関連して，監査・保証実務委員会実務指針第81号「減価償却に関する当面の監査上の取扱い」によって，いわゆる税法基準による会計処理が実務上一定の範囲で認められています。

　ただし，税法基準による減価償却が会計上，正規の減価償却として不合理な場合や，企業が自身の状況を踏まえて，税法基準とは異なる減価償却方法や耐用年数を会計上定め，税法における償却限度額を超える減価償却を行うことが

あります。この場合，会計上の有形固定資産の額が課税所得計算上の減価償却資産の額を下回ることになり，将来減算一時差異が発生します。

設例Ⅰ-2-5　有形固定資産の減価償却

[前提]

- A社の決算日は3月31日である。
- A社が有する建物（X0年4月1日における帳簿価額15,000）について，X1年3月期における税務上の償却限度額は300である。しかし，A社は，会計上，当該建物の耐用年数を短く見積っており，X1年3月期における減価償却費として400を計上した。
- 当該建物はX0年4月1日より事業の用に供しており，過去に減価償却超過額はない。
- 繰延税金資産の全額について回収可能性があるものとする。
- A社の法定実効税率は30％である。

[会計処理]

X1年3月期

（借）　繰 延 税 金 資 産（＊1）　　30　（貸）　法人税等調整額　　30

（＊1）　建物に係る将来減算一時差異100＝税務上の建物の帳簿価額14,700－会計上の建
　　　　物の帳簿価額14,600

　　　　繰延税金資産（期末）30＝減価償却に係る将来減算一時差異（期末）100×法定
　　　実効税率30％

　　　　法人税等調整額30＝繰延税金資産（期末）30－繰延税金資産（期首）0

---

(6)　役員賞与引当金

　役員賞与は，発生した会計期間の費用として処理されますが，当事業年度の職務に係る役員賞与を期末後に開催される株主総会の決議事項とする場合には，

当該支給は株主総会の決議が前提となるので，当該決議事項とする額またはその見込額（当事業年度の職務に係る額に限る）は，原則として，引当金として計上されます（役員賞与会計基準３項，13項）。

　しかし，税務上，役員給与のうち損金に算入される額は，一定の要件を満たしたものに限られます（法法34から36）。したがって，会計上，費用処理された役員賞与のうち，将来にわたって損金算入されないものは，永久差異として取り扱われ，将来減算一時差異には該当しません（税効果適用指針78項）。

⑺　**ストック・オプション**

　ストック・オプションについては，ストック・オプションを付与し，これに応じて企業が従業員等から取得するサービスが会計処理の対象とされます。具体的には，ストック・オプション会計基準に従い，ストック・オプションの付与に応じて企業が従業員等から取得するサービスについて，その取得に応じて費用として計上し，対応する金額を，ストック・オプションの権利の行使または失効が確定するまでの間，貸借対照表の純資産の部に新株予約権として計上します。当該ストック・オプションに係る費用は，以下のように取り扱われます（税効果適用指針83項）（**図表Ⅰ-2-3**）。

① 　いわゆる税制適格ストック・オプション（措法29の２）については，従業員等の個人において給与所得等が非課税となり，法人において当該役務提供に係る費用の額が損金に算入されないため（法法54の２Ⅱ），将来減算一時差異に該当せず，税効果会計の対象となりません。

② 　いわゆる税制非適格ストック・オプションについては，従業員等の個人が給与所得等として課税されるときは，給与等課税事由が生じた日（権利行使日）に，法人において当該役務提供に係る費用の額が損金に算入されるため（法法54の２Ⅰ），ストック・オプションの付与時において将来減算一時差異に該当し，税効果会計の対象となります。

図表Ⅰ-2-3　ストック・オプション（税制適格／非適格）と税効果会計の関係

	会計上の取扱い	税務上の取扱い	
		税制適格ストック・オプション	税制非適格ストック・オプション
ストック・オプションの付与時	費用処理	処理なし	処理なし
権利行使時（給与等課税事由が生じた日）	処理なし（資本振替等のみ）	処理なし	費用の損金算入が認められる
税効果会計の対象か		課税所得計算上，永久に損金算入されないため，将来減算一時差異に該当せず，税効果会計の対象とならない	ストック・オプションの付与時に将来減算一時差異が発生し，税効果会計の対象となる

（本セクションのポイント）

● 一時差異は，例えば，貸倒引当金，賞与引当金，棚卸資産の評価減，退職給付引当金，固定資産の減価償却から生じる場合がある。

● 役員賞与引当金や税制適格ストック・オプションのように，会計上は費用処理されるが，税務上は将来にわたって損金に算入されない場合がある。この場合，将来減算一時差異は生じず，税効果会計の対象とならない。

3. 評価差額等に係る一時差異

(1) 概　　要

　資産または負債の評価替えにより生じた評価差額等を直接純資産の部に計上する場合，当該評価差額等に係る一時差異に関する繰延税金資産および繰延税金負債の差額について，年度の期首における当該差額と期末における当該差額の増減額を，純資産の部の評価・換算差額等を相手勘定に繰延税金資産または繰延税金負債として計上します（税効果適用指針9項(1)）。

　この評価差額等とは，純資産会計基準に定める評価・換算差額等をいいます。これには，その他有価証券評価差額金や繰延ヘッジ損益のように資産または負債は時価をもって貸借対照表価額としているものの，当該資産または負債に係る評価差額を当期の損益としていない場合の当該評価差額が含まれます（純資産会計基準 8 項）。

　個別財務諸表に関係する項目として，その他有価証券評価差額金，繰延ヘッジ損益や土地再評価差額金があります。

(2)　その他有価証券の評価差額に係る一時差異の取扱い

　売買目的有価証券，満期保有目的の債券，子会社および関連会社株式以外の有価証券をその他有価証券といい，期末には時価評価を行って貸借対照表価額とし，評価差額は洗い替え方式に基づき，次のいずれかの方法により処理されます（金融商品会計基準18項）。

- 評価差額の合計額を純資産の部に計上する（全部純資産直入法）。
- 時価が取得原価を上回る銘柄に係る評価差額は純資産の部に計上し，時価が取得原価を下回る銘柄に係る評価差額は当期の損失として処理する（部分純資産直入法）。

　このうち，当該直接純資産の部に計上されるその他有価証券の評価差額に係る一時差異については，純資産の部の評価・換算差額等を相手勘定（ここでは「その他有価証券評価差額金」）として繰延税金資産または繰延税金負債を計上します（税効果適用指針 9 項(1)）。例えば，対象となるその他有価証券の時価が取得価額を上回る場合の税効果に関する仕訳は以下のとおりです。

　①　評価差額の計上（時価が取得価額を上回る場合）

（借）投 資 有 価 証 券	XXX	（貸）そ の 他 有 価 証 券 評 価 差 額 金	XXX

　②　上記に係る税効果

```
（借）　その他有価証券　　　XXX　（貸）　繰延税金負債　　　XXX
　　　　評　価　差　額　金
```

　なお，対象となるその他有価証券の時価が取得価額を下回る場合，繰延税金資産については回収可能性を判断して計上しますが，その他有価証券評価差額金に係る繰延税金資産の回収可能性の判断について特殊な取扱いが設けられています（税効果適用指針11項）。当該取扱いについては，第5章4．(1)「その他有価証券の評価差額に係る一時差異の取扱い」（144頁）で説明します。

(3)　繰延ヘッジ損益に係る一時差異の取扱い

　ヘッジ会計とは，ヘッジ取引のうち一定の要件を充たすものについて，ヘッジ対象に係る損益とヘッジ手段に係る損益を同一会計期間に認識し，ヘッジの効果を会計に反映させるための特殊な会計処理をいいます（金融商品会計基準29項）。ヘッジ会計は，原則として，時価評価されたヘッジ手段に係る損益または評価差額を，ヘッジ対象に係る損益が認識されるまで純資産の部において繰り延べる方法により行われます（金融商品会計基準32項）。

　この繰り延べられた損益または評価差額（繰延ヘッジ損益）に係る一時差異について，純資産の部の評価・換算差額等を相手勘定（ここでは「繰延ヘッジ損益」）として繰延税金資産または繰延税金負債を計上します（税効果適用指針9項(1)）。繰延ヘッジ利益を計上した場合の税効果に関する仕訳は以下のとおりです。

　① 　評価差額の計上（繰延ヘッジ利益を計上した場合）

```
（借）　流　動　資　産　　　XXX　（貸）　繰延ヘッジ利益　　　XXX
```

　② 　上記に係る税効果

```
（借）　繰延ヘッジ利益　　　XXX　（貸）　繰延税金負債　　　XXX
```

　なお，繰延ヘッジ損失を計上した場合，回収可能性を判断して繰延税金資産

を計上しますが（税効果適用指針12項），当該取扱いについては，第5章4.
⑹「繰延ヘッジ損益に係る一時差異」（159頁）で説明します。

⑷　土地再評価差額金に係る一時差異の取扱い

　「土地の再評価に関する法律」（平成10年法律第34号）に基づき事業用土地を
再評価したことにより生じた事業用土地の再評価額から当該事業用土地の再評
価の直前の帳簿価額を控除した金額（土地再評価差額金）に係る一時差異につ
いて，純資産の部の評価・換算差額等を相手勘定（ここでは「土地再評価差額
金」）として繰延税金資産または繰延税金負債を計上します（税効果適用指針
13項）。また，計上した繰延税金資産または繰延税金負債について，再評価を
行った事業用土地の売却等により土地再評価差額金に係る一時差異が解消した
場合，当該解消した一時差異に係る繰延税金資産または繰延税金負債を，法人
税等調整額を相手勘定として取り崩します（税効果適用指針14項）。帳簿価額
より再評価額が上回る場合の土地再評価差額金計上時の仕訳およびその取崩時
の税効果に関する仕訳は以下のとおりです。

　計上時

（借）　土地再評価差額金	XXX	（貸）　再 評 価 に 係 る 　　　　繰 延 税 金 負 債	XXX

　取崩時

（借）　再 評 価 に 係 る 　　　　繰 延 税 金 負 債	XXX	（貸）　法人税等調整額	XXX

　なお，当該土地再評価差額金に係る繰延税金資産または繰延税金負債につい
ては，他の繰延税金資産または繰延税金負債と区別して，貸借対照表の投資そ
の他の資産または固定負債の区分に，再評価に係る繰延税金資産など，または
再評価に係る繰延税金負債など，その内容を示す科目をもって表示します（税
効果適用指針63項）（第8章「開示」（208頁）参照）。

> （**本セクションのポイント**）
> ● 評価差額等を直接純資産の部に計上する場合，当該評価差額等に係る一時差異については，純資産の部の評価・換算差額等を相手勘定として繰延税金資産または繰延税金負債を計上する。
> ● 個別財務諸表に関係する評価差額等としては，その他有価証券評価差額金，繰延ヘッジ損益や土地再評価差額金がある。

4．租税特別措置法上の諸準備金等に係る将来加算一時差異の取扱い

　法人税法および租税特別措置法上，例えば，補助金等により固定資産を購入した場合に当該補助金等に係る税金負担を繰り延べる措置として，圧縮記帳が行われることがあります。また，租税特別措置法上，産業促進等を目的として一定の場合において通常の償却限度額を超えて特別償却が行われることがあります。これらについて会計上の対応として，圧縮積立金や特別償却準備金等に関する法人税等の税額計算を含む決算手続として，積立ておよび取崩しが行われます。これらの圧縮積立金や特別償却準備金等に関し，積立時には税務上損金算入され，将来加算一時差異が生じることになります。

　圧縮積立金，特別償却準備金，その他租税特別措置法上の諸準備金等の積立額（または取崩額）に係る将来加算一時差異については，法人税等調整額を相手勘定として繰延税金負債を計上します（または取り崩します）。諸準備金等の積立額（または取崩額）は，当該繰延税金負債の計上額（または取崩額）を控除した額となります（税効果適用指針15項）。

設例I-2-6　租税特別措置法上の諸準備金等に係る将来加算一時差異の取扱い

【前提】

- A社の決算日は3月31日である。
- A社は，X1年3月期の期末において，税法上の圧縮記帳の要件を満たす償却資産（固定資産）を取得し，積立金方式により税法上の圧縮記帳を1,000行った。当該償却資産について，売却の予定はない。
- 当該償却資産の耐用年数は10年で，定額法により減価償却を行っている。
- A社は，X2年3月期以降，10年間にわたり償却資産の減価償却に応じて固定資産圧縮積立金を毎期100ずつ取り崩す。
- 税務上の圧縮記帳による固定資産圧縮積立金繰入額は，圧縮記帳を行った事業年度に税務上の損金に算入され，固定資産圧縮積立金を取り崩した事業年度に当該固定資産圧縮積立金取崩額が，税務上の益金に算入される。
- A社の法定実効税率は30％である。

【会計処理】

(1)　X1年3月期

固定資産圧縮積立金および繰延税金負債の計上

（借）	法人税等調整額	300	（貸）	繰延税金負債（＊1）	300
	繰越利益剰余金	700		固定資産圧縮積立金（＊2）	700

（＊1）　繰延税金負債300＝固定資産圧縮積立金に係る将来加算一時差異1,000×法定実効税率30％

（＊2）　固定資産圧縮積立金700＝税法上の圧縮記帳額1,000－繰延税金負債300

(2)　X2年3月期

減価償却に応じた固定資産圧縮積立金および繰延税金負債の取崩し

（借）	繰延税金負債（＊3）	30	（貸）	法人税等調整額	30
	固定資産圧縮積立金（＊4）	70		繰越利益剰余金	70

（＊3）　繰延税金負債（期末）270＝固定資産圧縮積立金の残高（期末）に係る将来加算
一時差異（1,000−100）×法定実効税率30％

　　　　繰延税金負債の減少額△30＝繰延税金負債（期末）270−繰延税金負債（期首）300

（＊4）　固定資産圧縮積立金の取崩額70＝税法上の圧縮記帳の取崩高100−繰延税金負債
の取崩高30

（本セクションのポイント）

●圧縮積立金，特別償却準備金，その他租税特別措置法上の諸準備金等に係
る将来加算一時差異については，法人税等調整額を相手勘定として繰延税
金負債を計上または取り崩す。

5．連結会社間における資産の売却に伴い生じた売却損益を税務上繰り延べる場合の個別財務諸表における取扱い

　子会社株式等（子会社株式および関連会社株式）を除く，連結会社間における資産の売却に伴い生じた売却損益について，当該資産が税務上の要件（法法61の11）を満たした場合には，「譲渡損益調整資産」として課税所得計算において当該売却損益を繰り延べることができます。この場合，繰り延べられた売却損益は売却元の会社の個別財務諸表上の一時差異に該当することになり，当該一時差異に対し，繰延税金資産または繰延税金負債を計上します（税効果適用指針16項）。

　子会社株式等についても，個別財務諸表においては同様に取り扱われます（税効果適用指針17項）。

　なお，連結財務諸表における取扱いについては，第3章9．「その他の論点」（82頁）を参照ください。

設例Ⅰ-2-7　固定資産の譲渡に係る未実現利益 （親会社から国内完全子会社への売却）

[前提]

- P社の決算日は3月31日である。
- 法人税等の税率および法定実効税率を30％とする。
- P社はX1年3月期の期首において，国内子会社S社（完全支配関係にある）に対して自社で使用していた土地を1,000で売却した。売却時における帳簿価額は600であったことから，固定資産売却益400を計上している。
- P社はS社に対する固定資産売却益400を含めて1,200の税引前利益を計上したが，当該固定資産売却益については，譲渡損益調整資産の譲渡にあたることから，これを課税所得に含めず，結果として800の課税所得を計上し，これに対する法人税等240の納付義務が発生している。
- S社は，X2年3月期にグループ外の会社に当該土地を1,500で売却した。売却時における帳簿価額は1,000であったことから，固定資産売却益500を計上している。
- P社のX2年3月期の税引前利益はゼロである。ただし，譲渡損益調整資産をグループ外へ売却したことにより，税務上繰り延べられていた400が課税所得として計上される。

[P社個別財務諸表における仕訳]（譲渡損益調整資産に係る税効果）

X1年3月期

(1)　当期の税金の計上

（借）法人税，住民税(*1)及び事業税	240	（貸）未払法人税等	240

(*1)　課税所得800×税率30％＝240

(2)　譲渡損益調整資産に係る税効果の計上

> （借）　法 人 税 等 調 整 額　　　120　（貸）　繰 延 税 金 負 債(＊2)　　120

（＊2）　譲渡損益調整資産に係る譲渡利益400×法定実効税率30％＝120

（注）　実際に納付する税金240と譲渡損益調整資産に係る税効果120の合計が当期純利益
　　　1,200に税率を乗じた360と一致する。

X2年3月期

(3)　当期の税金の計上

> （借）　法 人 税, 住 民 税(＊3)　　120　（貸）　未 払 法 人 税 等　　　120
> 　　　 及 び 事 業 税

（＊3）　譲渡損益調整資産に係る譲渡利益400×法定実効税率30％＝120

(4)　譲渡損益調整資産に係る税効果の取崩し

> （借）　繰 延 税 金 負 債　　　120　（貸）　法 人 税 等 調 整 額　　　120

（本セクションのポイント）

●完全支配関係がある等の税務上の要件を満たすことにより，課税所得計算
　上，連結会社間の資産の売却損益が繰り延べられる場合，売却元の会社の
　一時差異に該当し，その個別財務諸表において繰延税金資産または繰延税
　金負債を計上する。

第3章

連結財務諸表における税効果会計

　前章では個別財務諸表に焦点を当てて税効果会計を説明しました。本章では，連結財務諸表における税効果会計の適用について説明します。個別財務諸表においては，基本的に会計上の資産および負債の帳簿価額と課税所得計算上の資産および負債の帳簿価額との差額に対して税効果を認識します。そのうえで，連結財務諸表においては連結決算手続の結果として生じる連結財務諸表固有の一時差異について，繰延税金資産および繰延税金負債を計上します。

1. 概　　要

(1)　連結財務諸表における税効果会計

　連結財務諸表においては，まず，個別財務諸表で繰延税金資産および繰延税金負債を計上します。そのうえで，連結決算手続において連結財務諸表固有の一時差異を認識して，それに係る繰延税金資産および繰延税金負債を計上します。

(2)　連結財務諸表固有の一時差異

　連結財務諸表固有の一時差異とは，連結決算手続の結果として生じる一時差異のことをいい，課税所得計算には関係しないものです（税効果適用指針4項(5)）。具体的には，連結財務諸表における資産および負債の額と，個別財務諸表における資産および負債の金額の相違に対して，税効果を認識します（**図表 I − 3 − 1** 参照）。

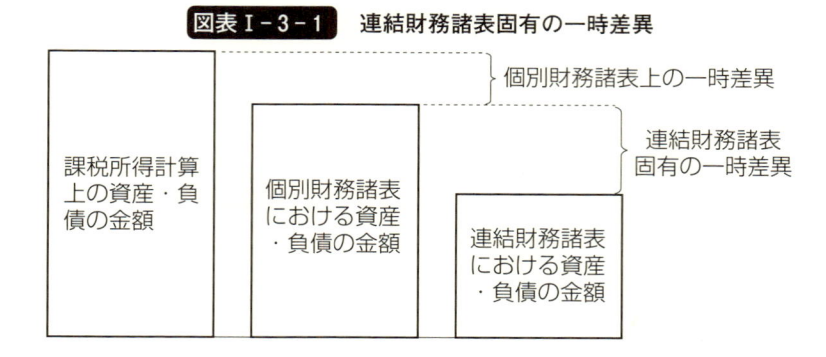

図表Ⅰ-3-1　連結財務諸表固有の一時差異

(3)　主な連結財務諸表固有の一時差異

　連結財務諸表固有の一時差異が発生する例として主に以下のものがあります（税効果適用指針86項）。

- 連結決算手続上の会計方針の統一に伴って生じる連結貸借対照表上の資産（負債）の額と個別貸借対照表上の資産（負債）の額との差額
- 資本連結手続における子会社の資産および負債の時価評価により生じる評価差額
- 連結会社間取引から生じる未実現損益の消去額
- 連結会社間の債権と債務の相殺消去に伴い修正される貸倒引当金の修正額
- 子会社の資本に対する親会社持分相当額およびのれんの未償却額の合計額と親会社の個別貸借対照表上の投資簿価との差額

　なお，いわゆるパーシャルスピンオフ税制を受けた事業を分離・独立させる手段であるスピンオフの場合の連結財務諸表固有の一時差異に準じた取扱いについては，第Ⅱ部第1章6.「パーシャルスピンオフの会計処理と税効果」（255頁）を参照ください。

（本セクションのポイント）

- 連結決算手続の結果，個別財務諸表における資産・負債の金額と連結財務諸表における資産・負債の金額に相違が生じる。これを「連結財務諸表固有の一時差異」という。

２．子会社の資産および負債の時価評価による評価差額に係る一時差異の取扱い

(1) 連結財務諸表固有の一時差異の発生

　連結財務諸表の作成にあたっては，子会社の支配獲得日において，子会社の資産および負債のすべてを支配獲得日の時価により評価します。このとき，子会社の資産および負債の時価による評価額と当該資産および負債の個別財務諸表上の金額との差額を「評価差額」といい，評価差額は子会社の資本に含まれます（連結会計基準20項，21項）。

　評価差額は資本連結手続における投資と資本の相殺消去および非支配株主持分への振替により全額消去される一方で，評価対象となった子会社の資産および負債については，個別財務諸表上の金額と連結財務諸表上の金額との間に差異が生じています（**図表Ⅰ-3-2**参照）。この差異は，連結財務諸表固有の一時差異に該当します（税効果適用指針101項）。

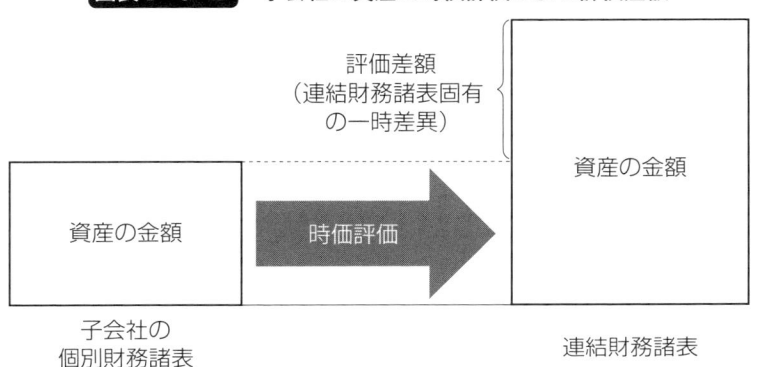

図表Ⅰ-3-2　子会社の資産の時価評価による評価差額

(2) 一時差異の発生時の会計処理

　資本連結手続において(1)のように子会社の資産・負債を時価評価し，評価差

額が生じたことにより，連結財務諸表固有の将来減算一時差異が生じた場合は，回収可能性を判断したうえで繰延税金資産を計上します。一方，連結財務諸表固有の将来加算一時差異が生じた場合は，繰延税金負債を計上します（税効果適用指針18項）。

設例Ⅰ-3-1　子会社の資産の時価評価による評価差額（発生時）

〔前提〕

- P社はX1年3月31日にS社株式の60％を800で取得し，S社を連結子会社とした。
- 取得時におけるS社資産のうち土地の帳簿価額は1,200であり（税務上の簿価も同じ），その時価は1,500であった。
- P社およびS社の決算日はいずれも3月31日である。
- X1年3月31日現在におけるS社の個別財務諸表は以下のとおりである。

資　　　　産	1,700	負　　　　債	1,000
（う　ち　土　地	1,200）	資　本　金	500
		利　益　剰　余　金	200

- 法定実効税率は30％であり，S社については繰延税金資産の全額について回収可能性があるものとする。

〔連結修正仕訳〕

(1)　評価差額の計上

（借）土　　　　　地	300	（貸）評　価　差　額	300

＊S社の支配獲得日（X1年3月31日）における時価1,500－帳簿価額1,200＝300

(2)　評価差額に係る繰延税金負債の計上

（借）評　価　差　額	90	（貸）繰　延　税　金　負　債	90

＊評価差額300×法定実効税率30％＝90

（参考）修正後S社個別財務諸表

資　　　　　産	2,000	負　　　　　債	1,090
（う　ち　土　地	1,500)	（うち繰延税金負債	90)
		資　　本　　金	500
		利　益　剰　余　金	200
		評　価　差　額	210

(3)　投資と資本の相殺消去

（借）資　　本　　金	500	（貸）子　会　社　株　式	800
利　益　剰　余　金	200	非支配株主持分(＊1)	364
評　価　差　額	210		
の　　れ　　ん(＊2)	254		

（＊1）（資本金500＋利益剰余金200＋評価差額210）×非支配株主持分比率40％＝364

（＊2）差額。考え方については，以下参照。

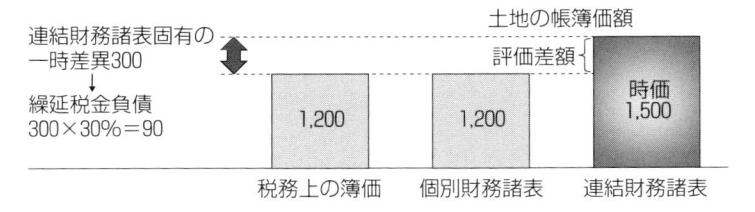

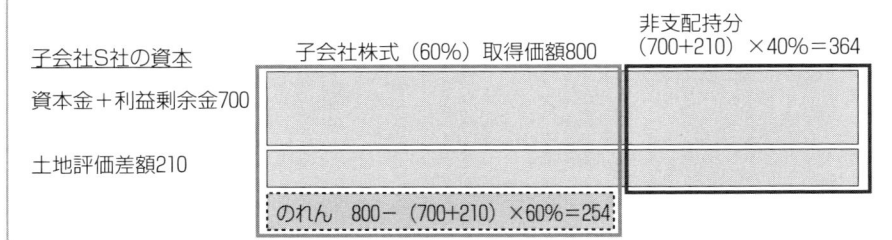

(3)　一時差異の解消時の会計処理

　資本連結手続において時価評価した子会社の資産・負債を償却，売却，また

は決済した場合，当該償却，売却，または決済した年度に，評価差額に係る一時差異の解消に応じて繰延税金資産または繰延税金負債を取り崩すことになります。この繰延税金資産または繰延税金負債の取崩しは，法人税等調整額を相手勘定として行います（税効果適用指針19項）。

設例Ⅰ-3-2　子会社の資産の時価評価による評価差額（解消時）

前提

設例Ⅰ-3-1に加えて以下を前提にする。

- X2期にS社の土地を1,600で売却した。これにより，法人税等が120（＝（1,600-1,200）×30％）生じた。S社は，当該土地の売却取引以外の取引を行っていない。
- のれんの償却を以下では考慮しない。
- X2年3月31日現在におけるS社の個別財務諸表は以下のとおりである。

資　　　　　産	2,100	負　　　　　債	1,120
		資　　本　　金	500
		利　益　剰　余　金	480

連結修正仕訳

(1)　開始仕訳

（借）資　　本　　金	500	（貸）子 会 社 株 式	800
利益剰余金期首残高	200	非 支 配 株 主 持 分	364
土　　　　　地	300	繰 延 税 金 負 債	90
の　　れ　　ん	254		

(2)　土地売却取引の修正

（借）土 地 売 却 益	300	（貸）土　　　　　地	300

(3)　繰延税金負債の取崩し

| （借） 繰 延 税 金 負 債 | 90 | （貸） 法 人 税 等 調 整 額 | 90 |

考え方については以下を参照。

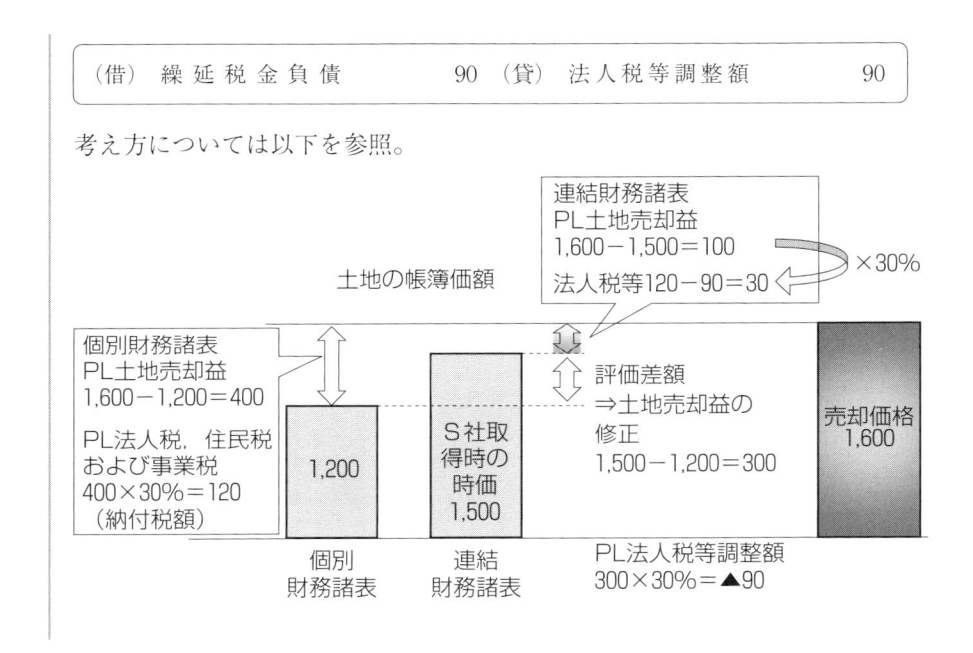

（本セクションのポイント）

● 子会社の資産および負債の時価評価に係る評価差額に税効果を認識し，評価差額により調整する。

● 評価差額に係る税効果の解消時には，法人税等調整額で調整する。

3．未実現損益の消去に係る一時差異の取扱い

(1) 連結財務諸表固有の一時差異の発生

　連結会社間の取引によって取得した棚卸資産，固定資産その他の資産に含まれる未実現損益は，連結決算手続の過程で消去されます（連結会計基準36項）。

　これは，連結会社間取引として資産の売買が行われた場合，売却元の連結会社において損益が計上されますが，企業集団としてみた場合には当該取引は資産の企業集団内部での移動です。企業集団外に売却された時点ではじめて企業

集団として売却損益が実現するため，当該連結会社間取引における損益は未実現損益として消去する必要があります。

　この未実現損益の消去により，連結会社間で売却された資産の連結財務諸表上の金額と購入側の連結会社の個別財務諸表上の金額との間に差異が生じます（**図表Ⅰ-3-3**参照）。この差異は，連結財務諸表固有の一時差異に該当します。

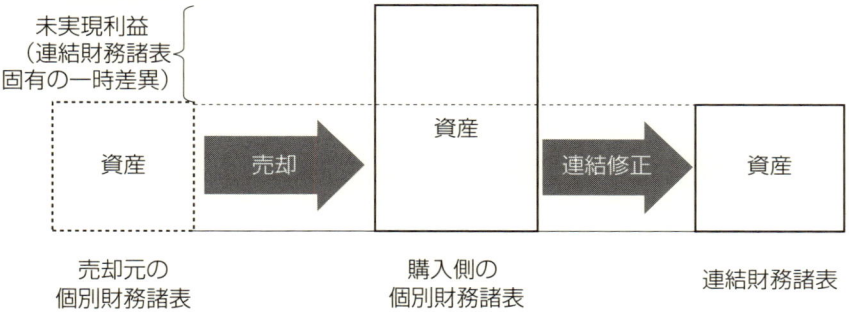

図表Ⅰ-3-3　**未実現損益の消去に係る一時差異（未実現利益の場合）**

(2)　繰延税金資産・負債の計上

　未実現損益の消去に係る連結財務諸表固有の一時差異については，売却元の連結会社において売却年度に納付した，または，軽減された当該未実現損益に係る税金の額を繰延税金資産または繰延税金負債として計上します。当該計上された繰延税金資産または繰延税金負債については，当該未実現損益の実現に応じて取り崩されます（税効果適用指針34項）。

設例Ⅰ-3-3　棚卸資産の販売益に係る未実現利益

〔前提〕
- 親会社P社は販売子会社S社に対して自社で生産した製品を2,000で販売した。これらの販売製品の原価は1,600である。
- S社では当該購入製品のうち，1,500相当分を売価2,500で外部顧客に販売したが，500相当分は期末在庫として保管している。

- P社はS社に対する販売益も含めて当期に1,000の課税所得を計上し，これに対する法人税等300の納税義務が発生している。
- P社の法定実効税率は30%である。

[連結修正仕訳]

(1)　取引消去および未実現利益の消去

| （借） | 売　　上　　高 | 2,000 | （貸） | 売　上　原　価 | 2,000 |
| | 売　上　原　価 | 100 | | 棚　卸　資　産(*1) | 100 |

（*1）　S社期末棚卸資産に含まれる未実現利益500×（1－1,600／2,000）＝100

(2)　未実現利益の消去に係る税効果

| （借） | 繰　延　税　金　資　産 | 30 | （貸） | 法 人 税 等 調 整 額(*2) | 30 |

（*2）　未実現利益100×法定実効税率30%＝30

　未実現損益の消去に係る一時差異については，個別財務諸表において未実現損益（資産に係る売却損益）が発生した連結会社と，一時差異の対象となった資産を保有している連結会社が相違しているという点で他の一時差異とは性質が異なります。税効果会計基準では原則として資産負債法が採用されていますが，未実現損益の税効果については，このような特殊性が考慮され，繰延法の会計処理が採用されており，次のような特別な取扱いがあります。

①　繰延税金資産または繰延税金負債の計算に用いる税率

　未実現損益の消去に係る一時差異に関する繰延税金資産または繰延税金負債の計算に用いる税率は，繰延法によるため，未実現損益が発生した売却元の連結会社に適用した税率によります。このため，次のように取り扱われます（税効果適用指針137項，138項）。

　a　未実現損益の消去に係る一時差異は，購入側の連結会社の保有する資産

に関連しているが，購入側の連結会社の税効果の計算には影響させない。

b 売却元の連結会社に適用されている税率が変更されても，未実現損益（資産に係る売却損益）は，すでに売却元の連結会社において売却年度に課税されているため，当該税率の変更に伴う繰延税金資産または繰延税金負債の額の見直しを行わない。

② 回収可能性の取扱い

未実現利益の消去に係る繰延税金資産に関して，他の繰延税金資産と異なり，回収可能性の判断を行いません（税効果適用指針35項）。

③ 未実現損益の消去に係る一時差異の取扱い

未実現損益の消去に係る一時差異の税効果は，売却元の連結会社ですでに課税関係が終了した税金を繰り延べるものであるため，その認識には，次の制限が設けられています。

a 未実現利益の消去に係る将来減算一時差異の額は，売却元の連結会社の売却年度における課税所得の額を限度とする（税効果適用指針35項）。

b 未実現損失の消去に係る将来加算一時差異の額は，売却元の連結会社の当該未実現損失に係る損金を計上する前の課税所得の額を限度とする（税効果適用指針36項）。

設例Ⅰ-3-4 棚卸資産の販売益に係る未実現利益（売却元の売却年度における課税所得が未実現利益の消去額を下回る場合）

[前提]

- 親会社P社は販売子会社S社に対して自社で生産した製品を2,000で販売した。これらの販売製品の原価は1,600である。
- S社では当該購入製品のうち，1,500相当分を売価2,500で外部顧客に販売したが，500相当分は期末在庫として保管している。
- P社はS社に対する販売益も含めて当期に60の課税所得を計上し，これに

対する法人税等18の納税義務が発生している。

• Ｐ社の法定実効税率は30％である。

[連結修正仕訳]

(1)　取引消去および未実現利益の消去

| (借) | 売　　　上　　　高 | 2,000 | (貸) | 売　上　原　価 | 2,000 |
| | 売　上　原　価 | 100 | | 棚　卸　資　産 (＊1) | 100 |

(＊1)　Ｓ社期末棚卸資産に含まれる未実現利益500×（1 －1,600／2,000）＝100

(2)　未実現利益の消去に係る税効果

| (借) | 繰　延　税　金　資　産 | 18 | (貸) | 法人税等調整額 (＊2) | 18 |

(＊2)　未実現利益100＞課税所得60のため，60に対する法人税等18が上限となる。

設例Ⅰ-3-5　固定資産の販売損に係る未実現損失（売却元の売却年度における未実現損失に係る税務上の損金を算入する前の課税所得が未実現損失の消去額を下回る場合）

[前提]

• 親会社Ｐ社は，当期首において連結子会社Ｓ社に対して自社で使用していた機械装置を1,000で売却した。Ｐ社における当該機械装置の帳簿価額は1,600であったことから，Ｐ社の個別財務諸表において固定資産売却損を600計上している。

• Ｓ社は当該機械装置を自社製品の生産に利用している。

• Ｐ社はＳ社に対する固定資産売却損600を反映させた結果として税務上の欠損金400が生じ，税金を納付していない。仮に当該固定資産売却損600が認識されなかった場合には，課税所得200に対して60の法人税等を納付していたと推計されている。

• Ｐ社の法定実効税率は30％である。

[連結修正仕訳]

(1)　未実現損失の消去

| （借）　機　械　装　置 | 600 | （貸）　固定資産売却損 | 600 |

(2)　未実現損失の消去に係る税効果

| （借）　法 人 税 等 調 整 額 | 60 | （貸）　繰 延 税 金 負 債 | 60 |

固定資産売却損考慮前の課税所得200に見合う法人税等60のみが軽減された。

　この制限については，未実現損益の消去に係る一時差異は以下の2つの金額の合計額または差引額を限度としなければならないという考え方に基づいています（税効果適用指針139項から141項）。

　(a)　売却元における税金の納付額または軽減額

　　　売却元の連結会社での未実現損益に係る税務上の益金または損金の算入は，課税所得（税務上の繰越欠損金控除後）計算上，最後に行われたと仮定している。

　(b)　未実現損益に関連する一時差異の解消に係る税効果

　　　例えば，売却元の連結会社で過年度において，会計上，棚卸資産の評価損として計上されていたが，税務上の損金に算入されなかったことにより生じた将来減算一時差異が，当該棚卸資産を連結会社に売却することにより解消される場合を想定している。

(3)　子会社の決算日が連結決算日と異なる場合の取扱い

　子会社の決算日が連結決算日と異なることから生じる連結会社間の取引に係る会計記録の重要な不一致について必要な整理を行い，未実現損益が消去された場合，この未実現損益の消去に係る繰延税金資産または繰延税金負債は前述の(2)「繰延税金資産・負債の計上」（46頁）に従って計上されます（税効果適用指針37項）。

Short Break　未実現損益の消去に係る一時差異

　従前，JICPA より公表されていた「連結財務諸表における税効果会計に関する実務指針」では，未実現損益の消去に係る一時差異については，未実現損益が発生した連結会社と一時差異の対象となった資産を保有する連結会社が異なるという特殊性や，従来からの実務慣行を勘案し，資産負債法の例外として繰延法が採用されていました。

　JICPA から ASBJ への税効果会計に係る実務指針の移管の過程において，未実現損益の消去に係る税効果会計を資産負債法に変更することが検討されました。IFRS では資産負債法が採用されており，また，米国会計基準においても棚卸資産以外の資産の未実現損益の消去に係る税効果会計については資産負債法に変更されることから，国際的な整合性を図るべきという意見があったためです。

　ASBJ の審議の過程においては繰延法も資産負債法も一定の論拠があるとされましたが，資産負債法に変更する場合，連結決算手続上，企業によっては多大なコストがかかる等の意見があり，審議の結果，資産負債法への変更を行わず，繰延法の採用を継続することとされました。

（本セクションのポイント）
● 未実現損益の消去に係る一時差異に税効果が認識される。
● 未実現損益の消去に係る税効果については，例外的に繰延法が採用される。

4．債権と債務の相殺消去に伴い修正される貸倒引当金に係る一時差異の取扱い

(1)　連結財務諸表固有の一時差異の発生

　連結決算手続において連結会社間の債権・債務の相殺消去が行われる場合，相殺消去される債権に対して貸倒引当金が計上されているときには，当該貸倒引当金が減額修正されます。連結修正により貸倒引当金が減額される場合，連結財務諸表固有の一時差異が生じます。

(2)　繰延税金負債の計上

　連結会社間の債権・債務の相殺消去により貸倒引当金が減額される場合に生じる連結財務諸表固有の一時差異にかかる税効果は，個別財務諸表上の当該貸倒引当金が有税か無税か，および，個別財務諸表上の当該貸倒引当金にかかる一時差異について繰延税金資産を計上しているかどうかにより取扱いが異なります。具体的には，**図表Ⅰ-3-4**のとおりです（税効果適用指針32項，33項）。

図表Ⅰ-3-4　債権と債務の相殺消去に伴い修正される貸倒引当金に係る一時差異の税効果

	貸倒引当金繰入額について税務上の損金算入要件を満たさない（有税）	貸倒引当金繰入額について税務上の損金算入要件を満たす（無税）
個別財務諸表上，繰延税金資産を計上している	個別財務諸表上の繰延税金資産と同額の繰延税金負債を計上（そのうえで相殺）	
個別財務諸表上，繰延税金資産を計上していない	繰延税金負債を計上しない	原則として，繰延税金負債を計上する（債権者側の法定実効税率を使用）（注）

（注）　ただし，債務者である連結会社の業績が悪化している等，将来において当該将来加算一時差異に係る税金を納付する見込みが極めて低いときは，繰延税金負債を計上しない。

設例Ⅰ-3-6　債権と債務の相殺消去に伴い修正される貸倒引当金に係る一時差異の税効果

[前提]

・親会社Ｐ社は，連結子会社Ｓ社に対する貸付金2,000を計上しており，Ｓ社は同額のＰ社に対する借入金を計上している。

・当期において，Ｐ社は当該貸付金2,000に対して貸倒引当金1,000を計上している。この貸倒引当金繰入額は税務上の損金算入の要件を満たしていない。Ｐ社は，繰延税金資産の全額について回収可能性があると判断しており，Ｐ社の個別財務諸表上，300の繰延税金資産が計上されている。

・Ｐ社の法定実効税率は30％である。

連結修正仕訳

(1)　債権債務の消去および貸倒引当金の減額修正

(借)	借　　入　　金	2,000	(貸)	貸　　付　　金	2,000
	貸　倒　引　当　金	1,000		貸倒引当金繰入額	1,000

(2)　貸倒引当金の減額修正に係る税効果

(借)	法　人　税　等　調　整　額	300	(貸)	繰　延　税　金　負　債(＊1)	300
	繰　延　税　金　負　債	300		繰　延　税　金　資　産(＊2)	300

（＊1）　減額修正1,000×法定実効税率30％＝300

　　　　債権債務の相殺消去に伴って修正される貸倒引当金に係る連結財務諸表固有の将来加算一時差異について，P社の個別財務諸表において計上した貸倒引当金1,000については税務上の損金算入の要件を満たしておらず，かつ，繰延税金資産を計上しているため，当該繰延税金資産と同額の繰延税金負債300を計上する。

（＊2）　P社の個別財務諸表において計上されている繰延税金資産と，（＊1）で計上した繰延税金負債300を相殺する。

（本セクションのポイント）

● 連結会社間の債権と債務の相殺消去によって修正される貸倒引当金に関して連結財務諸表固有の一時差異が生じる。

● 当該貸倒引当金の繰入が有税か無税か，および，個別財務諸表上，貸倒引当金について繰延税金資産を計上しているかどうかにより当該一時差異の税効果の取扱いが異なる。

5．個別財務諸表において子会社株式の評価損を計上した場合の連結財務諸表における取扱い

(1)　連結財務諸表固有の一時差異の発生

　親会社の個別財務諸表上，子会社への投資に対して評価減を計上することが

ありますが，この評価減は資本連結手続により消去されます。このため，この評価減の消去に伴う連結財務諸表固有の将来加算一時差異が生じます。

(2)　繰延税金負債の計上

　子会社株式の評価減の消去に伴う連結財務諸表固有の一時差異については，上記４．の貸倒引当金の論点と同様に，個別財務諸表上の当該評価減の計上が有税か無税か，および，個別財務諸表上の子会社株式を評価減したことにより生じた一時差異について繰延税金資産を計上しているかどうかにより取扱いが異なります。具体的には，**図表Ⅰ-3-5**のとおりです（税効果適用指針20項，21項）。

図表Ⅰ-3-5　個別財務諸表において子会社株式の評価損を計上した場合の連結財務諸表における取扱い

	子会社株式の評価損について税務上の損金算入要件を満たさない	子会社株式の評価損について税務上の損金算入要件を満たす
個別財務諸表上，全部または一部に繰延税金資産を計上している	個別財務諸表上の繰延税金資産と同額の繰延税金負債を計上（そのうえで相殺）	
個別財務諸表上，繰延税金資産を計上していない	繰延税金負債を計上しない	繰延税金負債を計上しない

　なお，連結決算手続上は，該当がある場合，上記の手続を行ったうえで，後述の６．「子会社に対する投資に係る一時差異」（56頁）で説明する子会社に対する投資に係る一時差異について検討することになります。

設例Ⅰ-3-7　個別財務諸表において子会社株式の評価損を計上した場合の連結財務諸表における取扱い

（前提）
- P社はX1年３月31日にS社株式の100％を800で取得し，S社を連結子会

　社とした。

- その後，P社はX4年にS社株式について，個別財務諸表上，評価損を500計上した。当該評価損については，税務上の損金算入の要件を満たしていない。
- P社において，個別財務諸表上，S社株式の評価損については繰延税金資産の回収可能性はないと判断しているため，繰延税金資産は計上されていない。
- P社の法定実効税率は30％である。

[連結修正仕訳]

(1)　S社株式の評価損の修正

（借）　子 会 社 株 式	500	（貸）　子会社株式評価損	500

(2)　S社株式の評価損の修正に係る税効果

（仕訳なし）[＊1]

（＊1）　S社株式の評価損については，税務上の損金算入要件を満たさず，かつ，個別財務諸表上，繰延税金資産を計上していないため，評価損の修正に係る連結財務諸表固有の一時差異について，繰延税金負債を計上しない。

（本セクションのポイント）
- 子会社株式の評価損について連結財務諸表固有の一時差異が生じる。
- 当該評価損の計上が有税か無税か，および，個別財務諸表上，当該評価損について繰延税金資産を計上しているかどうかにより当該一時差異の税効果の取扱いが異なる。

6．子会社に対する投資に係る一時差異

(1)　概　　要

　子会社への投資に係る一時差異については，例外的な取扱いも多く，税効果会計の中でも難解な領域です。

　子会社に対し投資を行った時点では，通常，親会社の個別財務諸表上の投資簿価とその投資の連結貸借対照表上の価額は一致します（子会社株式の取得原価に含まれる取得関連費用および段階取得の場合を除く）。そのため，**図表Ⅰ－3－6**に示したとおり，連結財務諸表上，子会社に対する投資に係る一時差異は生じません（税効果適用指針103項）。

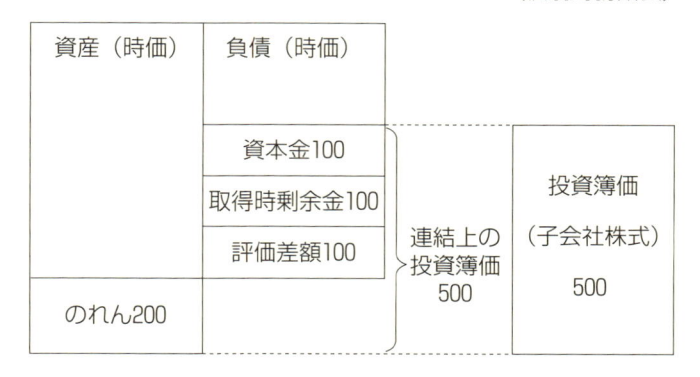

図表Ⅰ－3－6　子会社の純資産およびのれんと親会社投資簿価（投資時）

　しかし，子会社の留保利益（親会社の投資後に増加した子会社の利益剰余金），為替換算調整勘定，のれんの償却等により，子会社に対する投資の連結貸借対照表上の価額は変動します。その結果，**図表Ⅰ－3－7**に示したとおり，親会社の個別貸借対照表上の投資簿価と当該投資の連結貸借対照表上の価額の間に差額が生じます。

図表Ⅰ-3-7　**子会社の純資産およびのれんと親会社投資簿価（投資後）**

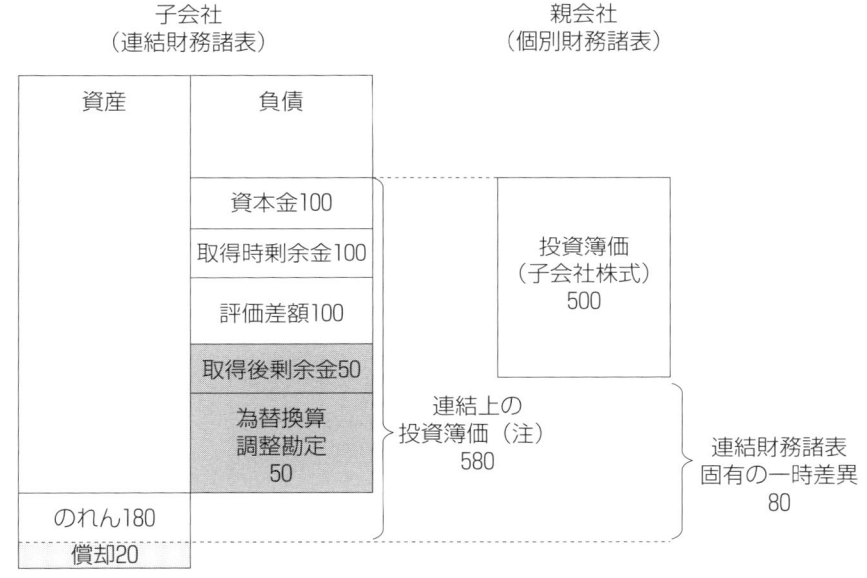

（注）　投資の連結貸借対照表上の価額を指す。

　この差額には，次のような場合に親会社において納付する税金を増額または減額させる効果があります（税効果適用指針104項）。

①　子会社が親会社に配当を実施する。

②　親会社が，保有する投資を第三者に売却する，または個別財務諸表において評価損を計上し，当該評価損が税務上の損金に算入される。

　このように将来の会計期間に親会社において納付する税金を増額または減額させる効果を有する場合，親会社の個別貸借対照表上の投資簿価と子会社に対する投資の連結貸借対照表上の価額との差額は連結財務諸表固有の一時差異に該当します。

　子会社への投資の一時差異を種類別に発生原因と解消事由の関係を示すと**図表Ⅰ-3-8**のようになります。

| 図表Ⅰ-3-8 | 子会社への投資の一時差異の種類 |

一時差異の種類	主な発生原因	主な解消事由
将来減算一時差異	• 子会社の損失計上 • のれんの償却 • 取得関連費用 • 為替換算調整勘定（借方）の計上 • 段階取得に係る損失	①投資の売却，子会社の清算 ②投資評価減の税務上の損金算入
将来加算一時差異	• 子会社の留保利益	①投資の売却，子会社の清算 ③配当の受領（追加税金の発生する場合のみ）
	• 負ののれん発生益 • 為替換算調整勘定（貸方）の計上 • 段階取得に係る利益	①投資の売却，子会社の清算

　税効果会計適用指針では，子会社に対する投資に係る一時差異について将来減算一時差異，将来加算一時差異（留保利益を除く）および留保利益に係る将来加算一時差異の別に取扱いがあり，以下ではこれらに沿って説明します。

(2)　子会社に対する投資に係る連結財務諸表固有の将来減算一時差異の取扱い

　子会社への投資後に，子会社が計上した損失やのれんの償却等により，子会社への投資の連結貸借対照表上の価額が，親会社の個別財務諸表上の投資簿価を下回る場合，連結財務諸表固有の将来減算一時差異が生じます（税効果適用指針105項，**図表Ⅰ-3-9**参照）。

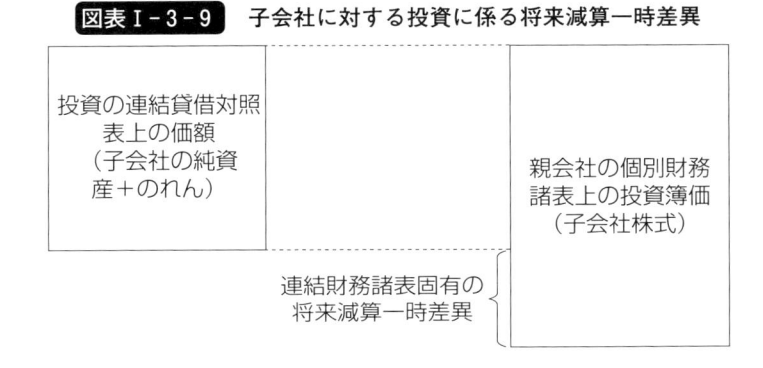

図表Ⅰ-3-9　子会社に対する投資に係る将来減算一時差異

　このような子会社への投資に係る将来減算一時差異については，投資の売却や子会社の清算，投資評価減の税務上の損金算入などの場合に解消されます。したがって，次のいずれも満たす場合を除き，連結決算手続上，繰延税金資産を計上できません（税効果適用指針22項）。

① 当該将来減算一時差異が，次のいずれかの場合により解消される可能性が高い。

a 予測可能な将来の期間に，子会社に対する投資の売却等（他の子会社への売却の場合を含む）を行う意思決定または実施計画が存在する場合

b 個別財務諸表において計上した子会社株式の評価損について，予測可能な将来の期間に，税務上の損金に算入される場合

② 当該将来減算一時差異に係る繰延税金資産に回収可能性があると判断される。

(3)　子会社に対する投資に係る連結財務諸表固有の将来加算一時差異の取扱い

　子会社への投資後に，子会社の留保利益の増加（親会社持分に限る）や為替換算調整勘定の計上などにより，子会社への投資の連結貸借対照表上の価額が親会社の個別財務諸表上の投資簿価を上回る場合，連結財務諸表固有の将来加算一時差異が生じます（税効果適用指針106項，**図表Ⅰ-3-10**参照）。

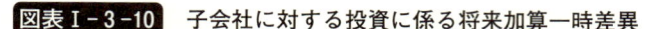

図表Ⅰ-3-10　子会社に対する投資に係る将来加算一時差異

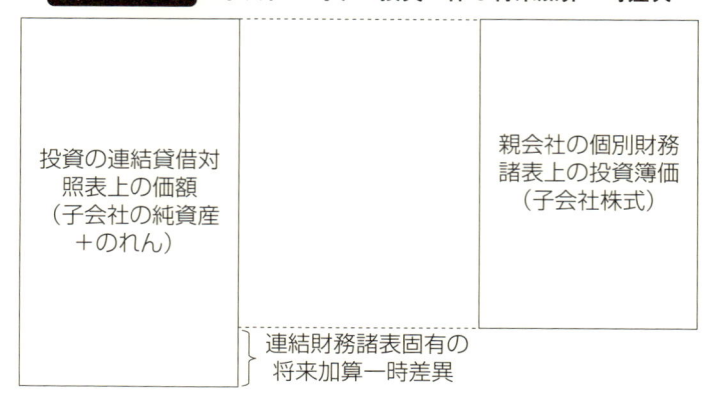

このうち，子会社の留保利益のうち配当で解消されるもの（下記(4)参照）以外の連結財務諸表固有の将来加算一時差異については，次のいずれも満たす場合を除き，将来の会計期間において追加で納付が見込まれる税金の額を繰延税金負債として計上する必要があります（税効果適用指針23項）。

①　親会社が子会社に対する投資の売却等を当該親会社自身で決めることができる。

②　予測可能な将来の期間に，子会社に対する投資の売却等（他の子会社への売却の場合を含む）を行う意思がない。

(4)　留保利益に係る一時差異

①　連結財務諸表固有の一時差異の発生

税効果適用指針においては，子会社の留保利益は「親会社の投資後に増加した子会社の利益剰余金」とされています（税効果適用指針24項）。子会社への投資後に子会社が計上した利益の親会社持分相当額は，連結上の取得後利益剰余金を構成します。このような留保利益の親会社持分相当分は，親会社の個別財務諸表上の投資簿価（子会社株式の帳簿価額）に含まれていないため，子会社の資本の親会社持分額（子会社投資の連結貸借対照表上の価額）との間で差額が生じます。

②　原則的な取扱い

上記①の差額について，親会社が留保利益を配当金として受け取ることにより解消されるものについては，次のいずれかに該当する場合，将来の会計期間において追加で納付が見込まれる税金の額を繰延税金負債として計上します（税効果適用指針24項）。

　a　親会社が国内子会社の留保利益を配当金として受け取るときに，当該配当金の一部または全部が税務上の益金に算入される場合

　b　親会社が在外子会社の留保利益を配当金として受け取るときに，次のいずれかまたはその両方が見込まれる場合

　　• 当該配当金の一部または全部が税務上の益金に算入される。

　　• 当該配当金に対する外国源泉所得税について，税務上の損金に算入されないことにより追加で納付する税金が生じる。

　例えば，配当金について外国子会社配当益金不算入制度の対象となる場合は，親会社である内国法人が外国子会社から受ける配当等の額のうち95％が益金不算入とされるため，益金算入される5％について繰延税金負債を計上することになります。また，配当等の額に対して課される外国源泉税等の額は，損金不算入となり外国税額控除の対象外となるため，当該外国源泉所得税の額についても繰延税金負債を併せて計上することになります（**図表Ⅰ-3-11**参照）。

図表Ⅰ-3-11　在外子会社の留保利益に係る税効果

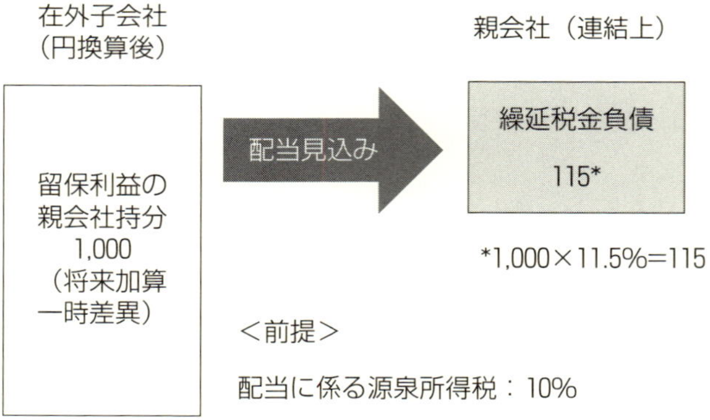

在外子会社
（円換算後）

留保利益の
親会社持分
1,000
（将来加算
一時差異）

配当見込み →

親会社（連結上）

繰延税金負債
115*

*1,000×11.5%＝115

＜前提＞

配当に係る源泉所得税：10%

親会社の法定実効税率：30%

親会社の追加税率：（1−95%）×30%＋10%＝11.5%

　なお，子会社が損失を計上し，過去に計上した留保利益を減少させた場合，前期までに計上した繰延税金負債のうち当該減少に対応する部分を修正する必要があります（税効果適用指針112項）。

設例Ⅰ-3-8　留保利益に係る一時差異の税効果

前提

- 親会社Ｐ社には，X0年度末に取得した国内子会社Ｓ1社および海外子会社Ｓ2社（いずれもＰ社が100%所有）が存在する。
- X1年度の各子会社の個別財務諸表において，Ｓ1社が4,000，Ｓ2社が2,000の利益を計上した。これらの留保利益に関しては，将来においてＰ社への配当により還元する見込みである。
- Ｓ2社からの配当金には外国子会社益金不算入制度が適用される。
- Ｓ2社の所在国における配当に係る源泉税は10%である。当該源泉税はＰ社においてもＳ2社においても税務上の損金に算入されない。
- Ｐ社の法定実効税率は30%である。

連結修正仕訳

(1)　S1社の留保利益の配当に係る税効果

> （仕訳なし）^{（＊1）}

（＊1）　配当する見込みであるが，S1社は国内完全子会社であり，受取配当金の益金不
　　　　算入制度により追加的な課税関係は発生しない。

(2)　S2社の留保利益の配当に係る税効果

> （借）　法人税等調整額　　　　　230　（貸）　繰延税金負債^{（＊2）}　　230

（＊2）　$2{,}000 \times \{(1-95\%) \times 30\% + 10\%\} = 230$

③　例外的な取扱い

　留保利益に係る連結財務諸表固有の将来加算一時差異は，通常，親会社が子
会社の留保利益を配当金として受け取ることにより解消されます。このため，
原則として，この将来加算一時差異に係る繰延税金負債を計上することになり
ます。しかし，次の場合のように将来の会計期間において追加で納付する税金
が見込まれない可能性が高い場合は，繰延税金負債を計上しません（税効果適
用指針24項）。

　　a　親会社が当該子会社の利益を配当しない方針を採用している場合
　　b　子会社の利益を配当しない方針について他の株主等との合意がある場合

④　その他

　留保利益に係る一時差異は，基本的には上記②および③のように取り扱われ
ます。一方で，留保利益について配当により解消しないものや，配当により追
加の税金の納付が見込まれないものについては，上記(3)で説明した取扱いに
従って，繰延税金負債の計上要否を検討します。

　このほか，留保利益に係る一時差異については，**図表Ⅰ-3-12**に示すような
取扱いが税効果適用指針に示されています。

図表Ⅰ-3-12　留保利益の一時差異に関連するガイダンス

項目	取扱い
在外子会社の決算日が異なる場合（税効果適用指針25項）	配当金の一部または全部が税務上の益金に算入される場合（上記②ｂ）において，配当により解消される留保利益の一時差異に係る繰延税金負債を算定する際には，子会社の決算日における為替相場を用いて算定する。
外国源泉所得税について追加で納付が見込まれる税額を算定する場合（税効果適用指針26項）	配当金に対する外国源泉所得税について繰延税金負債を計上する場合（上記②ｂ），配当金を支払う在外子会社の所在地国の法令や当該所在地国との条約等に規定されている税率を用いて計算する。当該法令の改正や条約の締結・改正については，後述の第4章「繰延税金資産および繰延税金負債の計算に用いる税率および税法」（94頁）における税法の改正に準じる。
配当等が損金算入されることとされている場合（税効果適用指針111項(1)）	内国法人が外国子会社から受け取る配当等の全部または一部が外国子会社の本店所在地国の法令において損金算入することとされている場合は，受け取る配当等の額について，親会社の個別財務諸表における税負担額から，子会社の個別財務諸表において損金算入され親会社の税負担額が軽減されると見積られる税額を控除した額を，連結財務諸表上，繰延税金負債として計上する。
外国税額控除の取扱い（税効果適用指針111項(2)）	上記の配当等が損金算入される場合に関連して，外国税額控除について，翌期以降に外国税額控除余裕額が生じることが確実に見込まれるときに，繰越外国税額控除の実現が見込まれる額を繰延税金資産として計上する。

(5)　子会社等に対する投資に係る連結財務諸表固有の一時差異の各項目の取扱い

　上記(2)から(4)において説明した子会社への投資に係る連結財務諸表固有の一時差異について，繰延税金資産または繰延税金負債を計上する場合の相手勘定は，**図表Ⅰ-3-13**に示したとおりです（税効果適用指針27項）。

図表Ⅰ-3-13　子会社等に対する投資に係る連結財務諸表固有の一時差異の各項目の取扱い

連結財務諸表固有の一時差異の対象	計上する相手勘定
親会社等の投資後に子会社等が計上したその他有価証券評価差額金	その他の包括利益
親会社等の投資後に子会社等が計上した繰延ヘッジ損益	
親会社等の投資後に子会社等が計上した退職給付に係る負債または退職給付に係る資産	
為替換算調整勘定	
子会社に対する投資について追加取得に伴い生じた親会社の持分変動による差額	資本剰余金
子会社に対する投資について当該子会社の時価発行増資等に伴い生じた持分変動による差額	
上記以外の場合	法人税等調整額

　なお，為替換算調整勘定に係る一時差異は，在外子会社等の財務諸表の換算により，子会社等への投資の連結貸借対照表上の価額と親会社の個別財務諸表上の投資簿価との差額から生じます。しかしながら，主に投資会社が株式を売却することによって実現するものであるため，子会社等の株式の売却の意思が明確な場合に税効果を認識し，それ以外の場合には認識しません（税効果適用指針116項(3)）。

　為替換算調整勘定に係る一時差異について繰延税金資産または繰延税金負債を計上する場合は，**図表Ⅰ-3-13**のとおり，その他の包括利益が相手勘定となります。すなわち，税効果を認識する場合，連結貸借対照表の純資産の部に計上される為替換算調整勘定は，それに対応して認識された繰延税金資産または繰延税金負債に見合う額を加減されます（税効果適用指針116項(4)）。

（本セクションのポイント）

● 親会社による子会社の支配獲得後（投資後）に，子会社が損益を計上すること等により，親会社の個別財務諸表上の子会社株式の簿価とその投資の

連結貸借対照表上の価額との間に相違が生じることで，連結財務諸表固有の一時差異が生じる。
- 将来加算一時差異か将来減算一時差異か，また，配当等により解消が見込まれる一時差異かどうかにより当該一時差異の税効果の取扱いが定められている。

7．親会社の持分変動等に係る税効果

(1)　概　　要

　連結決算手続上，子会社株式の追加取得や売却などにより親会社の持分変動や支配の喪失が生じた場合には，その連結上の会計処理に応じた税効果の会計処理が必要となります。税効果適用指針には，**図表Ⅰ-3-14**のような親会社の持分変動等に係る税効果の取扱いについて記載があります。

図表Ⅰ-3-14　親会社の持分変動等に係る税効果

大項目	小項目	ガイダンス
現在の持分変動に係るもの	追加取得時価発行増資	子会社への投資の追加取得等により生じた親会社の持分変動差額に係る税効果 （税効果適用指針27項(2)）
	一部売却	子会社に対する投資の一部売却後も親会社と子会社の支配関係が継続している場合 （税効果適用指針28項）
		子会社に対する投資の一部売却により親会社と子会社の支配関係が継続しない場合 （税効果適用指針29項）
過去の持分変動に係るもの	過去の持分変動があった子会社株式を売却	親会社の持分変動による差額に対して繰延税金資産または繰延税金負債を計上していた場合 （税効果適用指針30項）
		親会社の持分変動による差額に対して繰延税金資産または繰延税金負債を計上していなかった場合

		（税効果適用指針31項）

　以下では，上記のガイダンス別に説明していきます。

⑵　子会社への投資の追加取得等により生じた親会社の持分変動差額に係る税効果

①　連結財務諸表固有の一時差異の発生

　子会社株式を追加取得した場合，追加取得により増加した親会社の持分と追加投資との間に生じた差額は資本剰余金として処理されます（連結会計基準28項）。同様に，子会社が時価発行増資等を行い，親会社が増資を引き受けたことにより増資後の親会社の持分比率が増加または減少する場合，親会社の払込額と親会社持分の増減額との差額（持分変動差額）は資本剰余金として処理されます（連結会計基準30項）。これらはいずれも親会社と子会社の支配関係が継続している場合の取扱いですが，このような子会社株式の追加取得や子会社の時価発行増資等（追加取得等）により生じる差額は，将来の子会社株式の売却等により解消されるため，連結財務諸表固有の一時差異となります。

②　繰延税金資産または繰延税金負債の会計処理

　当該一時差異に係る繰延税金資産または繰延税金負債の計上の可否および計上金額の決定は，子会社への投資に係る将来減算一時差異について繰延税金資産を計上するための要件（前述の6．⑵「子会社に対する投資に係る連結財務諸表固有の将来減算一時差異の取扱い」（58頁）参照），または，配当により解消が見込まれるもの以外の将来加算一時差異に係る繰延税金負債の認識（前述の6．⑶「子会社に対する投資に係る連結財務諸表固有の将来加算一時差異の取扱い」（59頁）参照）に従って行います。

　上記①にあるとおり，追加投資等から生じた差額は，資本剰余金として処理されるため，当該一時差異について繰延税金資産または繰延税金負債を計上する場合には，資本剰余金を相手勘定として計上することになります（税効果適

用指針27(2))。

(3)　子会社に対する投資の一部売却後も親会社と子会社の支配関係が継続している場合における親会社の持分変動による差額に対応する法人税等相当額についての売却時の取扱い

　子会社に対する投資を一部売却したが，親会社と子会社の支配関係が継続している場合，連結財務諸表上，売却による親会社の持分変動による差額は，資本剰余金として処理し，対応する法人税等相当額（これには，子会社への投資に係る税効果の調整も含まれる）については，売却時に，法人税，住民税及び事業税などのその内容を示す科目を相手勘定として資本剰余金から控除します（連結会計基準29項，（注９）(2)，税効果適用指針28項）。

　当該法人税等相当額は，売却元の課税所得や税金の納付額にかかわらず，原則として，売却に伴い生じた親会社の持分変動による差額に法定実効税率を乗じて計算されます（税効果適用指針28項）。ただし，税金の納付が生じていない場合に資本剰余金から控除する額をゼロとするなど他の合理的な計算方法によることも認められています（税効果適用指針118項）。

　なお，親会社の個別財務諸表における投資簿価と子会社等への投資の連結貸借対照表上の価額との差額は連結財務諸表固有の一時差異に該当するため（**図表Ⅰ‒3‒15**参照），前述の６.(3)「子会社に対する投資に係る連結財務諸表固有の将来加算一時差異の取扱い」（59頁）および(4)「留保利益に係る一時差異」（60頁）に記載のとおり，一定の場合に繰延税金負債（または繰延税金資産）を計上することになります。

図表 I-3-15　子会社に対する投資に係る将来加算一時差異

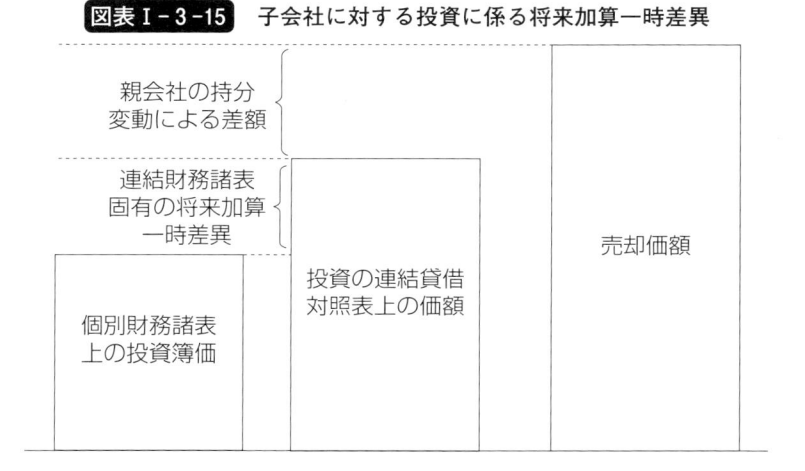

設例 I-3-9　子会社に対する投資の一部売却（投資の一部売却後も親会社と子会社の支配関係が継続している場合）

[前提]

- P社およびS社はいずれも3月決算会社である。
- P社はX1年3月に子会社S社（100％保有）の株式のうち20％を第三者に300で売却する意思決定を行い，X1年4月1日に売却した。
- X1年3月31日におけるS社に対するP社の個別財務諸表上の投資簿価（20％相当分）は200，投資の連結貸借対照表上の価額は232であった。なお，配当について追加的な税金納付がないため，過年度において繰延税金負債は計上されていなかった。
- 投資の連結貸借対照表上の価額232と個別財務諸表上の投資簿価200の差額は支配獲得後にS社が計上した利益剰余金（留保利益）のみで構成される。
- P社の法定実効税率は30％である。

[連結修正仕訳]

X1年3月期

(1) S社の留保利益に係る税効果

| （借） 法人税等調整額 | 10 | （貸） 繰延税金負債 | 10 |

*　P社は，S社株式を売却する意思決定を行ったため，繰延税金負債を認識する。売却によって解消する一時差異に係る税効果として，10（＝（連結財務諸表上の投資簿価232－個別財務諸表上の投資簿価200）×P社の法定実効税率30%）を計上する。

X2年3月期

(1) X1年3月期の税効果に関する開始仕訳（S社の留保利益に係る税効果）

| （借） 利益剰余金期首残高 | 10 | （貸） 繰延税金負債 | 10 |

(2) S社株式売却益の修正

| （借） S 社 株 式 | 200 | （貸） 非支配株主持分(*1) | 232 |
| S社株式売却益 | 100 | 資 本 剰 余 金(*2) | 68 |

(*1)　連結財務諸表上の投資簿価（売却持分）

(*2)　貸借差額

（参考：個別財務諸表上の処理）

S社株式売却益の計上

| （借） 現 金 預 金 | 300 | （貸） S 社 株 式 | 200 |
| | | S社株式売却益 | 100 |

S社株式売却益に係る税金費用の計上

| （借） 法 人 税, 住 民 税 及 び 事 業 税 | 30 | （貸） 未 払 法 人 税 等(*3) | 30 |

(*3)　S社株式売却益100×30%＝30

(3) 株式売却によるS社株式の投資に係る税効果の解消

| （借） 繰 延 税 金 負 債 | 10 | （貸） 法人税等調整額 | 10 |

(4)　持分変動差額に係る税金費用の控除

| (借)　資 本 剰 余 金(＊4)　　20 | (貸)　法 人 税, 住 民 税(＊5)　　20 |
| | 及 び 事 業 税 |

(＊4)　P社の持分変動による差額は連結財務諸表上, 資本剰余金として68計上されているが, このうち, 法人税等相当額20（＝68×法定実効税率30％）を資本剰余金から控除する。なお, 法人税等相当額は, 原則として, 親会社の持分変動による差額に法定実効税率を乗じて算出する。

(＊5)　個別財務諸表上, S社株式売却益100に対して, 法人税, 住民税及び事業税が30計上されているため, これを20減額する。考え方については以下を参照。

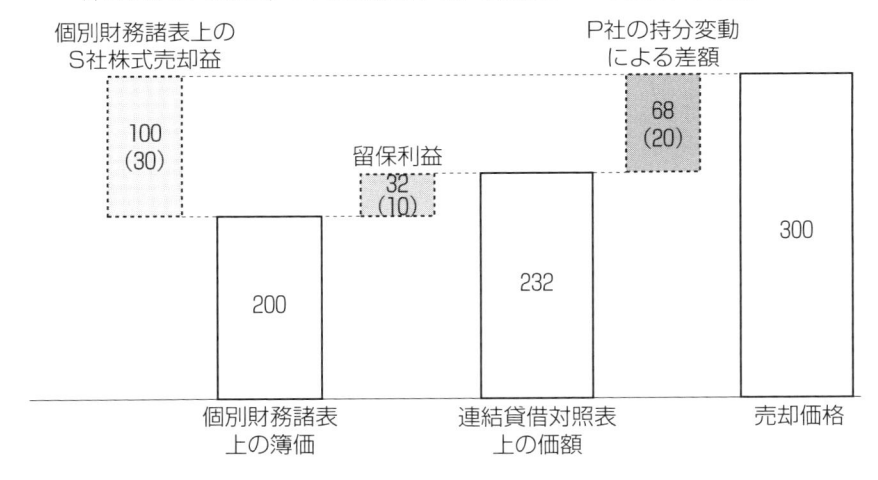

(注)　表中の（　）内の金額は対応する税金費用。

⑷　**子会社に対する投資を一部売却したことにより親会社と子会社の支配関係が継続していない場合における残存する投資に係る一時差異に関する繰延税金資産または繰延税金負債についての売却時の取扱い**

　投資の一部売却により子会社にも関連会社にも該当しなくなった場合には, 残存する当該会社への投資は個別財務諸表上の帳簿価額をもって評価します（連結会計基準29項なお書き）。この場合, 利益剰余金に計上されていた当該投

資先会社の留保利益または損失の親会社持分額とのれんの償却累計額または負ののれんの利益計上額との合計額（差引額）のうち，残存する当該会社への投資に相当する部分を連結株主資本等変動計算書上の利益剰余金の区分に「連結除外に伴う利益剰余金減少高（または増加高）」等その内容を示す適当な名称をもって計上することになります（資本連結手続実務指針46項）。

　この場合，まずは子会社に対する投資の一部売却の決定により，子会社に対する投資に係る連結財務諸表固有の一時差異について，税効果適用指針に従って繰延税金資産または繰延税金負債を計上します（税効果適用指針27項（前述の６．(5)「子会社等に対する投資に係る連結財務諸表固有の一時差異の各項目の取扱い」（64頁）参照））。そして，実際に売却した時点で，法人税等調整額を相手勘定として計上した繰延税金資産または繰延税金負債のうち，投資売却に伴う連結除外の会計処理において投資の帳簿価額を修正したことにより解消した一時差異に係る繰延税金資産または繰延税金負債を取り崩します。当該取崩額は，法人税等調整額で計上するのではなく，利益剰余金から直接控除します（税効果適用指針29項，120項）。

(5)　親会社の持分変動による差額に対して繰延税金資産または繰延税金負債を計上していた場合の子会社に対する投資を売却した時の取扱い

　前述(2)で記載したとおり，子会社への投資について，追加取得や子会社の時価発行増資により，親会社と子会社の支配関係が継続している場合，親会社の持分変動による差額は資本剰余金として処理されます。また，当該親会社の持分変動による差額は連結財務諸表固有の一時差異に該当し，資本剰余金を相手勘定として繰延税金資産または繰延税金負債を計上します。

　これらの繰延税金資産または繰延税金負債を計上していた場合，当該子会社に対する投資を売却した時に当該売却により解消した一時差異に係る繰延税金資産または繰延税金負債は，資本剰余金を相手勘定として取り崩されます（税効果適用指針30項）。

設例 I-3-10　子会社に対する投資の全部売却（追加取得がある場合）

(前提)

- P社およびS社はいずれも3月決算会社である。
- P社はX1年3月に子会社S社（100%保有）の株式すべてを第三者に400で売却する意思決定を行い，X1年4月1日に売却した。
- X1年3月31日におけるS社に対するP社の個別財務諸表上の投資簿価は100，投資の連結貸借対照表上の価額は300であった。
- X1年3月31日における投資の連結貸借対照表上の価額と個別財務諸表上の投資簿価の差額200は過去の追加取得時に計上した資本剰余金△100と支配獲得後にS社が計上した利益剰余金（留保利益）300で構成される。
- P社の法定実効税率は30%である。

(連結修正仕訳)

X1年3月期

(1)　S社株式の投資に係る税効果の認識

| （借）　繰延税金資産(＊3) | 30 | （貸）　資本剰余金(＊1) | 30 |
| 　　　　法人税等調整額(＊2) | 90 | 　　　　繰延税金負債(＊3) | 90 |

(＊1)　P社は，S社株式を売却する意思決定を行い，かつ，回収可能性があると判断したため，繰延税金資産を認識する。売却によって解消する一時差異に係る税効果として，30（＝（投資の連結貸借対照表上の価額と個別財務諸表上の投資簿価の差額のうち資本剰余金部分△100）×P社の法定実効税率30%）を計上する。これは，過去の追加取得後に計上した資本剰余金に関連する一時差異であるため，当該一時差異に係る繰延税金資産を認識する場合の相手勘定は資本剰余金となる。

(＊2)　P社は，S社株式を売却する意思決定を行ったため，繰延税金負債を認識する。売却によって解消する一時差異に係る税効果として，90（＝（投資の連結貸借対照表上の価額と個別財務諸表上の投資簿価の差額のうち留保利益300）×P社の法定実効税率30%）を計上する。なお，利益剰余金に関連する一時差異であるため，当該一時差異について繰延税金負債を認識する場合の相手勘定は法人税等調整額となる。

（＊3）　上記の仕訳では便宜上繰延税金資産と繰延税金負債を両建てで計上しているが，納税主体が同一である場合，両者を相殺して表示する。なお，同一納税主体の同一子会社への投資に係る一時差異であるため，繰延税金資産および繰延税金負債を相殺し，回収可能性または支払可能性について判断することに留意が必要である。

X2年3月期

(2)　X1年3月期の税効果に関する開始仕訳

| （借）　利益剰余金期首残高 | 90 | （貸）　資 本 剰 余 金 | 30 |
| | | 繰 延 税 金 負 債（＊4） | 60 |

（＊4）　上記(1)の（＊3）より，同一納税主体に係る一時差異であるため，繰延税金資産30と繰延税金負債90を相殺している。

(3)　株式売却によるS社株式の投資に係る税効果の解消

| （借）　繰 延 税 金 負 債 | 60 | （貸）　法 人 税 等 調 整 額（＊5） | 90 |
| 資 本 剰 余 金 | 30 | | |

（＊5）　上記(1)で資本剰余金を相手勘定として計上した繰延税金資産については資本剰余金を相手勘定として取り崩す。考え方は以下を参照。

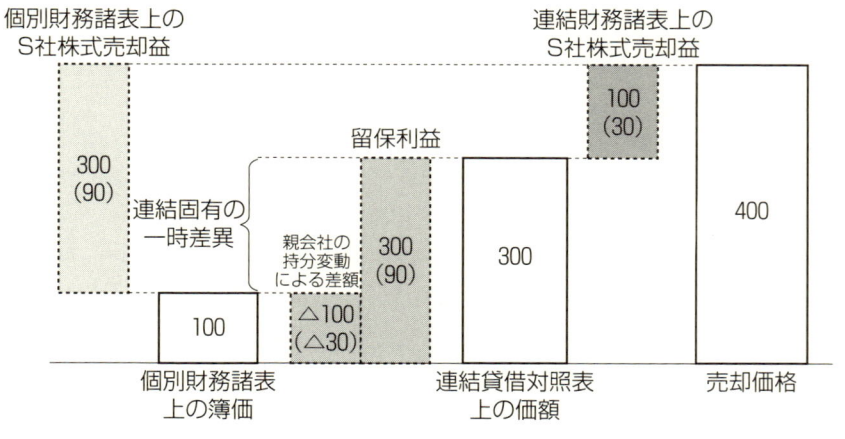

（注）　表中の（　）内の金額は対応する法人税等および税効果。

⑹　**親会社の持分変動による差額が生じている場合に子会社に対する投資を売却した時の法人税等についての取扱い**

　追加取得等により生じた子会社の投資に係る一時差異について，売却の意思決定と同一事業年度に売却が生じた場合，その売却の直前に繰延税金資産または繰延税金負債を計上していない状況が起こりえます。そのような場合には，追加投資等により生じた資本剰余金に対応する法人税等に相当する額について，売却時に連結修正仕訳により「法人税，住民税及び事業税」を相手勘定として資本剰余金から控除します（税効果適用指針31項）。

> **設例Ⅰ-3-11　子会社に対する投資の全部売却（追加取得があり，かつ，子会社株式の売却の意思決定と同一年度に売却が生じた場合）**
>
> 〔前提〕
> - P社およびS社はいずれも3月決算会社である。
> - P社はX1年2月に子会社S社（100％保有）の株式すべてを第三者に400で売却する意思決定を行い，X1年3月31日に売却した。
> - X1年3月31日におけるS社に対するP社の個別財務諸表上の投資簿価は100，投資の連結貸借対照表上の価額は300であった。
> - X1年3月31日における投資の連結貸借対照表上の価額と個別財務諸表上の投資簿価の差額200は過去の追加取得時に計上した資本剰余金△100と支配獲得後にS社が計上した利益剰余金300で構成される。
> - P社の法定実効税率は30％である。
>
> 〔連結修正仕訳〕
>
> X1年3月期
>
> ⑴　追加取得により生じた親会社の持分変動による差額に対応する法人税等相当額の計上
>
> | （借）法人税，住民税及び事業税 | 30 | （貸）資本剰余金(＊1) | 30 |
> |---|---|---|---|

（＊1）　資本剰余金30＝追加取得時に計上した資本剰余金△100×法定実効税率30％

　　　S社に対する投資について，資本剰余金とした親会社の持分変動による差額に対応する法人税等に相当する額30を，資本剰余金から控除する。

（本セクションのポイント）

● 子会社に対する投資に係る親会社の持分変動があった場合，その内容に応じて法人税等および税効果が調整される。

8．持分法の適用に係る税効果

(1)　概　　要

　連結財務諸表上，関連会社や非連結子会社に持分法を適用する場合，当該持分法投資に関して一時差異が認識される場合があります。この場合の税効果会計の適用は次の3つのグループに区分でき，それぞれ繰延税金資産または繰延税金負債の計上の要否を判定することが必要になります。

- 持分法適用会社の資産・負債の評価差額に係る税効果
- 持分法適用会社への投資に係る税効果
- 持分法適用会社との取引により生じた未実現損益に係る税効果

(2)　持分法適用会社の資産・負債の評価差額に係る税効果

　株式取得日における持分法適用会社の資産・負債の評価差額に係る一時差異は，持分法適用会社の資産・負債の簿価と持分法上の資産・負債の価額の相違から生じ，持分法適用会社に帰属します。

　したがって，この一時差異については，持分法適用の前段階の処理として，持分法適用会社の個別貸借対照表上，繰延税金資産または繰延税金負債を計上します。なお，繰延税金資産の計上については，当該持分法適用会社に係る回収可能性の検討が必要となります（持分法実務指針24項）。

設例 I‐3‐12　新規持分法適用会社の資産を時価評価することに関する一時差異

(前提)

- P社は3月決算会社である。
- P社はX1年3月31日にA社株式を40％取得し，持分法適用会社とした。P社の取得原価は400であった。
- X1年3月31日現在のA社の簿価純資産は600であったが，そのうちA社の保有する土地100について，同日現在の時価は300であった。
- A社の法定実効税率は30％である。
- X1年3月31日現在におけるA社の貸借対照表は以下のとおり。

資　　　　　産	1,500	負　　　　　債	900
（ う ち 土 地	100)	資　　本　　金	400
		利 益 剰 余 金	200

(A社修正仕訳)

土地に係る評価差額の計上

（借） 土　　　　　地	200	（貸） 評　価　差　額	140
		繰 延 税 金 負 債(＊1)	60

（＊1）　土地に係る評価差額（300－100）×法定実効税率30％＝60

A社修正後貸借対照表　X1年3月31日

資　　　　　産	1,700	負　　　　　債	960
		（うち繰延税金負債	60)
（ う ち 土 地	300)	資　　本　　金	400
		利 益 剰 余 金	200
		評　価　差　額	140

(連結修正仕訳)

> （仕訳なし）

　取得時点では土地の時価評価による連結修正仕訳は計上されない。修正後のA社貸借対照表を基礎として持分法を適用する。

　この結果，持分法上ののれん相当額は次のとおり計算される。

　取得持分（400＋200＋140）×40％＝296

　投資400－取得持分296＝のれん相当額104

(3)　持分法適用会社への投資に係る税効果

　持分法適用会社への投資に係る税効果は，連結子会社への投資に係る税効果と基本的に同様の考え方を適用します。持分法投資の取得時点では投資会社側で一時差異は発生しませんが，その後の持分法適用により，一時差異が生じる場合があります。この一時差異の主なものについて，種類別に発生原因と解消事由の関係を示すと**図表Ⅰ-3-16**のようになります。

図表Ⅰ-3-16　持分法適用会社への投資に係る一時差異の発生原因と解消事由

一時差異の種類	主な発生原因	主な解消事由
将来減算一時差異	● 持分法適用会社の損失計上 ● のれん相当額の償却 ● 為替換算調整勘定（借方）の計上	①投資の売却，持分法適用会社の清算 ②投資評価減の税務上の損金算入
将来加算一時差異	● 持分法適用会社の留保利益	①投資の売却，持分法適用会社の清算 ③配当の受領（追加税金の発生する場合のみ）
	● 負ののれん相当額の発生益 ● 為替換算調整勘定（貸方）の計上	①投資の売却，持分法適用会社の清算

　図表Ⅰ-3-16で示した一時差異以外にも，持分法投資取得後のその他有価証

券評価差額金の変動額，繰延ヘッジ損益の変動額なども持分法投資に係る一時差異を構成します。

　このような一時差異に係る繰延税金資産の計上の要否の判断については，前述6.「子会社に対する投資に係る一時差異」（56頁）に関する取扱いと基本的には同様となります。

　将来減算一時差異については，次に掲げる要件をいずれも満たす場合には，繰延税金資産を計上します（持分法実務指針29項，30項）。

- 投資会社が，予測可能な将来の期間に持分法適用会社に対する投資について税務上の損金算入が認められる評価減の要件を満たすか，または当該持分法適用会社の清算もしくは当該投資の売却によって当該将来減算一時差異を解消する可能性が高いこと
- 投資会社の繰延税金資産の計上につき，回収可能性に係る判断要件を満たすこと

　将来加算一時差異については，連結子会社における留保利益と同様に，投資の売却または配当金の受領を前提として繰延税金負債を計上しますが，以下の場合には税効果を認識しません。

- 投資の売却により解消する場合……自ら決めることができることを前提として予測可能な将来の期間に売却する意思がない場合には売却に係る税効果を認識しません（持分法実務指針27項）。投資を売却する意図はなく半永久的もしくは長期的に所有する意思がある場合，または投資先が現在もしくは将来の基幹事業あるいは戦略事業に属するため売却することはないと考えられる場合は，予測可能な将来の期間に売却する意思がない場合に該当します（持分法実務指針39項）。
- 配当の受領により解消する場合……留保利益を半永久的に配当させないという投資会社の方針または株主間の協定がある場合には，税効果を認識しません（持分法実務指針28項）。また，例えば，投資会社が持分法適用会社の株式の3分の1超を6か月以上継続して直接的に保有する内国法人である場合には，配当金受領時に課税関係が生じないため，配当金により解

消される将来加算一時差異に係る繰延税金負債の計上は不要となります。

> **Point Of View**　持分法適用会社の留保利益に関する税効果
>
> 　一般的には，支配を獲得していない持分法適用会社の配当に関して，投資会社が単独で意思決定できる場合は限定的と考えられます。したがって，投資者間において配当政策に関する合意がなく，かつ，配当金を受領した際に追加の税負担が発生することが見込まれるような場合には，留保利益について繰延税金負債を計上することになります。

(4)　持分法適用会社との間の取引により生じた未実現損益の税効果

　連結会社と持分法適用会社との間で生じた未実現損益についても一時差異が生じるため，税効果会計を考慮する必要があります。会計処理の考え方は連結会社間の取引に係るものと基本的に同様です。

　税効果会計の適用にあたっては，損益を計上した売却元である会社の法人税等に与える影響について調整することになります。具体的には**図表Ⅰ-3-17**のようになります（持分法実務指針25項，26項）。

図表Ⅰ-3-17　持分法適用会社との間の取引に係る未実現損益の税効果

	未実現利益の消去に係る一時差異	未実現損失の消去に係る一時差異
持分法適用会社が売手の場合（連結会社が買手）	持分法適用会社において繰延税金資産を認識（持分法適用会社の売却年度の課税所得を超えない）	持分法適用会社において繰延税金負債を認識（持分法適用会社の未実現損失に係る損金計上前の課税所得を超えない）
持分法適用会社が買手の場合（連結会社が売手）	連結会社に帰属するものとして繰延税金資産を認識（連結会社の売却年度の課税所得額を超えない）	連結会社に帰属するものとして繰延税金負債を認識（連結会社の当該未実現損失に係る損金計上前の課税所得を超えない）

設例 I-3-13　棚卸資産の販売に係る未実現利益（連結会社から持分法適用会社への販売）

前提

- 連結財務諸表を作成する投資会社Ｐ社は持分法適用会社であるＡ社（Ｐ社が40％所有）に対して，当期において商品2,000を販売した。これらの商品の原価は1,600である。
- Ａ社は当該購入商品のうち，1,500相当分を売価2,500で外部顧客に販売したが，500相当分は期末在庫として保管している。
- Ｐ社ではＡ社に対する販売益400も含めて当期に1,000の課税所得を計上し，これに対する法人税等300の納税義務が発生している。
- Ｐ社における法定実効税率は30％である。

会計処理

(1)　未実現利益（持分相当額）の消去

（借）　売　　上　　高	40	（貸）　投 資 有 価 証 券	40

＊未実現損益：Ａ社棚卸資産500×（1－1,600／2,000）×Ｐ社持分比率40％＝40

(2)　未実現利益の消去に係る税効果

（借）　繰 延 税 金 資 産	12	（貸）　法 人 税 等 調 整 額	12

＊未実現利益40×Ｐ社における法定実効税率30％＝12

設例 I-3-14　棚卸資産の販売に係る未実現利益（持分法適用会社から連結会社への販売）

前提

- 連結財務諸表を作成する投資会社Ｐ社の持分法適用会社であるＡ社（Ｐ社が40％所有）は，当期においてＰ社に対して商品2,000を販売した。これらの商品の原価は1,600である。
- 一方，Ｐ社では当該購入商品のうち，1,500相当分を売価2,500で外部顧客

に販売したが，500相当分は期末在庫として保管している。

- A社ではP社に対する販売益400も含めて当期に1,000の課税所得を計上し，これに対する法人税等300の納付義務が発生している。
- A社の法定実効税率は30％である。

会計処理

(1)　未実現利益（持分相当額）の消去

| （借）　持分法による投資損益 | 40 | （貸）　棚　卸　資　産 | 40 |

＊未実現利益：P社棚卸資産500×（1－1,600／2,000）×P社持分比率40％＝40

(2)　未実現利益の消去に係る税効果

| （借）　投 資 有 価 証 券 | 12 | （貸）　持分法による投資損益 | 12 |

＊未実現利益40×A社の法定実効税率30％＝12

（本セクションのポイント）

●持分法適用会社に関連する一時差異についても，基本的には子会社における適用と同様に考え，税効果会計を適用する。

9．その他の論点

(1)　連結会社間における資産（子会社株式等を除く）の売却に伴い生じた売却損益を税務上繰り延べる場合の連結財務諸表における取扱い

　グループ法人税制により，完全支配関係（100％グループ内）の国内連結会社間における一定の資産（固定資産，土地，有価証券等）の売却に伴い生じた売却損益について，課税所得計算上，当該売却損益を繰り延べる場合があります（法法61の11）。これらの一定の資産を「譲渡損益調整資産」といいます。

　この場合，繰り延べられた売却損益は，売却元の連結会社の個別財務諸表上

の一時差異に該当することになります（第2章5.「連結会社間における資産の売却に伴い生じた売却損益を税務上繰り延べる場合の個別財務諸表における取扱い」（36頁）参照）。この一時差異に対して，売却元の連結会社の個別財務諸表において，繰延税金資産または繰延税金負債が計上されているときには，連結決算手続上，当該売却損益が消去されることに伴い生じる連結財務諸表固有の一時差異に対して，個別財務諸表において計上した繰延税金資産または繰延税金負債と同額の繰延税金負債または繰延税金資産を計上します。これらの繰延税金資産または繰延税金負債は相殺され，結果として，連結財務諸表において当該売却損益に関連する繰延税金資産または繰延税金負債を計上しないことになります（税効果適用指針38項，142項）。

設例Ⅰ-3-15　固定資産の譲渡に係る未実現利益（親会社から国内完全子会社への売却）

[前提]

- P社は3月決算会社である。
- P社は当期首において，国内子会社S社（完全支配関係にある）に対して自社で使用していた土地（譲渡損益調整資産に該当）を1,000で売却した。売却時における帳簿価額は600であったことから，固定資産売却益400を計上している。
- P社はS社に対する固定資産売却益400を含めて1,000の税引前利益を計上したが，当該固定資産売却益については，譲渡損益調整資産の譲渡にあたることから，これを課税所得に含めず，結果として600の課税所得を計上し，これに対する法人税等180の納付義務が発生している。
- 法定実効税率は30％である。

[P社個別財務諸表における仕訳]（譲渡損益調整資産に係る税効果）

（借）　法人税等調整額	120	（貸）　繰延税金負債	120

＊譲渡損益調整資産に係る譲渡損益400×法定実効税率30％＝120

【連結修正仕訳】

(1)　未実現利益の消去

| (借)　固定資産売却益 | 400 | (貸)　土　　　　地 | 400 |

(2)　未実現利益の消去に伴う連結財務諸表固有の一時差異の計上および繰延税金資産と繰延税金負債の相殺

| (借)　繰延税金資産 | 120 | (貸)　法人税等調整額 | 120 |
| 　　　繰延税金負債 | 120 | 　　　繰延税金資産 | 120 |

＊この結果，連結財務諸表上は税効果を認識しないことになる。

	個別財務諸表	連結財務諸表
税引前利益	1,000	1,000
消去：土地売却益	－	▲400
差引(a)	1,000	600
法人税，住民税及び事業税	180	180
法人税等調整額	120	－
税金費用(b)	300	180
税負担率(b)／(a)	30.0％	30.0％

(2)　連結会社間における子会社株式等の売却に伴い生じた売却損益を税務上繰り延べる場合の連結財務諸表における取扱い

　上記(1)で説明した，グループ法人税制による完全支配関係（100％グループ内）の国内連結会社間における譲渡損益調整資産の売却に伴い生じた売却損益の課税所得計算上の繰延べは，子会社株式等（子会社株式または関連会社株式）の売却に伴い生じた売却損益についても適用されます（法法61の11）。

　子会社株式等を売却した企業の個別財務諸表において，当該売却損益に係る一時差異に対して繰延税金資産または繰延税金負債が計上されている場合，連

結決算手続上，売却損益を消去するとともに，当該一時差異に係る繰延税金資産または繰延税金負債を取り崩します（税効果適用指針39項）。

そして，購入側の企業による当該子会社株式等の再売却等，法人税法61条の11に規定されている，課税所得計算上，繰り延べられた損益を計上することとなる事由についての意思決定が行われた時点において，当該取崩額を戻し入れます。

なお，連結会社間の子会社株式等の売却について意思決定等を行ったことで，子会社等への投資に係る連結財務諸表固有の一時差異について繰延税金資産または繰延税金負債を計上する場合，当該繰延税金資産または繰延税金負債のうち，当該売却により解消される一時差異に係る繰延税金資産または繰延税金負債を売却時に取り崩します。また，当該子会社株式等の売却に伴い，追加的にまたは新たに生じる一時差異については，前述の６．「子会社に対する投資に係る一時差異」（56頁）に従って会計処理することになります（税効果適用指針39項）。

設例Ⅰ-3-16　グループ法人税制が適用される場合の子会社株式等の売却に係る税効果

(前提)

- 国内子会社Ｓ１社およびＳ２社は，親会社Ｐ社の100％子会社，国内子会社Ｓ３社はＳ１社の100％子会社で，いずれも完全支配関係があり，グループ法人税制が適用される。
- 各社は３月決算会社である。
- Ｘ１年３月期からＸ６年３月期の各期における各社の企業の分類は（分類１）に該当し（回収可能性適用指針17項），繰延税金資産には全額回収可能性があるものとする。
- Ｓ１社は，Ｘ１年３月期にＳ２社へＳ３社の株式を売却する意思決定を行った。なお，当該意思決定以前は，税効果適用指針23項の定めにある子会社投資に係る繰延税金負債を認識しないことに関する例外適用の要件を満たしていた。

- S 1 社は，X 2 年3月期にS 2 社へS 3 社の株式を1,300で売却した。売却時における帳簿価額は1,000であったことから，S 3 社株式売却益300を計上している。
- S 1 社は，X 2 年3月期にS 2 社に対するS 3 社株式売却益300を含めて，1,000の税引前利益を計上したが，当該S 3 社株式売却益については，譲渡損益調整資産の譲渡に当たることから，これを課税所得に含めず，結果として700の課税所得を計上し，これに対する法人税等210の納付義務が発生している。
- X 1 年3月期からX 6 年3月期までのS 3 社の投資の連結貸借対照表上の価額は1,200であった。
- S 2 社は，X 6 年3月期にS 3 社の株式を企業集団外の第三者に売却する意思決定を行った。なお，連結財務諸表上，S 2 社におけるS 3 社株式に係る将来減算一時差異に関する繰延税金資産の全額につき，税効果適用指針 8 項(3)に従って回収可能性があるものとする。
- P 社がS 1 社およびS 2 社から配当金を受領した場合，ならびに，S 1 社およびS 2 社がS 3 社から配当金を受領した場合，配当金は税務上の益金に算入されず，追加の税負担は生じない。
- 法定実効税率は30％である。

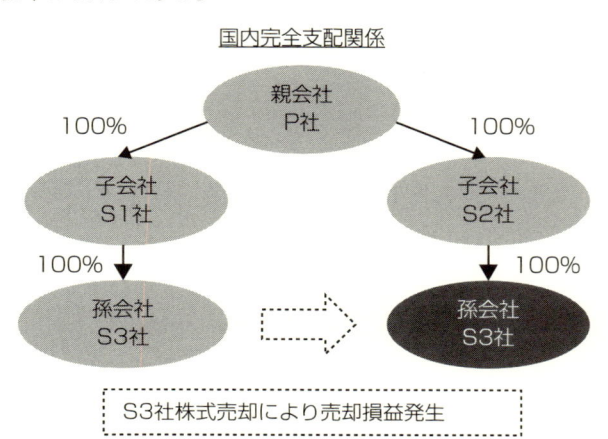

国内完全支配関係

【会計処理】

1．X1年3月期（S1社がS3社株式の売却を意思決定した段階）

【個別財務諸表】

(1)　S1社およびS2社における仕訳

> （仕訳なし）

【連結修正仕訳】

> （仕訳なし）

　S1社はS2社へ売却する意思決定を行ったが，グループ法人税制が適用され，税務上の要件を満たし譲渡損益が繰り延べられる場合（法法61の11），S3社株式に係る将来加算一時差異に係る繰延税金負債を計上しない。

2．X2年3月期（S1社がS2社へS3社株式を売却した段階）

【個別財務諸表】

(1)　S1社における仕訳

（借）	現　金　預　金	1,300	（貸）	S　3　社　株　式	1,000
				子会社株式売却益	300
（借）	法人税等調整額	90	（貸）	繰延税金負債	90

　S1社はS2社へS3社株式を売却したが，グループ法人税制が適用され，税務上，譲渡損益は繰り延べられる。そのため，S1社の S3社株式の個別上の簿価が0となるのに対し，課税所得計算上の価額は△300（譲渡損益調整勘定）となる。当該子会社株式売却益は，将来，S2社が S3社株式を企業集団外の第三者に売却するなどの一定の事由により税務上の益金に算入される時に課税所得を増額する効果を有するため，将来加算一時差異に

該当し，これに係る繰延税金負債を計上する。

＊譲渡損益調整対象資産に係る譲渡損益300×法定実効税率30％＝90

(2) Ｓ２社における仕訳

（借） Ｓ ３ 社 株 式	1,300	（貸） 現 金 預 金	1,300

【連結修正仕訳】

(1) Ｓ３社株式売却益に係る繰延税金負債の取崩し

（借） 繰 延 税 金 負 債	90	（貸） 法 人 税 等 調 整 額	90

　Ｓ１社の個別財務諸表において計上した Ｓ３社株式の売却益に係る繰延税金負債は，連結決算手続上，取り崩す（未実現損益の相殺消去仕訳は記載を省略）。この結果，連結財務諸表上は税効果を認識しないことになるが，連結財務諸表上の税引前当期純利益と税金費用が対応する。

	Ｓ１社個別財務諸表	連結財務諸表
税引前利益	1,000	1,000
消去：子会社株式売却益	－	▲300
差引(a)	1,000	700
法人税，住民税及び事業税	210	210
法人税等調整額	90	－
税金費用(b)	300	210
税負担率(b)／(a)	30％	30％

　なお，Ｓ３社の投資の連結上の価額1,200は，Ｓ２社の個別上の簿価1,300を下回るため，これらの差額100は連結財務諸表固有の将来減算一時差異に該当する。当該将来減算一時差異に係る繰延税金資産30（＝100×30％）は，Ｓ２社においてＳ３社株式を売却する意思決定が行われていないため，その回収可能性がないと判断され，Ｐ社の連結財務諸表では計上されない。

3．Ｘ6年3月期（Ｓ2社がＳ3社株式の売却を意思決定した段階）

[個別財務諸表]

(1)　Ｓ1社およびＳ2社における仕訳

> （仕訳なし）

[連結修正仕訳]

(1)　開始仕訳

> （借）　繰 延 税 金 負 債　　　　90　（貸）　利益剰余金期首残高　　　90

(2)　Ｓ3社株式売却益に係る繰延税金負債の取崩額の戻入れ

> （借）　法 人 税 等 調 整 額　　　90　（貸）　繰 延 税 金 負 債　　　90

　Ｘ2年3月期にＳ1社の個別財務諸表において計上されていた　Ｓ3社株式の売却益に係る繰延税金負債は，Ｐ社の連結財務諸表上において取り崩されていた。Ｘ6年3月期にＳ2社は，課税所得計算上，繰り延べられた損益を計上することとなる事由（Ｓ3社株式の売却）についての意思決定を行った。そのため，Ｐ社の連結財務諸表上，当該繰延税金負債の取崩額を戻し入れる。

(3)　Ｓ3社株式に係る将来減算一時差異に関する繰延税金資産の計上

> （借）　繰 延 税 金 資 産　　　30　（貸）　法 人 税 等 調 整 額　　　30

　税効果適用指針22項の要件を満たし，Ｘ6年3月期末時点における将来減算一時差異100に係る繰延税金資産の全額について回収可能性があるため，繰延税金資産30（＝100×30％）を計上する。

　Ｐ社の連結財務諸表におけるＳ3社株式に関連する繰延税金資産（負債）の計上額は，（表1）のとおり。

表1　S3社株式に関連する繰延税金資産および繰延税金負債の計上額

（　）：負債

	課税所得計算上の価額		個別上の簿価		連結上の価額	個別財務諸表上の税効果	連結財務諸表上の税効果（連結修正仕訳)		連結財務諸表上の繰延税金資産（負債）の額
	S1社	S2社	S1社	S2社		S1社	S1社	S2社	
X1年3月期	1,000 (＊1)	−	1,000	−	1,200	−	−		−
X2年3月期	△300 (＊2)	1,300 (＊3)	−	1,300	1,200	(90) (＊4)	(△90) (＊5)	−	−
X6年3月期	△300 (＊2)	1,300 (＊3)	−	1,300	1,200	(90) (＊4)	−	30 (＊6)	30 (90)

（＊1）S1社におけるS3社株式の課税所得計算上の価額

（＊2）S1社におけるS3社株式売却益に係る譲渡損益調整勘定

（＊3）S2社におけるS3社株式の課税所得計算上の価額

（＊4）繰延税金負債（上記X2年3月期 個別財務諸表(1)を参照）

（＊5）繰延税金負債（上記X2年3月期 連結修正仕訳(1)を参照）

（＊6）繰延税金資産（上記X6年3月期 連結修正仕訳(3)を参照）

⑶　子会社等が保有する親会社株式等を当該親会社等に売却した場合の連結財務諸表における法人税等に関する取扱い

　連結子会社における親会社株式の売却損益（内部取引によるものを除いた親会社持分相当額）は，親会社における自己株式処分差額と同様にその他資本剰余金を加減されます（自己株式等会計基準16項）。この会計処理に関連して，自己株式等適用指針16項では，連結子会社における親会社株式の売却損益および持分法の適用対象となっている子会社等における親会社株式等（親会社または持分法を適用する投資会社）の売却損益は，関連する法人税，住民税及び事業税を控除後のものとされています。

　連結子会社が保有する親会社株式を当該親会社に売却した場合，同適用指針

16項に準じて，当該子会社に生じる売却損益に対応する法人税等のうち親会社持分相当額は資本剰余金から控除されます（税効果適用指針40項，144項）。また，持分法適用の子会社等が保有する親会社等の株式を当該親会社等に売却した場合についても同様に処理されます（税効果適用指針41項）。

⑷　退職給付に係る負債または退職給付に係る資産に関する一時差異の取扱い

　退職給付に関する会計基準に従い，連結財務諸表上，未認識数理計算上の差異および未認識過去勤務費用（以下，合わせて「未認識項目」という）は，発生時以後に一定以内の年数で償却される場合，その他の包括利益（退職給付に係る調整額）で認識したうえで純資産の部のその他の包括利益の累計額（退職給付に係る調整累計額）に計上されることになります。連結貸借対照表上，未認識項目は，退職給付に係る負債（または退職給付に係る資産）として即時に認識されます。一方，個別財務諸表においては，当面の取扱いとして，未認識項目の償却に従い退職給付引当金（または前払年金費用）が認識されます。このため，連結決算手続においては，個別財務諸表上の退職給付引当金（または前払年金費用）に未認識項目を加減して退職給付に係る負債（または退職給付に係る資産）を計上することになります。

　併せて，連結決算手続においては，個別財務諸表における退職給付引当金に係る将来減算一時差異に関する繰延税金資産の額または前払年金費用に係る将来加算一時差異に関する繰延税金負債の額に，連結修正項目である未認識項目の会計処理により生じる将来減算一時差異に係る繰延税金資産の額または将来加算一時差異に係る繰延税金負債の額を合算し，当該合算額を次のように会計処理します（税効果適用指針42項）。

　①　当該合算により純額で繰延税金資産が生じる場合，当該合算額について第5章4．⑸「退職給付に係る負債に関する一時差異」（154頁）に記載した取扱いに従って回収可能性を判断し，未認識項目の一時差異に係る繰延税金資産または繰延税金負債について，その他の包括利益を相手勘定とし

　　て計上する。

　②　合算により純額で繰延税金負債が生じる場合，未認識項目の一時差異に
　　　係る繰延税金資産または繰延税金負債について，その他の包括利益を相手
　　　勘定として計上する。

　なお，退職給付に関する未認識項目のすべてが一時差異に該当するかは，その他の包括利益に対して課税される当期税金の計上区分の取扱いと関連します（第Ⅰ部第6章1.「当期税金の会計処理」（167頁）参照）。例えば，確定給付制度を採用している場合，確定給付企業年金に係る規約に基づいて支出した掛金等の額が，税務上，支出の時点で損金の額に算入されます。会計上，当該掛金等の額は退職給付に係る負債の減額として取り扱われますが，当該退職給付に係る負債は，連結財務諸表上，その他の包括利益として計上した未認識数理計算上の差異等を含んでいます。退職給付に関する掛金等に対する課税が，その他の包括利益に対して課税されている場合，課税された部分は一時差異に該当しないと考えられるため，税効果を認識せず，当期税金の金額をその他の包括利益から控除することになります（法人税等会計基準5項(2)，5-2項(2)）。

　しかしながら，当該掛金等の計算と会計上の退職給付の計算はその方法や基礎が異なるため，掛金等の額を数理計算上の差異等と紐付けることは困難であり，その他の包括利益に対して課税されている部分を算定することも困難と考えられます（法人税等会計基準29-6項）。そこで，このような場合には，例外として，当期税金をすべて損益に計上することができますが（法人税等会計基準5-3項），当該例外を選択した結果，その他の包括利益はすべて一時差異に該当するものとして取り扱うことになると考えられます。

(5)　連結上の会計方針の統一に伴う差額

　同一環境下で行われた同一の性質の取引等について，親会社および子会社が採用する会計方針は原則として統一されます（連結会計基準17項）。親子会社間の会計処理の統一は，原則として，個別財務諸表の作成段階で行われますが，例外として，個別財務諸表の作成段階で会計処理の統一が図られていない場合

には，連結決算手続で修正を行う必要があります（監査・保証実務委員会実務指針56号「親子会社間の会計処理の統一に関する監査上の取扱い」Ⅲ４．(3)）。

　このように連結決算手続上の修正によって連結上の損益が変動する場合には，その変動額に対して税効果会計が適用され，繰延税金資産または繰延税金負債が認識されます（税効果適用指針86項(1)）。

第4章

繰延税金資産および繰延税金負債の計算に用いる税率および税法

　繰延税金資産および繰延税金負債は，一時差異等の金額に税率を乗じて計算されます。本章においてはこの税率について，どのように算定されるのか，およびその他付随する論点について説明します。

1．繰延税金資産および繰延税金負債の計算に用いる税率および税法

(1)　繰延税金資産および繰延税金負債の計算に用いる税率の基本的な考え方

　繰延税金資産または繰延税金負債の計算に用いる税率は，回収または支払が行われると見込まれる期の税率に基づいて計算されます（税効果会計基準　第二　二2）。

　第1章2．(2)「繰延法と資産負債法」（8頁）に記載のとおり，税効果会計基準では，原則として資産負債法の考え方が採用されており，会計上の資産負債の額と税務上の資産負債の額との差額に対して，当該差額が将来解消されるときに税金を減額または増額する効果がある場合に，当該減額税金または増額税金の見積額について繰延税金資産および繰延税金負債を計上します。そのため，繰延税金資産および繰延税金負債の計算に用いる税率は，回収または支払が行われると見込まれる期の税率に基づくこととされています。

(2)　繰延税金資産および繰延税金負債の計算に用いる税率

①　税効果会計の対象となる税金

　税効果会計の対象となる税金は，利益に関連する金額を課税標準とする税金です。具体的には，法人税，地方法人税，住民税の法人税割，事業税の所得割，特別法人事業税が該当します。他方，例えば，収入金額その他利益以外の金額を課税標準とする事業税（付加価値割および資本割）および住民税の均等割は，税効果会計の計算に含まれません。また，特定同族会社に適用される留保金課税は，各事業年度の留保金額が一定の額を超える場合に追加して課される税金（法法67）であるため，税効果会計の計算に含められません。

②　法定実効税率の計算

　繰延税金資産および繰延税金負債は，繰越外国税額控除や繰越可能な租税特別措置法上の法人税額の特別控除等に係る繰延税金資産を除き，一時差異等の金額に税率を乗じて計算します。この税率には，事業税および特別法人事業税の損金算入の影響を考慮した法定実効税率を用います。法定実効税率は，具体的には，次の算式により計算されます（税効果適用指針4項(11)）。なお，事業税率や特別法人事業税率が分母に含まれている理由は，事業税や特別法人事業税は損金算入可能であるため，その減税効果を法定実効税率の計算に反映するためです。

$$\text{法定実効税率}=\frac{\text{法人税率}\times(1+\text{地方法人税率}+\text{住民税率})+\text{事業税所得割率}+\text{事業税標準税率}\times\text{特別法人事業税率}}{1+\text{事業税所得割率}+\text{事業税標準税率}\times\text{特別法人事業税率}}$$

　住民税率および事業税率は地方公共団体ごとに異なります。企業が複数の地方公共団体に事業所を有する場合，代表的な事業所（例えば，本社所在地，主な所得源泉地）に適用される税率をもとに法定実効税率を算定する実務的な取扱いも考えられます（税効果適用指針［設例10］）。

③　繰延税金資産および繰延税金負債の計算に用いる税率

　繰延税金資産および繰延税金負債の計算に用いる税率として，法人税，地方法人税および特別法人事業税については，決算日において国会で成立している法人税法等に規定されている税率を用います。住民税（法人税割）および事業税（所得割）（以下合わせて「住民税等」という）については，決算日において国会で成立している地方税法等に基づく税率を用います（税効果適用指針46項，47項）。

　住民税等については，国会における地方税法等を改正するための法律の成立を受けて，各地方公共団体において条例の改正が行われます。このため，決算日において地方税法等を改正するための法律は国会で成立しているが，改正された地方税法等（以下「改正地方税法等」という）を受けて改正された条例（以下「改正条例」という）が各地方公共団体の議会等で成立していない場合があり得ます。そこで，前述の住民税等の「決算日において国会で成立している地方税法等に基づく税率」は，具体的には，改正地方税法等および改正条例の成立の状況により，**図表Ⅰ－4－1**のように定められています（税効果適用指針48項）。

図表Ⅰ－4－1　住民税等の「決算日において国会で成立している地方税法等に基づく税率」

改正地方税法等および改正条例の成立の状況			税率
決算日において改正地方税法等が国会で成立していない場合			改正前の条例に規定されている税率（標準税率または超過課税による税率）
決算日において改正地方税法等が国会で成立している場合	決算日において改正条例が各地方公共団体の議会等で成立している場合		改正条例に規定されている税率（標準税率または超過課税による税率）
	決算日において改正条例が各地方公共団体の議会等で成立していない場合	決算日において成立している条例に標準税率で課税することが規定されている場合	改正地方税法等に規定されている標準税率

		決算日において成立している条例に超過課税による税率で課税することが規定されている場合	改正地方税法等に規定されている標準税率に「差分」を考慮する税率

　仮に，決算日において改正地方税法等は成立しているが，改正条例が成立していない場合，一律に決算日において成立している条例に規定されている税率（標準税率または超過課税による税率）によるとすれば，改正前の地方法人税法等に規定されていた標準税率および制限税率に基づいて決定された税率を用いることになります。この場合，毎年度の税制改正において，通常，法人税法等を改正するための法律および地方税法等を改正するための法律が同日に成立していることを踏まえると，当該税制改正の内容の一部しか繰延税金資産および繰延税金負債の額に反映されず，結果として税制改正の趣旨が反映されない可能性があります。

　そこで，改正前の条例に規定されている税率（標準税率または超過課税による税率）を用いるのではなく，改正前の条例に標準税率で課税することが規定されている場合は改正地方税法等に規定されている標準税率，改正前の条例に超過課税による税率で課税することが規定されている場合は改正地方税法等に規定されている標準税率に「差分」を考慮する税率を用います（税効果適用指針152項）。「差分」を考慮する税率を算定する方法については，税効果適用指針において，例示として，**図表Ⅰ−4−2**の2つが示されています（税効果適用指針49項，153項）。

図表Ⅰ−4−2　改正地方税法等に規定されている標準税率に「差分」を考慮する税率の算定方法

a　改正地方税法等に規定されている標準税率に，改正前の条例に規定されている超過課税による税率が改正前の地方税法等の標準税率を超える数値を加えて算定した税率。なお，この税率が改正地方税法等に規定されている制限税率を超える場合は，当該制限税率とする。

> b　改正地方税法等に規定されている標準税率に，改正前の条例に規定されている超過課税による税率の改正前の地方税法等の標準税率に対する割合を乗じて算定した税率。なお，この税率が改正地方税法等に規定されている制限税率を超える場合は，当該制限税率とする。

　設例Ⅰ-4-1では，改正地方税法等に規定されている標準税率に「差分」を考慮する税率の算定について説明しています。

設例Ⅰ-4-1　改正地方税法等に規定されている標準税率に「差分」を考慮する税率の算定

前提

- A社は，複数の事務所を有するが，主な所得源泉地である本社所在地に適用されている税率をもとに法定実効税率を算定している。本社所在地であるR県では，超過課税による税率により事業税を課している。
- X1年3月期において，地方税法等を改正するための法律が国会で成立し，X2年3月期以降適用される事業税（所得割）の標準税率が改正された。
- X2年3月期以降適用される超過課税による税率を定める改正条例は，X1年3月期末ではR県の議会等で成立していない。
- 事業税（所得割）に関連する税率は以下のとおりである。

	X1年3月期	X2年3月期以降
地方税法等に規定されている標準税率	3.1%	1.9%
条例に規定されている超過課税による税率	3.4%	未定(注)

(注)　X1年3月期末において改正地方税法等を受けた改正条例が成立していないため，X2年3月期以降の税率は未定である。

- 事業税（所得割）の制限税率は，標準税率1.9％に1.2を乗じた税率2.28％である。

考え方

- **図表Ⅰ-4-2**のaの方法

　　改正地方税法等に規定されている標準税率1.9％＋（改正前の条例に規定される超過課税による税率3.4％－改正前の地方税法等の標準税率3.1％）＝2.2％

　　なお，この税率2.2％は，制限税率2.28％を超えていない。

・**図表Ⅰ－4－2のｂの方法**

$$\text{改正地方税法等に規定さ} \atop \text{れている標準税率1.9\%} \times \frac{\text{X1年3月期末において成立している条例}}{\text{に規定される超過課税による税率3.4\%}} = 2.08\%$$

　　なお，この税率2.08％は，制限税率2.28％を超えていない。

⑶　繰延税金資産および繰延税金負債の計算に用いる税法

　⑵では税率について説明しましたが，税率と同様に，決算日において国会で成立している税法に規定される方法に基づいて繰延税金資産および繰延税金負債を計算します（税効果適用指針44項）。

⑷　子会社の決算日が連結決算日と異なる場合の税法または税率の取扱い

　連結財務諸表を作成するにあたって，子会社の決算日と連結決算日が異なる場合，当該子会社が連結決算日に正規の決算に準ずる合理的な手続により決算を行う方法と，子会社の決算日と連結決算日の差異が3か月を超えない場合に子会社の正規の決算を基礎として連結決算を行う方法があります（連結会計基準16項，（注4））。

　子会社の繰延税金資産および繰延税金負債の計算に用いる税法および税率は，上記のそれぞれの場合について，⑵および⑶における「決算日」を**図表Ⅰ－4－3**のように読み替えて用います（税効果適用指針50項）。

図表Ⅰ-4-3　子会社の決算日が連結決算日と異なる場合の税法または税率の取扱い

ケース	「決算日」の読み替え
子会社が連結決算日に正規の決算に準ずる合理的な手続により決算を行う場合	「決算日」を「連結決算日」と読み替える。
子会社の正規の決算を基礎として連結決算を行う場合	「決算日」を「子会社の決算日」と読み替える。

（**本セクションのポイント**）

● 繰延税金資産または繰延税金負債の計算に用いる税率は，決算日において国会で成立している税法に基づき，回収または支払が行われると見込まれる期の税率を用いる。

2．繰延税金資産および繰延税金負債の計算に用いる税法が改正された場合の取扱い

⑴　繰延税金資産および繰延税金負債の計算に用いる税法の改正により税率が変更された場合の取扱い

繰延税金資産および繰延税金負債の計算に用いる税法の改正により税率が変更された場合，税率が変更された年度において繰延税金資産および繰延税金負債の額を修正します。この場合の繰延税金資産および繰延税金負債の修正差額の相手勘定は，**図表Ⅰ-4-4**のとおりです（税効果適用指針51項，52項）。

図表 I-4-4　繰延税金資産および繰延税金負債の修正差額の相手勘定

対象となる繰延税金資産および繰延税金負債	修正差額の相手勘定
資産または負債の評価替えにより生じた評価差額等を直接純資産の部に計上する場合の当該評価差額等に係る一時差異に関するもの（例えば，個別財務諸表に計上されるその他有価証券評価差額金，繰延ヘッジ損益に関するもの）	純資産の部の評価・換算差額等
資産または負債の評価替えにより生じた評価差額等をその他の包括利益で認識した上で純資産の部のその他の包括利益累計額に計上する場合の当該評価差額等に係る一時差異に関するもの（例えば，連結財務諸表に計上されるその他有価証券評価差額金，繰延ヘッジ損益，為替換算調整勘定，退職給付に係る調整累計額に関するもの）	その他の包括利益
子会社の資産および負債の時価評価により生じた評価差額に係る一時差異に関するもの（子会社において税率が変更されたことによる繰延税金資産および繰延税金負債の修正差額）	法人税等調整額
連結財務諸表における子会社に対する投資について親会社の持分変動による差額を直接資本剰余金に計上する場合の当該親会社の持分変動による差額に係る一時差異に関するもの	資本剰余金
上記以外	法人税等調整額

　連結財務諸表において，子会社に対する投資について親会社の持分変動（親会社と子会社の支配関係が継続している場合）による差額は，直接資本剰余金に計上されます。そのため，当該親会社の持分変動による差額に係る一時差異に関する繰延税金資産および繰延税金負債は，一時差異の発生時に，資本剰余金を相手勘定として計上します（第3章7.「親会社の持分変動等に係る税効果」（66頁）参照）。税法の改正により税率が変更された場合，税率が変更された年度において繰延税金資産および繰延税金負債の額を修正しますが，その際の修正差額は，当初計上時と同じく，資本剰余金を相手勘定として計上します。

　資本連結手続における子会社の資産および負債の時価評価により生じる評価差額に係る一時差異に関する繰延税金資産および繰延税金負債は，一時差異の

発生時には，評価差額を相手勘定として計上されます（第3章2．(2)「一時差異の発生時の会計処理」（41頁）参照）。しかし，税法の改正により子会社において税率が変更されたことにより繰延税金資産および繰延税金負債の額を修正する場合には，のれんの額に影響を与えないようにするため，法人税等調整額を相手勘定として修正されます。のれんの額は，子会社の支配獲得時に親会社の投資と子会社の資本の相殺消去の結果，差額として算定されます。仮に繰延税金資産および繰延税金負債の額を評価差額を相手勘定として修正すると，子会社の資本の金額が修正され，のれんの額が修正されることになってしまうためです。

　なお，繰延税金資産および繰延税金負債の計算に用いる税法の改正に伴い税率以外の納付税額の計算方法が変更されたことにより，繰延税金資産および繰延税金負債が修正された場合も，上記と同様に処理します（税効果適用指針53項）。

(2)　税法が改正された場合の一時差異の取扱い

　前述の(1)のほかに，税効果適用指針では，**図表Ⅰ-4-5**のとおり，個別の項目について，税法が改正されたことによる繰延税金資産および繰延税金負債の修正差額の取扱いが定められています（税効果適用指針54項から56項）。

図表Ⅰ-4-5　個別の項目に係る繰延税金資産および繰延税金負債の修正差額の取扱い

対象となる繰延税金資産および 繰延税金負債	修正差額の取扱い
土地再評価差額金に係る繰延税金資産または繰延税金負債	前述(1)の資産または負債の評価替えにより生じた評価差額等の取扱いに従って，修正差額について純資産の部の評価・換算差額等（土地再評価差額金）またはその他の包括利益を相手勘定として計上する。
諸準備金等に係る繰延税金負債	修正差額について法人税等調整額を相手勘定として処理するとともに，同額の諸準備

未実現損益の消去に係る繰延税金資産または繰延税金負債	税法の改正に伴い税率等が変更されても修正しない。 (例外的に、繰延法の考え方がとられているため。第3章3.「未実現損益の消去に係る一時差異の取扱い」(45頁) 参照)。金等を計上する (または取り崩す)。

設例 I－4－2 では、諸準備金等に係る繰延税金負債の修正差額の取扱いについて説明しています。

設例 I－4－2　諸準備金等に係る繰延税金負債の修正差額の取扱い

前提

設例 I－2－6 (35頁) の前提に加えて、以下の前提を置く。

・X2年3月期に税法を改正するための法律が国会で成立し、X2年4月1日以降開始する事業年度の法定実効税率は25%になった。

考え方

税法の改正により税率等が変更されたX2年3月期において、繰延税金負債の金額を修正する。修正差額は、X2年3月期末における固定資産圧縮積立金に係る将来加算一時差異900 (＝1,000－100) に法定実効税率の変動5% (＝30%－25%) を乗じた45である。修正差額は法人税等調整額を相手勘定として処理される。また、同額の固定資産圧縮積立金を計上する。

(借)	繰延税金負債	45	(貸)	法人税等調整額	45
	繰越利益剰余金	45		固定資産圧縮積立金	45

(本セクションのポイント)

●税法の改正により税率等の変更があった場合、繰延税金資産または繰延税金負債の金額を修正することになるが、項目に応じて相手勘定が異なる。

第5章

繰延税金資産の回収可能性

　一時差異等に係る税金の額は，将来の会計期間において回収または支払が見込まれない税金の額を除き，繰延税金資産または繰延税金負債を計上しなければならないとされています。実務上，この「見込み」の不確実性に起因する繰延税金資産の回収可能性が議論になります。本章では，このような繰延税金資産の回収可能性の取扱いについて説明します。

1．繰延税金資産の回収可能性の判断の概要

(1)　繰延税金資産の計上

　一時差異等に係る税金の額は，将来の会計期間において回収または支払が見込まれない税金の額を除き，繰延税金資産または繰延税金負債として計上する必要があります（税効果会計基準 第二 二1）。

　このうち，繰延税金資産として計上すべき金額は次の2つに分類されます（回収可能性適用指針4項）。

① 　将来の会計期間における将来減算一時差異の解消，または税務上の繰越欠損金の一時差異等加減算前課税所得との相殺

② 　繰越外国税額控除の余裕額の発生等に係る減額税金の見積額

　このうち，②については，後述4．(7)「繰越外国税額控除に係る繰延税金資産」（161頁）で説明します。

(2)　一時差異等加減算前課税所得

　一時差異等加減算前課税所得とは，将来の事業年度における課税所得の見積額から，当該将来の事業年度において解消することが見込まれる当期末に存在する将来加算（減算）一時差異の額（および該当する場合は，当該事業年度において控除することが見込まれる当期末に存在する税務上の繰越欠損金の額）を除いた額です（回収可能性適用指針３項(9)）。

　繰延税金資産の回収可能性に関しては，将来において当期末に存在する将来減算一時差異が解消する時に税金負担額を軽減する効果を有するかどうかを判断するため，当期末に存在する将来加算（減算）一時差異の額を加算（減算）する前の額である一時差異等加減算前課税所得が使用されます（回収可能性適用指針57項，58項）。

> **Short Break**　一時差異等加減算前課税所得と課税所得の関係
>
> 　回収可能性適用指針では，将来において当期末に存在する将来減算一時差異が解消する時に税金負担額を軽減する効果を有するかどうかを判断する必要があるため，将来に関する要件には，「一時差異等加減算前課税所得」を使用します。一方，過去において将来減算一時差異が解消した時に税金負担額を軽減したかどうかに関する実績を把握する必要があるため，過去に関する要件には，「課税所得」を使用します（回収可能性適用指針58項）。

(3)　繰延税金資産の回収可能性の判断

　将来減算一時差異および税務上の繰越欠損金に係る繰延税金資産の回収可能性については，**図表Ⅰ-5-1**に記載した要件に基づいて，繰延税金資産が将来の税金負担額を軽減する効果があるかどうかを判断します（回収可能性適用指針６項）。

| 図表Ⅰ-5-1 | 繰延税金資産が将来の税金負担額を軽減する効果を有する場合 |

要件	将来減算一時差異に係る繰延税金資産	税務上の繰越欠損金に係る繰延税金資産
将来加算一時差異の十分性	将来減算一時差異の解消見込年度および繰戻・繰越期間（注1）に将来加算一時差異が解消されると見込まれるかどうか	繰越期間（注2）に税務上の繰越欠損金と相殺される将来加算一時差異が解消されると見込まれるかどうか
収益力に基づく一時差異等加減算前課税所得の十分性	将来減算一時差異の解消見込年度および繰戻・繰越期間（注1）に一時差異等加減算前課税所得が生じる可能性が高いと見込まれるかどうか	繰越期間（注2）に一時差異等加減算前課税所得が生じる可能性が高いと見込まれるかどうか
タックス・プランニングに基づく一時差異等加減算前課税所得の十分性	将来減算一時差異の解消見込年度および繰戻・繰越期間（注1）または繰越期間（注2）に，含み益のある固定資産または有価証券を売却する等のタックス・プランニングに基づく一時差異等加減算前課税所得が生じる可能性が高いと見込まれるかどうか	

（注1）　将来減算一時差異の解消見込年度を基準として税務上の欠損金の繰戻しおよび繰越しが認められる期間
（注2）　税務上の繰越欠損金が生じた事業年度の翌期から繰越期限切れとなるまでの期間

(4)　繰延税金資産の回収可能性の判断の具体的手順

　上記(3)に記載した繰延税金資産の回収可能性の判断のための具体的な手順は，**図表Ⅰ-5-2**の5つのステップによります（回収可能性適用指針11項）。

　将来減算一時差異および税務上の繰越欠損金に係る繰延税金資産については，この手順により回収可能性を判断した結果，当該将来減算一時差異（複数の将来減算一時差異が存在する場合には，それらを合計する）および税務上の繰越欠損金が将来の一時差異等加減算前課税所得の見積額および将来加算一時差異の解消見込額と相殺され，税金負担額を軽減することができると認められる範囲内で計上し，その範囲を超える額を控除する必要があります（回収可能性適用指針7項）。

図表Ⅰ-5-2	繰延税金資産の回収可能性の判断の具体的手順

ステップ1	期末における将来減算一時差異および将来加算一時差異の解消見込年度のスケジューリング（注）を行う。
ステップ2	将来加算一時差異による回収可能性の判断 ①　ステップ1で行ったスケジューリングに基づいて，将来減算一時差異の解消見込額と将来加算一時差異の解消見込額とを，解消見込年度ごとに相殺する。 ②　上記①で相殺し切れなかった将来減算一時差異の解消見込額については，解消見込年度を基準として繰戻・繰越期間の将来加算一時差異（上記①で相殺後）の解消見込額と相殺する。
ステップ3	一時差異等加減算前課税所得による回収可能性の判断 ①　ステップ1からステップ2により相殺し切れなかった将来減算一時差異の解消見込額については，将来の一時差異等加減算前課税所得の見積額（タックス・プランニングに基づく一時差異等加減算前課税所得の見積額を含む）と解消見込年度ごとに相殺する。 ②　上記①で相殺し切れなかった将来減算一時差異の解消見込額については，解消見込年度を基準として繰戻・繰越期間の一時差異等加減算前課税所得の見積額（上記①で相殺後）と相殺する。
ステップ4	期末に税務上の繰越欠損金を有する場合，その繰越期間にわたって，将来の課税所得の見積額（税務上の繰越欠損金控除前）に基づき，税務上の繰越欠損金の控除見込年度および控除見込額のスケジューリングを行い，回収が見込まれる金額を繰延税金資産として計上する。
ステップ5	ステップ1からステップ4により相殺し切れなかった将来減算一時差異および税務上の繰越欠損金に係る繰延税金資産の回収可能性はないものとし，繰延税金資産から控除する。

（注）　スケジューリングについては，後述(6)①「スケジューリングとは」（110頁）参照。

　この5つのステップを繰延税金資産の回収可能性の検討ワークシートに当てはめると**図表Ⅰ-5-3**のようになります。

　また，**図表Ⅰ-5-3**に**図表Ⅰ-5-2**の5つのステップの手順を当てはめると**図表Ⅰ-5-4**のようになります。

図表Ⅰ-5-3 繰延税金資産の回収可能性の検討ワークシート

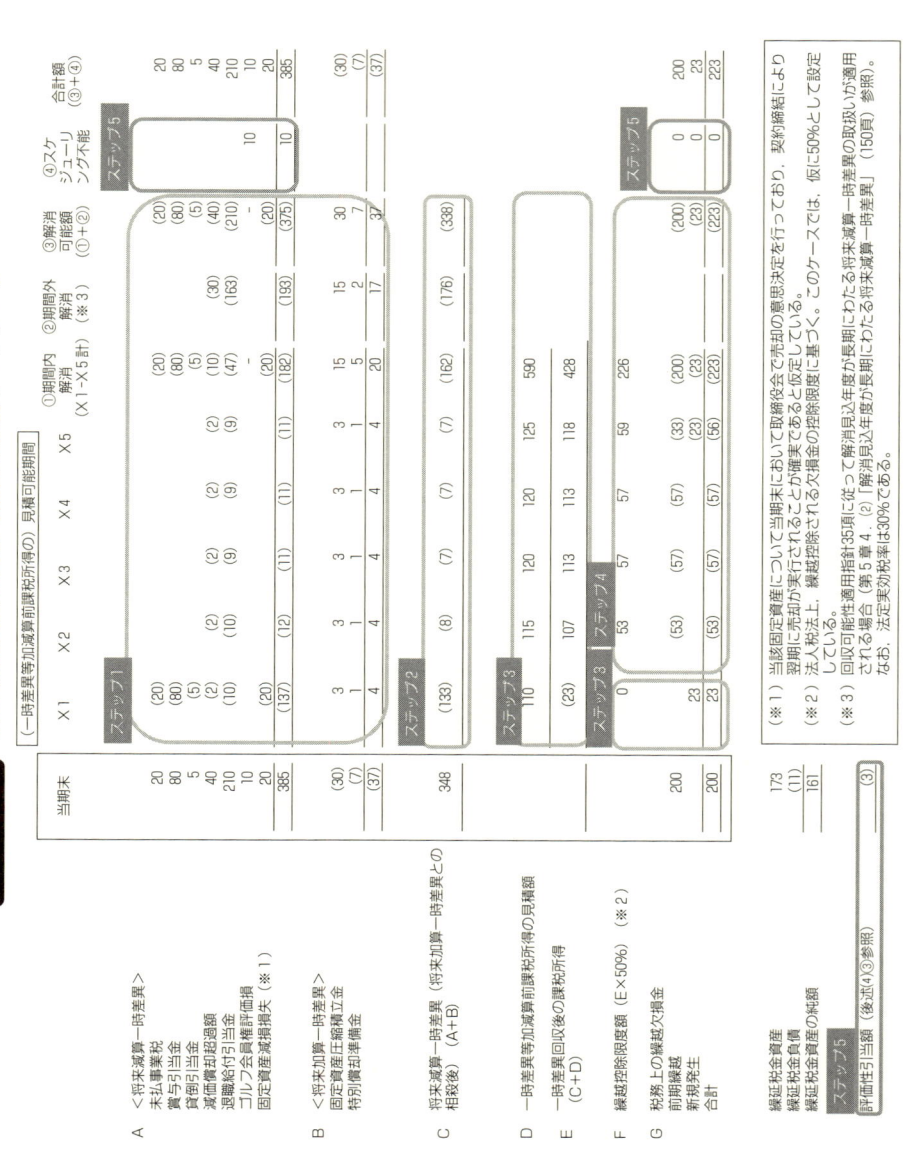

図表Ⅰ-5-4　5つのステップへの当てはめ

ステップ1	当期末の将来減算一時差異および将来加算一時差異についてスケジューリングを行う。スケジューリングでは，一時差異が税務上，損金または益金に算入される時期を特定する。
ステップ2	スケジューリングされた将来減算一時差異（A）を将来加算一時差異（B）と相殺する。相殺できる金額に係る税金相当額は繰延税金資産を計上できる。相殺されなかった将来減算一時差異（将来加算一時差異相殺後）（C）が残る。
ステップ3	ステップ2で相殺されなかった将来減算一時差異（将来加算一時差異と相殺後）（C）について，一時差異等加減算前課税所得（D）と相殺する。その結果，相殺可能な金額に係る税金相当額は繰延税金資産を計上できる。相殺しきれなかった場合，一時差異解消後のマイナスの課税所得（E）として残り，形式上，繰越欠損金の発生と同様の効果として残る。一時差異等解消後のマイナスの課税所得（E）は，他の税務上の繰越欠損金と同様，その繰越期間において，一時差異解消後のプラスの課税所得（E）により課税所得の減額が可能な場合，繰延税金資産を計上できる。
ステップ4	ステップ3の手続後，課税所得が残っている場合，繰越欠損金について，税務上の欠損金の繰越控除限度を考慮し，スケジューリングを行った結果，回収が見込まれる額は繰延税金資産を計上できる。なお，このケースでは，ステップ3の②を計算の便宜上，ステップ4でまとめて行っている。
ステップ5	ステップ1からステップ4の結果，税務上の繰越し・繰戻しが可能な期間に将来加算一時差異または一時差異等加減算前課税所得により解消できない将来減算一時差異（10）については評価性引当額（3）を計上する。

　なお，繰延税金資産の回収可能性の判断の具体的手順における留意点は以下のとおりです。

①　将来加算一時差異との相殺

　繰延税金資産の回収可能性を判断する際に，ステップ2における将来加算一時差異と将来減算一時差異の相殺は，企業の分類（後述2.「企業の分類に応じた繰延税金資産の回収可能性に関する取扱い」（114頁）参照）に関係なく，スケジューリング可能な期間にわたり行います。

②　税務上の繰越欠損金の使用制限

　現行の法人税法では，税務上の繰越欠損金には使用制限（控除限度割合）が設けられているため，通常，各事業年度の（繰越欠損金控除前）課税所得から100％控除することはできません。税務上の繰越欠損金に係る繰延税金資産は，将来の税金負担額の軽減が見込まれる範囲内で計上するものであり，税務上の

繰越欠損金の繰越期間における課税所得の見積額（税務上の繰越欠損金控除前）との相殺に際して，当該繰越欠損金の使用制限を考慮する必要があります。

③　繰延税金資産の回収可能性が認められない場合（評価性引当額とは）

　繰延税金資産の回収可能性の判断の具体的な手順で示したステップ１からステップ４により相殺し切れなかった将来減算一時差異および税務上の繰越欠損金に係る繰延税金資産については，回収可能性がないものとして繰延税金資産の合計額から控除します。当該控除額は「評価性引当額」として，繰延税金資産および繰延税金負債の発生原因別の主な内訳に関する注記において開示の対象となります（第８章２．(2)「繰延税金資産および繰延税金負債の発生原因別の主な内訳」（213頁）参照）。

(5)　簡便的な繰延税金資産の回収可能性評価

　将来加算一時差異が重要ではない場合，事業年度ごとに一時差異等加減算前課税所得の見積額および将来加算一時差異の解消見込額を合計したものと，事業年度ごとの将来減算一時差異の解消見込額と比較する方法により繰延税金資産の回収可能性を評価することができます（回収可能性適用指針12項）。

(6)　スケジューリング不能な一時差異に係る繰延税金資産の回収可能性に関する取扱い

①　スケジューリングとは

　繰延税金資産の回収可能性の判断にあたっては，期末における将来減算一時差異と将来加算一時差異の解消見込年度のスケジューリングが必要となります（回収可能性適用指針11項(1)(2)）。

　ここでいう「スケジューリング」とは，一時差異がいつ解消するか，すなわち，将来減算一時差異の損金算入時期，または将来加算一時差異の益金算入時期を見積ることをいいます。

②　スケジューリング可能な一時差異とスケジューリング不能な一時差異

　スケジューリング不能な一時差異とは，税務上の益金または損金の算入時期が明確でない一時差異であり，次の2つから構成されます（回収可能性適用指針3項(5)）。

a　一時差異のうち，将来の一定の事実が発生することによって，税務上の益金または損金の算入要件を充足することが見込まれるもので，期末に将来の一定の事実の発生を見込めないことにより，税務上の益金または損金の算入要件を充足することが見込まれないもの。

b　一時差異のうち，企業による将来の一定の行為の実施についての意思決定または実施計画等の存在により，税務上の益金または損金の算入要件を充足することが見込まれるもので，期末に一定の行為の実施についての意思決定または実施計画等が存在しないことにより，税務上の益金または損金の算入要件を充足することが見込まれないもの。

　一方，スケジューリング可能な一時差異とは，スケジューリング不能な一時差異以外の一時差異と定義されています（回収可能性適用指針3項(6)）。

図表Ⅰ-5-5　スケジューリング不能な一時差異のイメージ

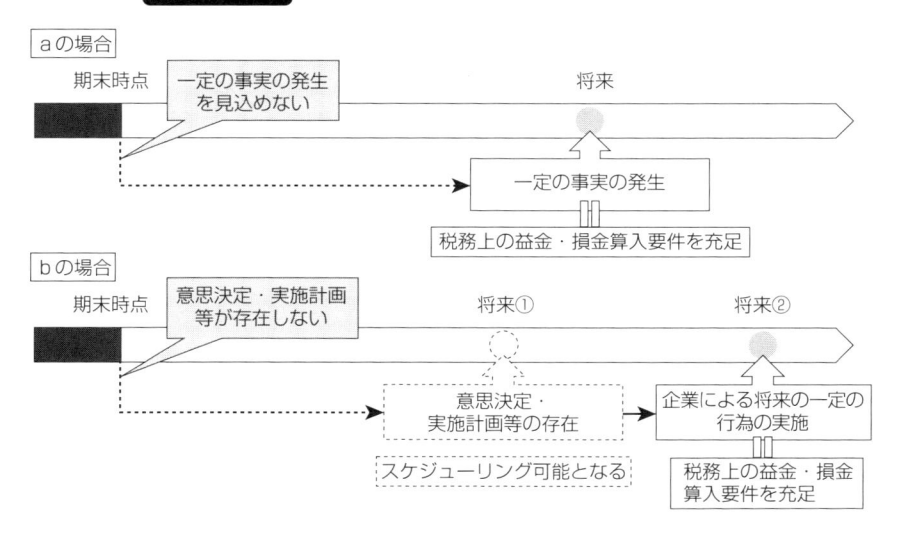

③　スケジューリング不能な一時差異の取扱い

a　スケジューリング不能な将来減算一時差異

スケジューリング不能な一時差異のうち，将来減算一時差異については，原則として，税務上の損金の算入時期が明確となる時点まで繰延税金資産を計上することはできません。

ただし，期末において税務上の損金の算入時期が明確でない将来減算一時差異のうち，例えば，貸倒引当金のように，将来発生が見込まれる損失を見積ったものであるが，その損失の発生時期を個別に特定し，スケジューリングすることが実務上困難なものは，過去の損金の算入実績に将来の合理的な予測を加味した方法等によりスケジューリングが行われている限り，スケジューリング不能な一時差異としては取り扱われません（回収可能性適用指針13項）。

b　スケジューリング不能な将来加算一時差異

スケジューリング不能な一時差異のうち，将来加算一時差異については，将来減算一時差異の解消見込年度と対応させることができないため，繰延税金資産の回収可能性の判断にあたって，当該将来加算一時差異を将来減算一時差異と相殺することはできません。

ただし，固定資産圧縮積立金等の将来加算一時差異は，企業が必要に応じて当該積立金等を取り崩す旨の意思決定を行う場合，例外的に将来減算一時差異と相殺できます（回収可能性適用指針14項）。

(7)　繰延税金資産の回収可能性の見直し

繰延税金資産から控除する金額については毎期見直しを行う必要があります。繰延税金資産の回収可能性を見直した結果，将来減算一時差異および税務上の繰越欠損金に係る繰延税金資産の全額または一部が将来の税金負担額を軽減する効果を有さなくなったと判断された場合，計上していた繰延税金資産のうち回収可能性がない金額を取り崩さなければなりません。一方，過年度に繰延税金資産から控除した金額について，繰延税金資産の回収可能性を見直した結果，

将来の税金負担額を軽減する効果を有することになったと判断された場合，回収が見込まれる金額について繰延税金資産を計上します（回収可能性適用指針8項）。

このように繰延税金資産の回収可能性を見直した場合に生じた差額は，見直しを行った年度において，その発生源泉に応じて，**図表Ⅰ-5-6**のとおり会計処理を行います（回収可能性適用指針10項）。

図表Ⅰ-5-6　繰延税金資産の回収可能性を見直した場合の会計処理

発生源泉	繰延税金資産の増額または減額の会計処理
資産または負債の評価替えにより生じた評価差額等をその他の包括利益で認識したうえで，純資産の部のその他の包括利益累計額に計上する場合	その他の包括利益で認識したうえで，その他の包括利益累計額に計上する
資産または負債の評価替えにより生じた評価差額等を直接純資産の部の評価・換算差額等に計上する場合	直接純資産の部の評価・換算差額等に計上する
連結財務諸表上，子会社投資について，親会社の持分が変動することにより生じた差額（親会社持分相当額の変動額と売却価額または取得価額との差額）を直接資本剰余金に計上する場合	資本剰余金に計上する
上記以外の場合	法人税等調整額に計上する

⑻　連結決算手続上生じた繰延税金資産の回収可能性

連結決算手続上生じた将来減算一時差異に係る繰延税金資産は，納税主体ごとに各個別財務諸表における繰延税金資産（繰越外国税額控除等に係る繰延税金資産を除く）と合算し，前述1.⑶「繰延税金資産の回収可能性の判断」（105頁）に従い回収可能性を判断し，連結財務諸表における計上額を決定します（回収可能性適用指針9項）。

ただし，未実現損益の消去に係る将来減算一時差異および将来加算一時差異については，以下のように取り扱います。

① 未実現利益の消去に係る将来減算一時差異は，他の将来減算一時差異と異なり，回収可能性の判断を行いません（第3章3．(2)②「回収可能性の取扱い」（48頁）参照）。

② 未実現損失の消去に係る将来加算一時差異は，他の将来加算一時差異と異なり，将来加算一時差異に基づく回収可能性の判断（(3)「繰延税金資産の回収可能性の判断」（105頁）参照）における解消見込額には含めません（回収可能性適用指針9項）。

また，繰延税金資産の回収可能性の見直しは，前述(7)「繰延税金資産の回収可能性の見直し」（112頁）と同様，毎期行う必要があります（回収可能性適用指針9項）。

（本セクションのポイント）

● 一時差異等に係る税金の額から将来の会計期間において回収が見込まれない税金の額を除いて繰延税金資産を計上するため，回収可能性の検討が必要になる。

● 繰延税金資産の回収可能性は，収益力に基づく一時差異等加減算前課税所得，タックス・プランニングに基づく一時差異等加減算前課税所得，将来加算一時差異に基づいて判断される。

● スケジューリング不能な将来減算一時差異については，原則として繰延税金資産の回収可能性はないものと判断される。

2．企業の分類に応じた繰延税金資産の回収可能性に関する取扱い

(1)　基本的な考え方

前述1．(3)「繰延税金資産の回収可能性の判断」（105頁）における収益力に基づく一時差異等加減算前課税所得に基づいて繰延税金資産の回収可能性を判断する際の方法として，回収可能性適用指針では，企業の分類に応じて回収が

見込まれる繰延税金資産の計上額を見積ることを定めています。具体的には，要件に基づく（分類1）から（分類5）の5つの分類が設けられており，企業は当期および過去の課税所得または税務上の欠損金の発生状況，ならびに将来の一時差異等加減算前課税所得の見込み等を勘案して，企業がどの分類の要件を満たすかを検討します。そのうえで，企業が該当する分類に応じて，回収が見込まれる繰延税金資産の計上額を見積ります。

　分類ごとの繰延税金資産の回収可能性は**図表Ⅰ-5-7**のとおりですが，(2)以降で各分類の要件，および繰延税金資産の計上額について具体的に説明します。

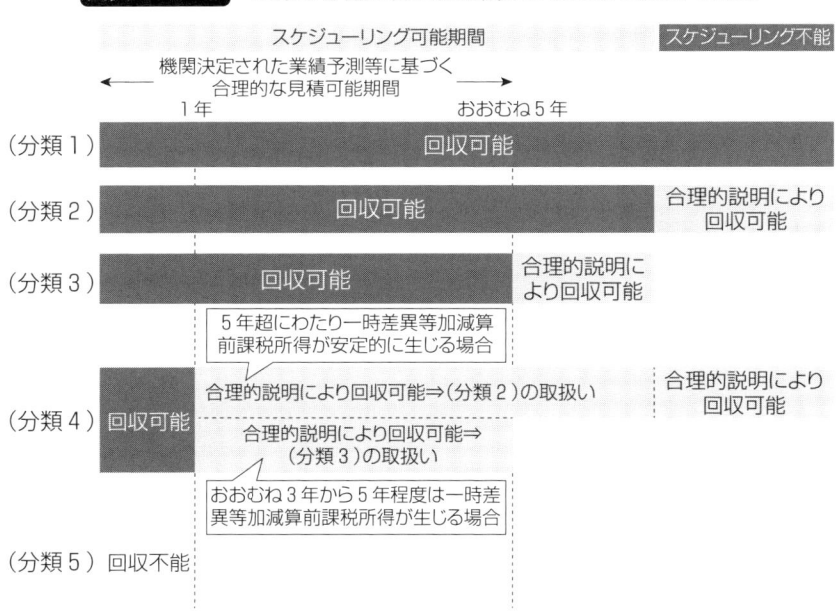

図表Ⅰ-5-7　企業の分類と繰延税金資産の計上額の関係（概要）

(2)　（分類1）に該当する企業の取扱い

①　分類の要件

　次のいずれも満たす企業は，（分類1）に該当します（回収可能性適用指針

17項）。

　　a　過去（3年）および当期のすべての事業年度において，期末における将
　　　来減算一時差異を十分に上回る課税所得が生じている。

　　b　当期末において，近い将来に経営環境に著しい変化が見込まれない。

　なお，bの要件では，近い将来に課税所得を獲得する収益力を大きく変化さ
せるような経営環境の変化が見込まれない場合，通常，将来においても一定水
準の課税所得が生じると予測できる状況にあることが意図されています（回収
可能性適用指針66項）。

②　繰延税金資産の回収可能性に関する取扱い

（分類1）に該当する企業は次のように取り扱われます（回収可能性適用指
針18項）。

> 原則として，繰延税金資産の全額について回収可能性があるものとする。

a　原則的な取扱い

　（分類1）の要件に該当する企業においては，将来においても一定水準の課
税所得を発生させることが可能であると予測できるため，繰延税金資産の全額
について回収可能性があるものとします。

　なお，この場合には前述のスケジューリング不能な将来減算一時差異（112
頁）に係る繰延税金資産についても回収可能性があると判断されます。これは，
スケジューリング不能な将来減算一時差異について，将来スケジューリングが
可能となった時点において課税所得が発生する蓋然性が高いと考えられるため
です（回収可能性適用指針67項）。

b　例外的な取扱い

　将来の状況により税務上の損金に算入されるか否かが異なる項目に係る一時
差異について，例外的に回収可能性がないと判断する場合があります。

　例えば，完全支配関係（法法2 12の7の6）にある国内の子会社株式の評

価損のように，子会社株式を売却した場合には税務上の損金に算入される一方で，子会社を清算した場合には税務上の損金に算入されない場合があります（回収可能性適用指針67-2項）。子会社株式の評価損を将来減算一時差異に該当するとしたうえで企業が当該子会社を清算するまで当該子会社株式を保有し続ける方針がある場合など，将来において税務上の損金に算入される可能性が低い場合には，当該子会社株式の評価損に係る繰延税金資産の回収可能性はないと判断することになります（回収可能性適用指針67-3項，67-4項）。

⑶　（分類2）に該当する企業の取扱い

①　分類の要件

次の要件のいずれも満たす企業は，（分類2）に該当します（回収可能性適用指針19項）。

a　過去（3年）および当期のすべての事業年度において，臨時的な原因により生じたものを除いた課税所得が，期末における将来減算一時差異を下回るものの，安定的に生じている。

b　当期末において，近い将来に経営環境に著しい変化が見込まれない。

c　過去（3年）および当期のいずれの事業年度においても重要な税務上の欠損金が生じていない。

aの要件では，「臨時的な原因により生じたものを除いた課税所得」をもとに判断するとされています。これは，臨時的な原因により生じた益金および損金は，将来において頻繁に生じることは見込まれないという推定に基づいて，将来において一時差異等加減算前課税所得を安定的に獲得する収益力があるか否かの判断を求めたものです（回収可能性適用指針70項，71項）。

「臨時的な原因により生じたもの」に該当するかどうかは，**図表Ⅰ-5-8**のように判断することになります。

図表Ⅰ-5-8　「臨時的な原因により生じたもの」の判断

益金および損金の区分	「臨時的な原因により生じたもの」との関係
営業損益項目	原則として，「臨時的な原因により生じたもの」には該当しない。
営業外損益項目	毎期生じるものが多く，通常は，「臨時的な原因により生じたもの」に該当しない。ただし，項目の性質によっては該当する場合もある。
特別損益項目	必ずしも「臨時的な原因により生じたもの」に該当するとは限らず，企業が置かれた状況や項目の性質等を勘案し，将来において頻繁に生じることが見込まれるかどうかを個々に項目ごとに判断する。

　また，ｃの要件は，臨時的な原因により重要な税務上の欠損金が生じた場合を想定し，後述の（分類4）に係る分類の要件と重複しないようにされています（回収可能性適用指針72項）。すなわち，臨時的な原因より生じた税務上の欠損金であっても，それが「重要な税務上の欠損金」である場合には，この要件を満たさなくなり，（分類2）に該当しなくなります。

②　繰延税金資産の回収可能性に関する取扱い

　（分類2）に該当する企業は次のように取り扱われます（回収可能性適用指針20項，21項）。

- 一時差異等のスケジューリングの結果，繰延税金資産を見積る場合，当該繰延税金資産は回収可能性があるものとする。
- スケジューリング不能な将来減算一時差異に係る繰延税金資産については，次の取扱いとする。
  - （原則）回収可能性がないものとする。
  - （例外）税務上の損金の算入時期が個別に特定できないが将来のいずれかの時点で損金に算入される可能性が高いと見込まれるものについて，当該将来のいずれかの時点で回収できることを企業が合理的な根拠をもって説明する場合，回収可能性があるものとする。

　上記の例外的な取扱いは，繰延税金資産の計上額が企業の実態をより適切に反映したものとなることを意図して設けられています（回収可能性適用指針77項）。

　例えば，業務上の関係を有する企業の株式（いわゆる政策保有株式）のうち過去に減損処理を行った上場株式について，当期末に株式の売却時期を意思決定していませんが，市場環境，保有目的，処分方針等を勘案すると将来のいずれかの時点で売却する可能性が高いと見込む場合があります。この場合，当該上場株式の減損に係る将来減算一時差異は，期末時点ではその売却時期の意思決定または実施計画等が存在していないことから，税務上の損金算入の時期が明確でなく，スケジューリング不能な将来減算一時差異に該当します。原則的な取扱いに従えば，（分類2）に該当する企業は，回収可能性がないものとして繰延税金資産を計上できません。

　しかし，（分類2）に該当する企業においては，長期的に安定して一時差異等加減算前課税所得が生じることが見込まれます。このため，当該将来減算一時差異がスケジューリング可能となった場合，相殺できる課税所得（すなわち，当該上場株式の減損に係る将来減算一時差異以外の将来減算（加算）一時差異の解消額を減算（加算）した後の課税所得）が生じる可能性があれば，回収可能性を認めうると考えられます。したがって，企業が合理的な根拠をもって繰延税金資産が回収可能であることを説明することを前提に，当該例外的な取扱いが設けられています（回収可能性適用指針75項）。

　（分類2）に該当する企業の繰延税金資産の回収可能性の検討について**設例Ⅰ-5-1**で説明します。

設例Ⅰ-5-1　業績が安定的な企業

(前提)

- A社の過去3年および当期の課税所得は次のとおりであり，毎期継続的に課税所得が生じている（なお，事業年度については，当期（X0期）を基準として，1年前を-X1期，1年後をX1期として表記している。以下，

本章における設例について同じ）。

	－X3期	－X2期	－X1期	当期（X0期）
課税所得	50	40	50	40

- 臨時的な原因により生じた課税所得はない。
- X0期末において税務上の繰越欠損金は存在していない。
- X0期末において将来減算一時差異100が存在する。
  - 将来減算一時差異のうち50は，スケジューリング可能な一時差異である。
  - 将来減算一時差異のうち50は，土地について5年前に計上した減損損失に係るものである。
  - 当該土地は，事業の用に供しておらず遊休資産となっているが売却方針等の意思決定や実施計画はない。なお，土地は法的規制により処分できない等の特別な状況にはない。そのため，A社は，土地の減損損失に係る将来減算一時差異について，将来のいずれかの時点で回収できることを合理的な根拠をもって説明できない。
- ここ数年，A社の主要な商品に関する市場の状況や販売見込みに大きな変化はなく，近い将来に著しい変化も見込まれていない。
- 将来の一時差異等加減算前課税所得の見込みは次のとおりである。この見込みは合理的な仮定による業績予測に基づくものであり，A社の取締役会による承認を得た直近の中期事業計画に基づき，経営環境や過去の計画達成状況等の情報と整合するように修正し見積られている。

	X1期	X2期	X3期	X4期	合計
一時差異等加減算前課税所得	90	80	80	80	330

- 法定実効税率は30％である。

（回収可能性適用指針に基づく分析）

- 次のとおり（分類2）の要件をいずれも満たすと考えられ，（分類2）に該当する。

- 過去 3 年および当期のすべての事業年度において，臨時的な原因により生じたもの（本設例では 0 ）を除いた課税所得（40〜50）が，期末における将来減算一時差異100を下回っているが，安定的に生じている。
- いずれの事業年度においても重要な税務上の欠損金は生じていない。
- 当期末において，近い将来に経営環境の著しい変化は見込まれていない。

- したがって，将来減算一時差異のスケジューリングの結果，繰延税金資産を見積る場合，当該繰延税金資産は回収可能性があるものとされる（特に見積可能期間の年数制限はない）。

- X0期末に存在している土地の減損損失に係る将来減算一時差異50は，スケジューリング不能な将来減算一時差異に該当し，それに係る繰延税金資産の回収可能性はない。すなわち，個別に損金算入時期を特定できず，当該土地の売却方針等の意思決定や実施計画がなく，将来のいずれかの時点で回収できることをA社は合理的な根拠をもって説明できないことから，スケジューリング不能な一時差異の例外的取扱いを適用することはできない。

	当期 （X0期）	X1期	X2期	X3期	X4期	合計
①　将来減算一時差異 　のスケジューリング	100	20	10	10	10	
②　①のうち回収が見 　込まれない額（注）						50

（注）　当設例では，土地の減損損失に係る将来減算一時差異50がスケジューリング不能な一時差異に該当し，これに係る繰延税金資産15（＝50×30%）について評価性引当額を計上する。

- この場合，関連する税効果の仕訳は次のとおりである。

（借）　繰延税金資産	15	（貸）　法人税等調整額	15

＊当期末のスケジューリング可能な将来減算一時差異50に係る繰延税金資産15（＝50×30%）を当期に全額認識した。

前提条件の追加・変更

- スケジューリング不能な将来減算一時差異50について，取締役会において関連する土地を処分していく方針を決定しているが，処分時期を決定していない。そのため，税務上の損金算入時期を個別に特定できない状態にある。

- 将来のいずれかの時点で当該土地は処分され，5年前に認識した減損損失に係る将来減算一時差異は損金算入される可能性が高いと見込まれる。また，事業計画等により，当該将来減算一時差異に係る繰延税金資産を将来のいずれかの時点で回収できることをA社が合理的な根拠をもって説明している。

回収可能性適用指針に基づく分析

- 当該スケジューリング不能な将来減算一時差異50に係る繰延税金資産15について，回収可能性があると考えられる。

- この場合の，関連する税効果の仕訳は次のとおりである。

(借)　繰 延 税 金 資 産	30	(貸)　法 人 税 等 調 整 額	30

(4)　（分類3）に該当する企業の取扱い

①　分類の要件

次の要件をいずれも満たす場合，企業は，（分類3）に該当します（回収可能性適用指針22項）。

　a　過去（3年）および当期において，臨時的な原因により生じたものを除いた課税所得（負の値となる場合を含む）が大きく増減している。

　b　過去（3年）および当期のいずれの事業年度においても重要な税務上の欠損金が生じていない。

　ただし，上記の要件を満たした場合であっても，次の（分類4）の要件のい

ずれかを満たす場合は（分類4）に該当します。

- 過去（3年）において，重要な税務上の欠損金の繰越期限切れとなった事実がある。
- 当期末において，重要な税務上の欠損金の繰越期限切れが見込まれる。

　aの要件のうち，「臨時的な原因により生じたものを除いた課税所得が大きく増減している」については，（分類2）と同様に将来において一時差異等加減算前課税所得を安定的に獲得するだけの収益力があるか否かを判断することが意図されています。そのため，例えば，過去（3年）および当期における課税所得の増減幅は大きいものの，全体として一定の高い水準で推移している場合には，（分類2）に該当するものと考えられます。

　bの要件について，過去3年および当期において，重要な税務上の欠損金が生じていないこと，ならびに，分類4の2要件のいずれかに該当しないことを求めています。これは，後述の（分類4）の分類の要件と重複しないよう設けられたものです（回収可能性適用指針80項）。

②　繰延税金資産の回収可能性に関する取扱い

（分類3）に該当する企業は次のように取り扱われます（回収可能性適用指針23項，24項）。

- （原則）将来の合理的な見積可能期間（おおむね5年）以内の一時差異等加減算前課税所得の見積額に基づいて，当該見積可能期間の一時差異等のスケジューリングの結果，繰延税金資産を見積る場合，当該繰延税金資産は回収可能性があるものとする。
- （例外）臨時的な原因により生じたものを除いた課税所得が大きく増減している原因等（詳細は下記「例外的な取扱い」を参照）を勘案して，5年を超える見積可能期間においてスケジューリングされた一時差異等に係る繰延税金資産が回収可能であることを企業が合理的な根拠をもって説明する場合，当該繰延税金資産は回収可能性があるものとする。

　原則的な取扱いは，（分類3）に該当する企業の場合，おおむね5年以内の将来の合理的な見積可能期間の一時差異等加減算前課税所得の見積額を限度と

して，繰延税金資産の回収可能性の判断を行うことを定めています。ただし，将来の合理的な見積可能期間については，個々の企業の業績予測期間，業績予測能力，当該企業の置かれている経営環境等を勘案した結果，5年以内のより短い期間となる場合があります（回収可能性適用指針25項）。

　一方，例外的な取扱いは，（分類3）に該当する企業であっても，以下について勘案して，5年を超える見積可能期間においてスケジューリングされた一時差異等に係る繰延税金資産が回収可能であることを企業が合理的な根拠をもって説明することを要件として，当該繰延税金資産について回収可能性があるとすることを定めています。

- 臨時的な原因により生じたものを除いた課税所得が大きく増減している原因
- 中長期計画（おおむね3年から5年）
- 過去における中長期計画の達成状況
- 過去（3年）および当期の課税所得の推移　など

これは，（分類3）に該当する企業において，将来の合理的な見積可能期間について一律に5年を限度とすることは企業の実態を反映しない可能性があると考えられたことから設けられた取扱いです（回収可能性適用指針84項）。

　（分類3）に該当する企業の繰延税金資産の回収可能性の検討については**設例Ⅰ-5-2**を参照ください。

設例Ⅰ-5-2　業績が不安定な企業

前提

- B社の過去3年および当期の課税所得（△は税務上の欠損金）および税務上の繰越欠損金は次のとおりである。なお，当該期間に重要な税務上の欠損金が繰越期限切れとなった事実はない。

	－X3期	－X2期	－X1期	当期（X0期）
課税所得（△税務上の欠損金）	10	30	△5	10
税務上の繰越欠損金	－	－	5	－

- 臨時的な原因により生じた課税所得または税務上の欠損金はない。
- 税務上の繰越欠損金の繰越期間は10年である。
- 当期（X0期）末において将来減算一時差異150が存在する（すべてスケジューリング可能な一時差異）。
- 足元の経済環境は悪化しており，－X1期の損失（および税務上の欠損金）は製品の切換えによる一時的な受注の落ち込み等の影響によるものである。
- －X1期の税務上の欠損金5はB社にとって重要なものではない。
- 将来の一時差異等加減算前課税所得の見込みは次のとおりである。この見込みは合理的な仮定による業績予測に基づくものであり，B社の取締役会による承認を得た直近の中期事業計画に基づき，経営環境や過去の計画達成状況等の情報と整合するように修正し見積られている。なお，本設例では，合理的な見積可能期間は5年と判断されたと仮定する。

	X1期	X2期	X3期	X4期	X5期	合計
一時差異等加減算前課税所得	20	20	30	30	30	130

- 法定実効税率は30％である。

[回収可能性適用指針に基づく分析]

- 次のとおり（分類3）の要件をいずれも満たすと考えられ，（分類3）に該当する。
  - －過去3年および当期において，臨時的な原因により生じたものを除いた課税所得または税務上の欠損金が大きく増減している（△5〜30）。

- －いずれの事業年度においても重要な税務上の欠損金は生じていない。
- －重要な税務上の欠損金の繰越期限切れとなった事実は過去 3 年におい
  てなく，当期末にも見込まれていない。
- したがって，将来の合理的な見積可能期間（おおむね 5 年）以内の一時差
  異等加減算前課税所得の見積額に基づいて，当該見積可能期間の一時差異
  等のスケジューリングの結果，繰延税金資産を見積る場合，当該繰延税金
  資産は回収可能性があるものとされる。

	当期 （X0期）	X1期	X2期	X3期	X4期	X5期	合計
①　一時差異等加減算 　　前課税所得		20	20	30	30	30	130
②　将来減算一時差異	150	30	30	30	30	30	
③　課税所得（①－ 　　②）		△10	△10	0	0	0	△20
④　②のうち一時差異 　　の解消見込額^(注1)		20	20	30	30	30	130
⑤　②のうち回収が見 　　込まれない額^(注2)		10	10	－	－	－	20

(注 1)　各年度において①≧②のときは②，①＜②のときは①となる。

(注 2)　当設例では，将来減算一時差異等のうち X1 期から X5 期までの一時差異等加減算
　　　　前課税所得により解消できない部分 20 が存在し，これに係る繰延税金資産 6 （＝20
　　　　×30％）について評価性引当額を計上する。

- この結果，関連する税効果の仕訳は次のとおりである。

（借）　繰 延 税 金 資 産	39	（貸）　法 人 税 等 調 整 額	39

＊当期末に存在する将来減算一時差異 150 の全額がスケジューリングされ，このうち一
　時差異等加減算前課税所得の見積額で回収可能な 130 に係る繰延税金資産 39 （＝130×
　30％）を当期に全額認識した。

- 将来減算一時差異の解消時期に十分な一時差異等加減算前課税所得はな
  く，X5 期末現在で，税務上の繰越欠損金が 20 となる見込みである。合理

的な見積可能期間は5年とされているため，当該税務上の繰越欠損金に係る繰延税金資産は回収不能として取り扱われ，評価性引当額6が計上される。

> ### *Point Of View*　5年を超える見積可能期間
>
> 　（分類3）に該当する企業の例外的な取扱いとして，5年を超える見積可能期間においてスケジューリングされた一時差異等に係る繰延税金資産が回収可能であることを企業が合理的な根拠をもって説明する場合，当該繰延税金資産は回収可能性があるものとされます。このような場合として次の2つが回収可能性適用指針では示されています（回収可能性適用指針85項）。
>
> - 製品の特性により需要変動が長期にわたり予測できる場合，当該需要変動の推移から課税所得が大きく増減している原因を合理的な根拠をもって説明できる可能性がある。この場合において，当期に策定した中長期計画等に基づき，5年を超える見積可能期間においてスケジューリングされた一時差異等に係る繰延税金資産が回収可能であることを企業が合理的な根拠をもって説明するとき。
> - 過去においては課税所得が大きく増減していたが，長期契約が新たに締結されたことにより，長期的かつ安定的な収益が計上されることが明確になる場合も考えられる。この場合において，長期契約の内容を勘案し，5年を超える見積可能期間においてスケジューリングされた一時差異等に係る繰延税金資産が回収可能であることを企業が合理的な根拠をもって説明するとき。
>
> 　しかし，（分類3）は課税所得が大きく増減する企業を前提としているため，（分類3）で5年を超える期間において一時差異等加減算前課税所得を見込むことは限定的であると考えられます。

⑸　（分類4）に該当する企業の取扱い

①　分類の要件

　次のaおよびbの要件いずれも満たす場合，企業は（分類4）に該当します（回収可能性適用指針26項）。

a　次のいずれかの要件を満たす。

(a)　過去（3年）または当期において，重要な税務上の欠損金が生じている。

(b)　過去（3年）において，重要な税務上の欠損金の繰越期限切れとなった事実がある。

(c)　当期末において，重要な税務上の欠損金の繰越期限切れが見込まれる。

b　翌期において一時差異等加減算前課税所得が生じることが見込まれる。

aの要件については，過去（3年）または当期において重要な税務上の欠損金が生じているかどうか，もしくは繰越期限切れの事実ないし見込みがあるかどうかを求めています。すなわち，当期末に重要な税務上の繰越欠損金が存在するかどうか（残高）に焦点を当てた要件ではなく，過去（3年）または当期に重要な税務上の欠損金が生じているか（発生）に焦点を当てた要件となっています（回収可能性適用指針86項）。

bの要件について，回収可能性の判断に際しては，過去の事象のみでなく，将来の事象を勘案する観点から，翌期において一時差異等加減算前課税所得が生じることが見込まれることを要件としています（回収可能性適用指針86項）。

Point Of View　税務上の欠損金が重要であるか否かの判断

　（分類2），（分類3）および（分類4）の要件においては，「重要な税務上の欠損金」の有無が定められており，生じた税務上の欠損金が重要か否かにより分類が異なり，繰延税金資産の計上額に影響を及ぼします。しかし，税務上の欠損金が重要かどうかの判断について回収可能性適用指針において具体的な定めはありません。

　通常，「重要な税務上の欠損金」に該当するか否かは，企業の過去の経常的な損益および課税所得の獲得状況を主たる判断基準とするものの，状況によっては企業の合理的な将来の業績予測を前提とした損益および課税所得の見込みも斟酌して，両者を総合的に勘案して決定することが必要であると考えられます。

②　繰延税金資産の回収可能性に関する取扱い

（分類4）に該当する企業は，次のように取り扱われます（回収可能性適用指針27項）。

> 翌期の一時差異等加減算前課税所得の見積額に基づいて，翌期の一時差異等のスケジューリングの結果，繰延税金資産を見積る場合，当該繰延税金資産は回収可能性があるものとする。

（分類4）に該当する企業では，翌期において一時差異等加減算前課税所得が見込まれるものの，通常，中長期にわたり将来の課税所得の発生を合理的に見積ることが困難と考えられることから，上記のような取扱いとなっています。

③　企業の分類に関する例外的な取扱い

回収可能性適用指針では，上記①の要件を満たす場合であっても，次のような事項を勘案して，将来の一時差異等加減算前課税所得の十分性を企業が合理的な根拠をもって説明する場合には，当該一時差異等加減算前課税所得を見積った期間に基づき，繰延税金資産の回収可能性があるものとされます（回収可能性適用指針28項，29項）。

- 重要な税務上の欠損金が生じた原因
- 中長期計画
- 過去における中長期計画の達成状況
- 過去（3年）および当期の課税所得または税務上の欠損金の推移　　など

具体的には，**図表Ⅰ-5-9**のそれぞれに該当するかを検討し，該当する場合には，（分類2）または（分類3）に該当するものとして取り扱い，それぞれの定めに従って，繰延税金資産の回収可能性を判断します。

図表Ⅰ-5-9　（分類4）の要件を満たす企業の分類に関する例外的な取扱い

例外的な取扱いの要件	繰延税金資産の回収可能性に関する取扱い
a　将来において，**5年超**にわたり一時差異等加減算前課税所得が**安定的**に生じることを企業が合理的な根拠をもって説明する場合	（分類2）に該当するものとして取り扱う（117頁参照）
b　将来において，**おおむね3年から5年程度**は一時差異等加減算前課税所得が生じることを企業が合理的な根拠をもって説明する場合	（分類3）に該当するものとして取り扱う（122頁参照）（ただし，5年を超える見積可能期間に関する取扱い（回収可能性適用指針24項）は適用されない）

a　（分類4）に係る分類の要件を満たす企業が（分類2）に該当するものとして取り扱われる場合

　このような取扱いを行う例として，回収可能性適用指針では，例えば，過去において（分類2）に該当していた企業が，当期において災害による損失により重要な税務上の欠損金が生じる見込みであり（分類4）の要件を満たすものの，将来の一時差異等加減算前課税所得を見積った場合に，将来において5年超にわたり一時差異等加減算前課税所得が安定的に生じることを企業が合理的な根拠をもって説明する場合が挙げられています（回収可能性適用指針91項）。

　なお，（分類2）に該当するものとして取り扱われる場合は，一時差異等加減算前課税所得を5年超にわたり安定的に獲得するだけの収益力を企業が合理的な根拠をもって説明することが必要であるため，次で説明する（分類3）に該当するものとして取り扱われる場合に比して多くないものと考えられます（回収可能性適用指針89項）。

b　（分類4）に係る分類の要件を満たす企業が（分類3）に該当するものとして取り扱われる場合

　このような取扱いを行う例として，回収可能性適用指針では，例えば，過去において業績の悪化に伴い重要な税務上の欠損金が生じており，（分類4）に

該当していた企業が，当期に代替的な原材料が開発されたことにより，業績の回復が見込まれ，その状況が将来も継続することが見込まれる場合に，将来においておおむね3年から5年程度は一時差異等加減算前課税所得が生じることを企業が合理的な根拠をもって説明する場合が挙げられています（回収可能性適用指針92項）。ただし，この場合には，（分類3）に該当する企業における5年を超える見積可能期間に係る繰延税金資産の回収可能性の取扱い（124頁参照）は適用されず，見積可能期間は5年以内である必要があります（回収可能性適用指針89項）。

　なお，当該例外の定めにおいて，過去（3年）および当期のすべての事業年度において非常に高い収益力が求められる（分類1）に該当するケースは想定されていないため，特段の定めは設けられていません（回収可能性適用指針93項）。

　（分類4）に係る分類の要件を満たす企業が（分類3）に該当するものとして取り扱われる場合の繰延税金資産の回収可能性の検討については**設例Ⅰ-5-3**を参照ください。また，（分類4）の企業の繰延税金資産の回収可能性の検討については**設例Ⅰ-5-4**を参照ください。

設例Ⅰ-5-3　重要な税務上の欠損金が存在する企業①

（前提）

- C社は事業dおよび事業eを営んでいるが，事業環境の変化に対応するため，前期において事業eについて構造改革を行っている。
- 過去3年および当期の課税所得または税務上の欠損金（△）の発生状況は次のとおりであり，－X1期に発生した税務上の欠損金は重要なものであると評価している。

	－X3期	－X2期	－X1期	当期 （X0期）
課税所得（△税務上の欠損金）	40	30	△110	0
税務上の繰越欠損金	－	－	110	110

- −X1期の多額の税務上の欠損金は，−X2期における事業 e の大規模な構造改革に伴う多額のリストラクチャリング費用の減算認容130が生じたことによるものである。
- 事業 e について，複数の競合他社の参入により，競争環境は激しくなっており，構造改革に伴う旧製品の販売縮小の影響もあって，当期の C 社の課税所得はゼロとなった。
- 税務上の繰越欠損金の繰越期間は10年である。
- 税務上の繰越欠損金の控除限度額は，繰越欠損金控除前課税所得の50％である。
- 期末において税務上の繰越欠損金110と将来減算一時差異20（すべてスケジューリング可能）が存在する。
- 構造改革の結果，旧製品に関する販売費用が大幅に削減され，当期下期から新製品の新規契約が拡大している。
- 将来の一時差異等加減算前課税所得の見込みは次のとおりである。この見込みは合理的な仮定による業績予測に基づくものであり，C 社の取締役会による承認を得た直近の中期事業計画に基づき，経営環境や過去の計画達成状況等の情報と整合するように修正し見積られている。

	X1期	X2期	X3期	X4期	X5期	合計
一時差異等加減算前課税所得	20	40	30	20	30	140

- C 社の事業計画等の分析を踏まえて，将来の合理的な見積可能期間は5年と考えている。
- 法定実効税率は30％である。

回収可能性適用指針に基づく分析

- C 社には，過去（3年）において税務上の欠損金の繰越期限切れの事実はなく，また当期末において，重要な税務上の欠損金の繰越期限切れは見込まれないものの，次の点から（分類4）の要件を満たす状況にあると考え

　られる。

　　－前期（－X1期）において重要な税務上の欠損金110が生じている。

　　－翌期（X1期）において一時差異等加減算前課税所得20が生じることが
　　　見込まれている。

- しかし，－X1期における構造改革の結果，旧製品に関する販売費用が大
　幅に削減され，当期下期から新製品について新規契約が拡大していること
　を踏まえ，次で示すものを分析した結果，今後5年は一時差異等加減算前
　課税所得が生じると見込まれることをC社が合理的な根拠をもって説明
　している。

　　－今後の中長期計画（5か年計画）

　　－過去における中長期計画の達成状況

　　－過去3年および当期の課税所得の推移

- 上記より，将来においておおむね5年は一時差異等加減算前課税所得が生
　じることをC社が合理的な根拠をもって説明していると考えられるので，
　C社は，（分類3）に該当するものとして取り扱われる。

- したがって，将来の合理的な見積可能期間（おおむね5年）以内の一時差
　異等加減算前課税所得の見積額に基づいて，当該見積可能期間の一時差異
　等のスケジューリングの結果，繰延税金資産を見積る場合，当該繰延税金
　資産は回収可能性があるものとされる。

	当期 （X0期）	X1期	X2期	X3期	X4期	X5期	合計
①一時差異等加減算前課税所得		20	40	30	20	30	140
②将来減算一時差異	20	10	4	4	2	－	
③繰越欠損金控除前課税所得（①－②）		10	36	26	18	30	
④繰越欠損金控除限度額（③×50%）		5	18	13	9	15	

⑤繰越欠損金控除額		5	18	13	9	15
⑥繰越欠損金残高	110	105	87	74	65	50
⑦一時差異および繰越欠損金の解消見込額（②＋⑤）	15	22	17	11	15	80
⑧②および⑥のうち回収が見込まれない額（注）						50

（注）　税務上の繰越欠損金が将来の合理的な見積可能期間（5年）内に回収が見込まれない額50が回収の見込まれない額に該当し、これに係る繰延税金資産15（＝50×30%）について評価性引当額が計上される。

・この場合、関連する税効果の仕訳は次のとおりである。

（借）	繰 延 税 金 資 産	24	（貸）	法 人 税 等 調 整 額	24

＊　当期末に存在する将来減算一時差異と税務上の繰越欠損金の合計額130が5年の見積可能期間にスケジューリングされ、このうち一時差異等加減算前課税所得の見積額で回収可能な80に係る繰延税金資産24（＝80×30%）を当期に全額認識した。

・5年の合理的な見積可能期間において税務上の繰越欠損金を全額解消するだけの十分な一時差異等加減算前課税所得はなく、X5期末現在で、税務上の繰越欠損金50が残る。当該繰越欠損金に関する繰延税金資産は回収不能として取り扱われ、評価性引当額として当額15が計上される。

設例Ⅰ－5－4　重要な税務上の欠損金が存在する企業②

前提

・D社は事業fを営んでいるが、特定の製品の販売低迷による業績不振が継続しており、現状では中長期的な市場環境の改善の可能性は不透明である。

・過去3年および当期の営業利益（損失）、課税所得（税務上の欠損金）と税務上の繰越欠損金は次のとおりである。当期（X0期）に発生した税務上の欠損金は重要なものであると判断している。

	－X3期	－X2期	－X1期	当期 （X0期）
税引前利益（△税引前損失）	20	10	△130	△10
将来減算一時差異の発生（△解消）	－	－	140	△80
課税所得（△税務上の欠損金）	20	10	10	△90
税務上の繰越欠損金	－	－	－	90

- 事業 f における製品の販売低迷に伴い，－X1期に，S市にある一部の工場について，会計上，減損損失140が計上されており税務上加算されていた。これについて，当期（X0期）に当該工場の土地建物の一部を売却したことにより，－X5期より前に発生していた将来減算一時差異20を含め税務上80が認容され，多額の税務上の欠損金が発生した。
- 当期（X0期）末において税務上の繰越欠損金90と将来減算一時差異100（80は工場の土地の減損損失に係るスケジューリング不能な一時差異，20はスケジューリング可能な一時差異（X1期に10解消見込み））が生じている。なお，当該税務上の繰越欠損金の繰越期間は10年である。
- 税務上の繰越欠損金の控除限度額は，繰越欠損金控除前課税所得の50％である。
- D社は当期に3か年の中期事業計画を新たに作成しているが，製品のライフサイクルが短期化しており，旧計画における見込みと実績の乖離は相当程度大きいものとなっている。翌期の課税所得の見込みについては合理的な仮定による業績予測に基づくものであり，D社の取締役会による承認を得た直近の中期事業計画に基づき，経営環境や過去の計画達成状況等の情報と整合するように修正し見積られている。

	X1期
一時差異等加減算前課税所得	20

- 法定実効税率は30％である。

| 回収可能性適用指針に基づく分析 |

- 過去3年および当期のすべての期間において重要な税務上の欠損金が生じているわけではないため，（分類5）の要件に該当しない（138頁参照）。

- D社は，重要な税務上の欠損金の繰越期限切れの事実はなく，当期末においても重要な税務上の欠損金が繰越期限切れとなる見込みはないものの，次のとおり（分類4）の要件を満たす状況にあると考えられる。

  - 当期において重要な税務上の欠損金90が生じている。

  - 翌期において一時差異等加減算前課税所得20が生じることが見込まれている。

- また，D社は，次の要因から中長期にわたり一時差異等加減算前課税所得が生じることを合理的な根拠をもって説明することができず，（分類2）や（分類3）に該当する状況にないものと考えられる。

  - 重要な税務上の欠損金の原因は，工場の土地建物の一部を売却したことによるものであるが，D社が置かれた事業の環境などに基づいて検討した結果，事業上，通常生じうるものである（臨時的な原因により生じたものに該当しない）。

  - 3か年の中期事業計画について，事業計画を確実に見通すことが難しい状況にある。

  - 過去から当期までの課税所得は低迷しており，期末における将来減算一時差異および税務上の繰越欠損金の合計190を大幅に下回る水準となっている。

- したがって，D社は（分類4）に該当する企業と判断され，翌期1年分の一時差異等加減算前課税所得の見積額20に基づいて，翌期の一時差異等のスケジューリングを行い，その結果，回収可能性があるとされる部分について繰延税金資産を計上する。

	当期 （X0期）	X1期	合計
①一時差異等加減算前課税所得		20	
②将来減算一時差異	100	10	
③繰越欠損金控除前課税所得（①－②）		10	
④繰越欠損金控除限度額（③×50%）		5	
⑤繰越欠損金控除額		5	
⑥繰越欠損金残高	90	85	
⑦一時差異および繰越欠損金の解消見込額（②＋⑤）		15	15
⑧②および⑥のうち回収が見込まれない額（注）			175

（注）　将来減算一時差異100および税務上の繰越欠損金90の合計190のうち，X1期の一時
　　　差異等加減算前課税所得により回収が見込まれない額175に係る繰延税金資産52（＝
　　　175×30%）について評価性引当額が計上される。

- この場合，関連する税効果の仕訳は次のとおりである。

（借）　繰 延 税 金 資 産	5	（貸）　法 人 税 等 調 整 額	5

　＊当期末の将来減算一時差異100と税務上の繰越欠損金90の合計額190のうち翌期の一時
　　差異等加減算前課税所得の見積額に基づき，翌期にスケジューリングされた15に係る
　　繰延税金資産5（＝15×30%）を当期に全額認識した。

Point Of View　（分類4）の場合の一時差異等加減算前課税所得の考え方

　現在の回収可能性適用指針が公表される以前は，繰延税金資産の回収可
能性は，実務上多くの場合において JICPA が公表していた監査委員会報
告第66号「繰延税金資産の回収可能性の判断に関する監査上の取扱い」に
おける取扱いを基礎として判断されていました。その適用においては，将
来の加算項目，特に毎期の申告所得計算において洗替えで加算・減算を繰
り返すような項目について将来年度の課税所得の見積りにおいてどのよう
に取り扱うかについて明確にされておらず，実務上ばらつきが存在しまし
た。
　そのため，回収可能性適用指針では，将来減算一時差異および税務上の

繰越欠損金（以下，将来減算一時差異等）に係る繰延税金資産の回収可能性判断の指針として「一時差異等加減算前課税所得」という用語が新たに定義され，将来減算一時差異等に係る繰延税金資産の回収可能性の判断においては，「一時差異等加減算前課税所得」を基礎として判断することが求められています。

　この用語の定義に従って考えると，将来の申告計算における加算項目も繰延税金資産の回収可能性の財源として考慮することができるようにも考えられます。しかし一方で，繰延税金資産の回収可能性を判断するうえで対象となっていた将来減算一時差異等が，将来の申告加算により新たに発生する将来減算一時差異等に置き換わるにすぎず，例えば，対象となる企業が回収可能性適用指針の企業分類の（分類4）に該当する場合，翌期のみの課税所得見積額を考慮するため，将来に加算される見込みの将来減算一時差異は，本来の意味で将来の税負担額を軽減させることができるとはいい難い場合があります。

　そのような観点から，特に，将来の課税所得獲得能力の不確実性が高い分類4に該当する企業においては，「一時差異等加減算前課税所得」の形式的な解釈にとらわれることなく，実質的に将来の税負担額を軽減することができるのかを慎重に検討する必要があります。

⑹　（分類5）に該当する企業の取扱い

①　分類の要件

　次の要件をいずれも満たす場合，企業は，（分類5）に該当します（回収可能性適用指針30項）。

　a　過去（3年）および当期のすべての事業年度において，重要な税務上の欠損金が生じている。

　b　翌期においても重要な税務上の欠損金が生じることが見込まれる。

　aの要件は，過去3年および当期において，重要な税務上の欠損金が連続して生じていることを求めています。

　bの要件については，分類の判定に際し，過去および当期だけでなく，他の分類の要件と同様に将来の事象を勘案することを意図しています。

②　繰延税金資産の回収可能性に関する取扱い

（分類5）に該当する企業は次のように取り扱われます（回収可能性適用指針31項）。

> 原則として，繰延税金資産の回収可能性はないものとする。

ここで，「原則として」としている理由は，（分類5）に該当する企業であっても，例えば，設立間もない企業等において，合理的な中長期計画により設立当初より継続して税務上の欠損金が生じることが予想されており，実際の税務上の欠損金の額が当該計画において予測されていた額で推移し，かつ，当該計画に従うと翌期より後の事業年度における一時差異等加減算前課税所得が見込まれる場合も，稀にはありうることを考慮しているためです（回収可能性適用指針95項）。

> **Point Of View**　設立初年度の繰延税金資産の回収可能性
>
> 　回収可能性適用指針においては，企業の過去の課税所得または税務上の欠損金の推移を考慮して分類を判定することになりますが，設立初年度の企業についてはこのような過去情報がないため，分類の要件を検討するうえで過去の業績を考慮することはできません。
> 　このような場合には，当該事業年度の課税所得の獲得状況や税務上の欠損金の推移および将来の一時差異等加減算前課税所得の見込みを総合的に勘案して，慎重に企業の分類を判断することになります。

(7)　いずれの分類の要件も満たさない企業の取扱い

上記(2)から(6)で示した各分類の要件をいずれも満たさず，直接該当する分類が存在しない場合には，以下のような点を総合的に勘案し，各分類の要件から乖離度合いが最も小さいと判断される分類を採用する必要があります（回収可能性適用指針16項）。

- 過去の課税所得または税務上の欠損金の推移
- 当期の課税所得または税務上の欠損金の見込み

- 将来の一時差異等加減算前課税所得の見込み　など

なお，上記の各分類の要件からの「乖離度合いが最も小さい」という判断においては，乖離の度合いを定量的に検討することを求めたものではありません（回収可能性適用指針65項）。

> （本セクションのポイント）
> ● 企業が収益力に基づく一時差異等加減算前課税所得によって繰延税金資産の回収可能性を判断する際には，5つの企業の分類ごとに決定される。企業は，収益力に基づく課税所得の十分性の検討において，自社がどの分類かを決定し，そのうえで各分類において回収が見込まれる繰延税金資産の計上額を決定する。

3．タックス・プランニングの実現可能性に関する取扱い

⑴　タックス・プランニングに基づく一時差異等加減算前課税所得

　将来減算一時差異の解消見込年度および繰戻・繰越期間または繰越期間に，含み益のある固定資産または有価証券を売却する等のタックス・プランニングに基づく一時差異等加減算前課税所得が生じる可能性が高いと見込まれる場合には，当該将来減算一時差異に係る繰延税金資産を計上します（回収可能性適用指針6項⑵）。

　タックス・プランニングに基づく一時差異等加減算前課税所得の見積額は，将来の一時差異等加減算前課税所得の見積額に含められます（回収可能性適用指針11項⑸）。

⑵　タックス・プランニングの実現可能性

　タックス・プランニングに基づく一時差異等加減算前課税所得の見積額により繰延税金資産の回収可能性を判断する場合には，資産の含み益等の実現可能性を考慮する必要があります。

　具体的には，次の2つの要件を考慮して判断します（回収可能性適用指針33項）。

　①　資産の売却等に係る意思決定の有無と実行可能性

　②　売却される資産の含み益等に係る金額の妥当性

　タックス・プランニングによる一時差異等加減算前課税所得の見積りに関しては，企業の分類に応じて，次のように取扱いが定められています（**図表Ⅰ－5－10**）。

図表Ⅰ-5-10　タックス・プランニングに基づく課税所得の見積額の取扱い

会社分類	要件① 意思決定の有無と実行可能性	要件② 含み益等の金額の妥当性	回収可能性
（分類1）			タックス・プランニングに基づく一時差異等加減算前課税所得の見積額を，将来の一時差異等加減算前課税所得の見積額に織り込んで繰延税金資産の回収可能性を考慮する必要はない。
（分類2） （注1）	● 資産の売却等に係る意思決定が，事業計画や方針等で明確となっており，かつ， ● 資産の売却等に経済的合理性があり，実行可能である場合	● 売却される資産の含み益等に係る金額が，契約等で確定している場合，または， ● 契約等で確定していない場合でも，例えば，有価証券については期末の時価，不動産については期末前おおむね1年以内の不動産鑑定評価額等の公正な評価額によっている場合	要件①と②をいずれも満たす場合，タックス・プランニングに基づく見積額を，将来の一時差異等加減算前課税所得の見積額に織り込むことができる。
（分類3） （注2）	● 将来の合理的な見積可能期間（おおむね5年）（注3）に資産を売却する等の意思決定が事業計画や方針等で明確となっており，かつ， ● 資産の売却等に経済的合理性があり，実行可能である場合		要件①と②をいずれも満たす場合，タックス・プランニングに基づく見積額を，将来の合理的な見積可能期間（おおむね5年）（注3）の一時差異等加減算前課税所得の見積額に織り込むことができる。
（分類4）	資産の売却等に係る意思決定が，適切な権限を有する機関の承認，決裁権限者による決裁または契約等で明確となっており，確実に実行されると見込まれる場合		要件①と②をいずれも満たす場合，タックス・プランニングに基づく見積額を，翌期の一時差異等加減算前課税所得の見積額に織り込むことができる。

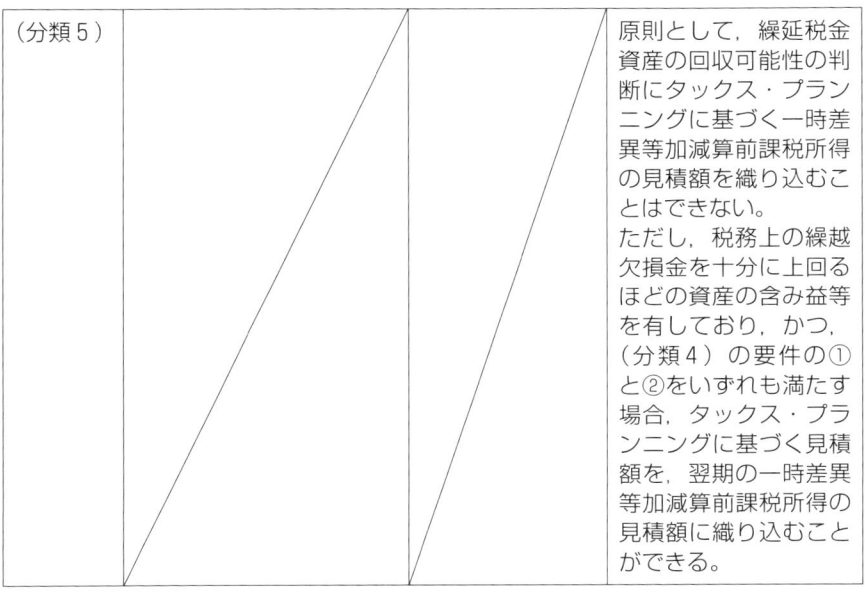

（分類5）			原則として，繰延税金資産の回収可能性の判断にタックス・プランニングに基づく一時差異等加減算前課税所得の見積額を織り込むことはできない。 ただし，税務上の繰越欠損金を十分に上回るほどの資産の含み益等を有しており，かつ，（分類4）の要件の①と②をいずれも満たす場合，タックス・プランニングに基づく見積額を，翌期の一時差異等加減算前課税所得の見積額に織り込むことができる。

（注1）　回収可能性適用指針28項に従い（分類2）に該当するものとして取り扱われる企業を含む。

（注2）　回収可能性適用指針29項に従い（分類3）に該当するものとして取り扱われる企業を含む。ただし，この場合は（注3）は適用されない。

（注3）　5年を超える見積可能期間においてスケジューリングされた一時差異等に係る繰延税金資産が回収可能であることを合理的に説明する場合には，当該5年を超える見積可能期間（回収可能性適用指針24項）。

> ***Point Of View***　（分類2）の要件に該当する企業におけるタックス・プランニング
>
> 　（分類2）に該当する企業は，スケジューリング可能な将来減算一時差異に係る繰延税金資産について回収可能性があるものとして取り扱われます。そうであれば，（分類2）に該当する企業についてタックス・プランニングに基づいて繰延税金資産の計上を判断する状況はないようにも思われます。
>
> 　しかし，（分類2）に該当する企業ではスケジューリング不能な将来減算一時差異に係る繰延税金資産を一定の場合に計上することができる例外的な取扱い（前述2．(3)②「繰延税金資産の回収可能性に関する取扱い」（118頁）参照）があり，その中で「将来のいずれかの時点で損金に算入される可能性が高いと見込まれるものについて，当該将来のいずれかの時点

で回収できることを企業が合理的な根拠をもって説明する」ことが条件とされています。この場合の，「将来のいずれかの時点で回収」可能な課税所得が生じることの根拠として，このタックス・プランニングの取扱いにより検討を行うことが考えられます。

（**本セクションのポイント**）
● タックス・プランニングに基づく一時差異等加減算前課税所得の見積額についても，企業の分類に応じて取扱いが定められている。

4．個別の一時差異項目の取扱い

⑴　その他有価証券の評価差額に係る一時差異の取扱い

①　原則的な取扱い

その他有価証券の時価評価に伴い発生する評価差額に係る一時差異については，原則として，個々の銘柄ごとに，評価差損に係る将来減算一時差異については回収可能性を検討したうえで繰延税金資産を計上し，評価差益に係る将来加算一時差異については繰延税金負債を計上します（回収可能性適用指針38項）。

②　容認される取扱い

その他有価証券は，金融商品会計の中では，その多様な性格に鑑み保有目的等を識別・細分化する客観的な基準を設けることが困難であるとともに，保有目的等自体も多義的であり，かつ変遷していく側面があること等から，一括して捉えたうえで，時価をもって貸借対照表価額とし，評価差額は洗い替え方式に基づき処理することとされています（金融商品会計基準18項，75項）。これに合わせて，税効果会計も時価評価により生じる評価差額については，銘柄ごとではなく，一括して繰延税金資産または繰延税金負債を計上することも認められています（回収可能性適用指針38項，108項）。

具体的には，当該評価差額に係る一時差異がスケジューリング可能か否かに

よって，**図表Ⅰ-5-11**および**図表Ⅰ-5-12**のように取扱いが異なります。

図表Ⅰ-5-11　評価差額に係る一時差異がスケジューリング可能な場合

税効果会計の対象	繰延税金資産／繰延税金負債の計上
評価差額を評価差損が生じている銘柄と評価差益が生じている銘柄に区分し，それぞれの合計額を対象とする	・評価差益の銘柄ごとの合計額に係る将来加算一時差異については繰延税金負債を計上 ・評価差損の銘柄ごとの合計額に係る将来減算一時差異についてはスケジューリングの結果に基づき回収可能性を判断したうえで繰延税金資産を計上

図表Ⅰ-5-12　評価差額に係る一時差異がスケジューリング不能な場合

税効果会計の対象	繰延税金資産／繰延税金負債の計上
評価差損の銘柄ごとの合計額と評価差益の銘柄ごとの合計額を相殺した後の純額を対象とする	a　純額で評価差益の場合（将来加算一時差異） ・繰延税金負債を計上 ・スケジューリング不能な将来加算一時差異であるため，繰延税金資産の回収可能性の判断にあたっては，その他有価証券の評価差額に係る将来減算一時差異以外の将来減算一時差異とは相殺できない b　純額で評価差損の場合（将来減算一時差異）（注） ・原則として，当該将来減算一時差異に係る繰延税金資産の回収可能性はないものとする ・例外として，通常，その他有価証券は随時売却が可能であり，また，長期的には売却されることが想定されるため，企業の分類に応じて，次のように取り扱うことができる

（分類１）	繰延税金資産の回収可能性があるものとする
（分類２）	
（分類３）	以下のいずれかの期間の一時差異等加減算前課税所得の見積額にスケジューリング可能な一時差異の解消額を加減した額に基づき，純額の評価差損に係る繰延税金資産を見積る場合，当該繰延税金資産の回収可能性があるものとする ● 将来の合理的な見積可能期間（おおむね５年） ● ５年を超える見積可能期間においてスケジューリングされた一時差異等に係る繰延税金資産が回収可能であることを企業が合理的な根拠をもって説明して繰延税金資産を見積る場合には，５年を超える見積可能期間

（注）　当該一時差異はスケジューリング不能なため，その他有価証券の売却損益計上予定額を将来の一時差異等加減算前課税所得の見積額（タックス・プランニングに基づく一時差異等加減算前課税所得の見積額を含む）に含めることはできない（回収可能性適用指針40項）。

③　その他の留意事項

　部分純資産直入法を採用している場合のその他有価証券の評価差額に係る一時差異がある場合，スケジューリングの可否に応じて，上述②の方法に準じてそれぞれ会計処理します（回収可能性適用指針41項）。

④　減損処理したその他有価証券の時価がその後に回復した場合の取扱い

　その他有価証券に関して，減損処理により生じた将来減算一時差異は，原則どおり，個々の銘柄ごとにスケジューリングを行い，その結果に基づき回収可能性を判断したうえで，繰延税金資産を計上します。

　その後，その他有価証券の期末における時価が減損処理の直前の取得原価に回復するまでは，減損処理後の時価の上昇に伴い発生する評価差益は将来加算一時差異ではなく，減損処理により生じた将来減算一時差異の戻入れとなりま

す（回収可能性適用指針38項なお書き）（**図表Ⅰ-5-13**）。そのため，減損処理したその他有価証券の評価差額は，②で説明した他の銘柄と一括して取り扱うことはできず，個別に管理する必要があります。

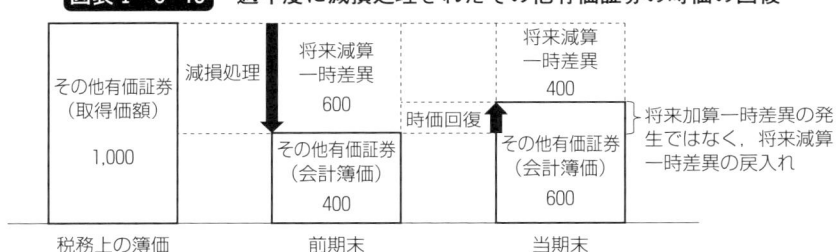

図表Ⅰ-5-13　過年度に減損処理されたその他有価証券の時価の回復

また，このような場合の税効果の取扱いについて，減損処理した年度における回収可能性の判断と，その後の回収可能性の判断により会計処理が異なるため，**設例Ⅰ-5-5**で説明します。

設例Ⅰ-5-5　過年度にその他有価証券を減損した場合の税効果
（回収可能性適用指針設例より抜粋）

（前提）

- 前期末に，投資有価証券（取得価額1,000であり，その他有価証券として分類）の時価が400に下落し，時価が回復する見込みがないとして，600の減損処理を行った。

- 当該減損処理600について，税務上は損金不算入と判断し，申告加算している（したがって，税務上の簿価は1,000のまま）。

- 当期末において，時価が600に上昇したため，その他有価証券評価差額金（評価差益）200が発生した。

	前期末	当期末
取得原価	1,000	1,000
帳簿価額（会計上）	400	600
評価差益	—	200

- 前期および当期の法定実効税率は30％である。

【会計処理】

- 投資有価証券に係る当期末の将来減算一時差異は400（会計上の簿価600と税務上の簿価1,000との差額）となる。
- これは，前期の減損処理により生じた将来減算一時差異600と，その後の時価の上昇に伴う将来減算一時差異の戻入れ200から構成される。
- 一時差異が同一の有価証券から生じているため，減損処理後の時価の上昇に伴い発生する評価差益200は将来加算一時差異ではなく，将来減算一時差異の戻入れとなる。

【ケース1】前期末：回収可能性あり，当期末：回収可能性ありの場合

① 前期の会計処理

（借）	投資有価証券評価損	600	（貸）	投 資 有 価 証 券	600
	繰 延 税 金 資 産（＊1）	180		法 人 税 等 調 整 額	180

（＊1）　繰延税金資産の額180（将来減算一時差異600×法定実効税率30％）を計上

② 当期の会計処理

（借）	投 資 有 価 証 券	200	（貸）	その他有価証券評価差額金	200
	その他有価証券評価差額金	60		繰 延 税 金 資 産（＊2）	60

（＊2）　繰延税金資産の額60（将来減算一時差異の戻入れ200×法定実効税率30％）を取崩し

【ケース2】前期末：回収可能性なし，当期末：回収可能性ありの場合

① 前期の会計処理

（借） 投資有価証券評価損	600	（貸） 投 資 有 価 証 券	600

② 当期の会計処理

（借） 繰 延 税 金 資 産(＊3)	180	（貸） 法 人 税 等 調 整 額	180

（借） 投 資 有 価 証 券	200	（貸） その他有価証券 評 価 差 額 金	200
その他有価証券 評 価 差 額 金	60	繰 延 税 金 資 産(＊4)	60

（＊3） 当期末から繰延税金資産の回収可能性があると判断されたため，前期末の減損処理により生じた将来減算一時差異に係る繰延税金資産（将来減算一時差異600×法定実効税率30％）を当期において計上

（＊4） 繰延税金資産の額60（将来減算一時差異の戻入れ200×法定実効税率30％）を取崩し

【ケース3】前期末：回収可能性なし　当期末：回収可能性なしの場合

① 前期の会計処理

（借） 投資有価証券評価損	600	（貸） 投 資 有 価 証 券	600

② 当期の会計処理

（借） 投 資 有 価 証 券	200	（貸） その他有価証券 評 価 差 額 金	200

　将来減算一時差異の戻入れ200は，取り崩すべき繰延税金資産が存在しないため，評価差益に関する税効果の会計処理は不要となる。

⑤　外貨建その他有価証券の為替換算差額の取扱い

　外貨建その他有価証券の為替換算差額は，原則として金融商品会計基準18項の評価差額に関する処理方法に従うものとされ（企業会計審議会「外貨建取引等会計処理基準」一　2　(2))，純資産の部に計上される評価差額に税効果会計を適用することになります。

　しかしながら，市場価格のない外貨建その他有価証券の為替換算差額のうち一時差異となるものについては，市場価格のあるその他有価証券に係る金融商品会計基準の時価評価とはその性格が異なるため，その他有価証券の評価差額に係る一時差異に関する容認される取扱い（前述②「容認される取扱い」（144頁）参照）を適用せず（回収可能性適用指針42項），個々の銘柄ごとに回収可能性の判断を行います。

（本セクションのポイント）

●その他有価証券の評価差額に係る税効果について，原則は個々に回収可能性を判断して計上するが，一括して繰延税金資産または繰延税金負債を計上することもできる。

●過去に減損したその他有価証券の評価差益は，減損処理直前の取得原価に回復するまでは将来加算一時差異ではなく，減損により生じた将来減算一時差異の戻入れとして取り扱う。

---

(2)　解消見込年度が長期にわたる将来減算一時差異

　スケジューリングの結果，その解消見込年度が長期にわたる将来減算一時差異は，企業が継続する限り，長期にわたるものの将来解消されるため，将来の税金負担額を軽減する効果を有します。このため，こうした一時差異に係る繰延税金資産の回収可能性の判断については，通常の将来減算一時差異とは異なる取扱いが設けられています。

　これに該当する将来減算一時差異としては，次のものが挙げられます。

　・建物の減価償却超過額に係る将来減算一時差異

　●退職給付引当金に係る将来減算一時差異

　このような解消見込年度が長期にわたる将来減算一時差異に係る繰延税金資産の回収可能性の判断は，企業の分類に応じて，**図表Ⅰ-5-14**のように行います（回収可能性適用指針35項）。

図表Ⅰ-5-14　解消見込年度が長期にわたる将来減算一時差異の取扱い

会社分類	繰延税金資産の回収可能性の判断	通常の将来減算一時差異の取扱いとの相違
（分類1） （分類2）	回収可能性があると判断できる。	同様
（分類3）	将来の合理的な見積可能期間（おおむね5年）においてスケジューリングを行ったうえで，当該見積可能期間を超えた期間であっても，当期末における当該将来減算一時差異の最終解消見込年度までに解消されると見込まれる将来減算一時差異に係る繰延税金資産は回収可能性があると判断できる。	異なる
（分類4）	翌期に解消される将来減算一時差異に係る繰延税金資産は回収可能性があると判断できる。	同様
（分類5）	原則として，回収可能性はない。	同様

Point Of View　解消見込年度が長期にわたる将来減算一時差異の範囲

　退職給付引当金や建物の減価償却超過額のように，「解消見込年度が長期にわたる将来減算一時差異」については，回収可能性の検討に際して，通常の一時差異とは異なる取扱いが定められています。ただし，これらは限定的な例示と解されており，固定資産（償却資産）の減損損失に係る将来減算一時差異などには適用されないことに留意が必要です。それらの項目は，スケジューリングの結果に基づいて繰延税金資産の回収可能性を判断することになります。

（本セクションのポイント）

●建物の減価償却超過額や退職給付引当金に係る将来減算一時差異のように

> 解消見込年度が長期にわたる将来減算一時差異は，（分類3）の会社においては見積可能期間においてスケジューリングを行ったうえで，当該見積可能期間を超えても回収可能性があると判断される。

(3)　固定資産の減損損失に係る将来減算一時差異

　固定資産の減損損失に係る将来減算一時差異の解消見込年度のスケジューリングは，償却資産と非償却資産ではその性格が異なるため，**図表Ⅰ-5-15**のように取り扱われます（回収可能性適用指針36項）。

図表Ⅰ-5-15　固定資産の減損損失に係る将来減算一時差異の解消見込年度

償却資産	・減価償却計算を通して解消されることから，スケジューリング可能な一時差異として取り扱われる。 ・解消見込年度が長期にわたる将来減算一時差異の取扱い（前述(2)参照）を適用しない。
非償却資産	・売却等に係る意思決定または実施計画等がない場合，スケジューリング不能な一時差異として取り扱われる。

（本セクションのポイント）

●固定資産（償却資産）の減損損失に係る将来減算一時差異については，減価償却計算を通して解消されるが，解消見込年度が長期にわたる将来減算一時差異としては取り扱われない。

(4)　役員退職慰労引当金に係る将来減算一時差異

①　概　　要

　役員退職慰労引当金は，会社の役員（取締役・監査役・執行役等）の将来における退職慰労金の支払に備えて設定されます。当該将来の支給見積額のうち，各事業年度の負担相当額が費用として計上されます。

　一方，税務上，株主総会の決議等によって退職金の額が具体的に確定した日の属する事業年度において役員退職慰労金は損金算入されます。ただし，実際

に退職金を支払った日の属する事業年度での損金算入も認められます。

　このように，役員退職慰労引当金は会計上の負債として計上されますが，税務上の負債には該当しないため，将来減算一時差異が発生します。役員退職慰労引当金に係る将来減算一時差異については，スケジューリングの結果に基づいて繰延税金資産の回収可能性を判断します。そのため，前述(2)「解消見込年度が長期にわたる将来減算一時差異」（150頁）の退職給付引当金や建物の減価償却超過額のような解消見込年度が長期にわたる将来減算一時差異には該当しません（回収可能性適用指針106項）。

②　回収可能性に関する具体的な取扱い

　役員退職慰労引当金に係る将来減算一時差異については，スケジューリングが行われているか否かにより，繰延税金資産の回収可能性の判断の取扱いが異なります。具体的には**図表Ⅰ-5-16**のとおり取り扱われます（回収可能性適用指針37項）。

図表Ⅰ-5-16　役員退職慰労引当金に関する取扱い

会社分類	繰延税金資産の回収可能性の判断	通常の将来減算一時差異の取扱いとの相違
（分類1）	回収可能性があると判断できる。	同様
（分類2）	スケジューリング（注）の結果に基づいて繰延税金資産の回収可能性を判断する。	スケジューリングが行われていない場合，スケジューリング不能な将来減算一時差異として取り扱う（回収可能性適用指針37項）。ただし，税務上の損金の算入時期が個別に特定できないが将来のいずれかの時点で損金に算入される可能性が高いと見込まれるものについて，当該将来のいずれかの時点で回収できることを企業が合理的な根拠をもって説明する場合，当該スケジューリング不能な将来減算一時差異に係る繰延税金資産は回収可能性があるものとされる（回収可能性適用指針21項ただし書き）。
（分類3）		同様
（分類4）		同様
（分類5）	原則として，回収可能性はない。	同様

（注）　役員の在任期間の実績，社内規程，役員と会社との関係などに基づいて，役員の退任時期を合理的に見込む方法等によりスケジューリングが行われている必要がある。

（本セクションのポイント）

● 役員退職慰労引当金については，スケジューリングが行われている場合，スケジューリングの結果に基づいて繰延税金資産の回収可能性を判断する。一方，スケジューリングが行われていない場合には，スケジューリング不能な一時差異として取り扱う。

---

(5)　退職給付に係る負債に関する一時差異

①　退職給付に係る負債に関する一時差異の位置付け

わが国の会計基準では，退職給付に関する会計処理は個別財務諸表と連結財

務諸表で異なります。

　連結貸借対照表上では，退職給付債務から年金資産の額を控除した額，すなわち積立状況を示す額がそのまま「退職給付に係る負債」（または「退職給付に係る資産」）として計上され，未認識数理計算上の差異および未認識過去勤務費用（以下，「未認識項目」という）は，退職給付に係る調整額として，その他の包括利益を通じて純資産の部に計上されます。

　これに対し，個別貸借対照表上は，積立状況を示す額ではなく，退職給付債務に未認識項目を加減した額から年金資産の額を控除した額が「退職給付引当金」（または「前払年金費用」）として計上されます。

　このような連結財務諸表と個別財務諸表の取扱いの相違の結果，連結決算手続上の連結修正により生じた一時差異は，連結財務諸表固有の一時差異に該当します（税効果適用指針 4 項(5)）。**図表 I - 5 -17**では，この関係を示しています。

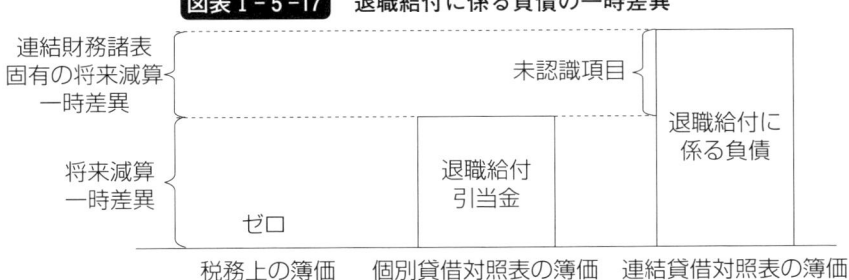

図表 I - 5 -17　退職給付に係る負債の一時差異

②　回収可能性に関する取扱い

　連結財務諸表における退職給付に係る負債に関する繰延税金資産は，次の a および b に係る繰延税金資産の合算額について，回収可能性を判断します（回収可能性適用指針43項）。

　　a　個別財務諸表における退職給付引当金に係る将来減算一時差異
　　b　未認識項目の会計処理により生じる将来減算一時差異

　上記 a および b に係る将来減算一時差異に関する繰延税金資産を合算した繰

延税金資産額の回収可能性は，前述(2)「解消見込年度が長期にわたる将来減算一時差異」（150頁）の取扱いを適用して判断します（回収可能性適用指針44項）。

③　未認識項目の会計処理が企業の分類へ及ぼす影響

連結財務諸表における当該繰延税金資産の回収可能性は，個別財務諸表における企業の分類に基づいて判断します（回収可能性適用指針43項）。すなわち，連結上で未認識項目を負債認識し，個別上と連結上で認識する負債金額が異なることにより生じる将来減算一時差異の増加に起因して，毎期生じる課税所得が将来減算一時差異を十分に上回らないことになる場合であっても，回収可能性に係る企業の分類には影響しません。

設例Ⅰ-5-6（回収可能性適用指針111項をもとに作成）ではこれを明らかにしています。

設例Ⅰ-5-6　未認識項目の負債認識による企業の分類への影響

前提

- E社は，（分類1）に該当すると判断された。
- E社においては，過去3年および当期のすべての事業年度において，個別財務諸表における将来減算一時差異を十分に上回る課税所得が生じている。
- ただし，退職給付に係る連結修正（未認識項目の負債認識）により生じる将来減算一時差異を考慮すると，将来減算一時差異を十分に上回る課税所得は毎期生じていない。

分類の判定

- 連結財務諸表における分類は，個別財務諸表における分類と同じ（分類1）とする。
- 個別上と連結上で認識する負債金額が異なることになる場合であっても，回収可能性に係る企業の分類に影響しない。連結決算手続上生じた繰延税金資産の全額について回収可能性があるものとする。

これは，未認識項目を連結財務諸表において負債として即時認識するか否かにより将来の一時差異等加減算前課税所得の見積りが変わるものではないため，個別財務諸表における繰延税金資産の回収可能性と，個別財務諸表における繰延税金資産に連結修正項目に係る繰延税金資産を合算した連結財務諸表における繰延税金資産の回収可能性の判断は同様になると考えられたためです（回収可能性適用指針110項）。

なお，個別財務諸表における未認識項目は，発生後，一定の年数にわたって毎期費用処理することで退職給付引当金として認識され，費用処理が終了した時点で当該未認識項目はすべて個別財務諸表における退職給付引当金に係る一時差異となり，連結財務諸表における退職給付に係る負債と個別財務諸表における退職給付引当金の帳簿価額は一致することになります（回収可能性適用指針112項）。

④　回収可能性の見直し

退職給付引当金および退職給付に係る負債に関する繰延税金資産の回収可能性を見直す場合には，次のように会計処理されます（回収可能性適用指針45項，10項）。

- 個別財務諸表における退職給付引当金に係る繰延税金資産は，他の繰延税金資産と同様，毎期回収可能性の見直しを行い，当該差額は法人税等調整額に計上します。
- 連結財務諸表における未認識項目の負債認識により生じる将来減算一時差異に係る繰延税金資産は，連結決算手続上生じた繰延税金資産の回収可能性の取扱い（前述1. (8)「連結決算手続上生じた繰延税金資産の回収可能性」）（113頁）参照）に従って毎期回収可能性の見直しを行い，差額が生じた場合，当該差額は退職給付に係る調整額に計上します。

これは，連結財務諸表上の退職給付に係る負債と個別財務諸表の退職給付引当金の帳簿価額に，当初相違があっても，未認識項目の認識のタイミングのずれによるものであり，将来減算一時差異としての性質は異なるものではないためです。具体的には，以下のaまたはbのように会計処理されます。

a　過去に繰延税金資産の回収可能性がないと判断されていたが，その後回収可能性があると判断された場合

　まず，個別財務諸表上，退職給付引当金に係る将来減算一時差異に関する繰延税金資産を，法人税等調整額を相手勘定として計上します。次に，連結財務諸表上，未認識項目の負債認識において生じる将来減算一時差異について回収可能性がある場合，当該将来減算一時差異に係る繰延税金資産の全部または一部を退職給付に係る調整額を相手勘定として連結修正で計上します（回収可能性適用指針113項）。これを仕訳で表すと**図表Ⅰ-5-18**のようになります。

図表Ⅰ-5-18　**退職給付に係る負債（繰延税金資産の回収可能性の見直し）①**

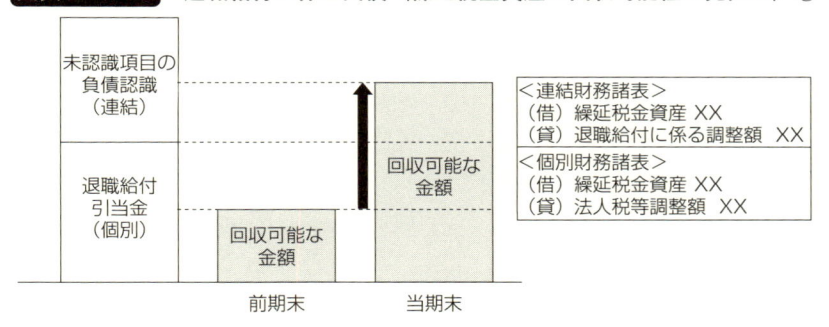

b　過去に繰延税金資産の回収可能性があると判断されていたが，その後回収可能性がないと判断された場合

　まず，個別財務諸表における退職給付引当金に係る将来減算一時差異に係る繰延税金資産の計上額を算定します。すなわち，個別財務諸表において退職給付引当金に係る繰延税金資産の見直しを行い，回収可能性を判断した結果，当該繰延税金資産の全部または一部が将来の税金負担額を軽減する効果を有さなくなったと判断された場合，計上していた繰延税金資産のうち回収可能性がない金額について法人税等調整額を相手勘定として取崩しを行うことになります。

　この場合，連結財務諸表においては，個別財務諸表における取崩しの処理に加え，未認識項目の負債認識において生じる将来減算一時差異に係る繰延税金資産は，すべて将来の税金負担額を軽減する効果を有さなくなったと考えられ

ることから，退職給付に係る調整額を相手勘定として取崩しを行うことになります（回収可能性適用指針114項）。これを仕訳で表すと**図表Ⅰ-5-19**のようになります。

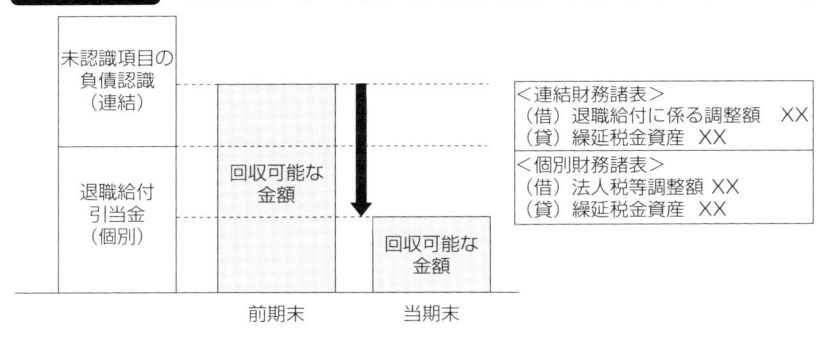

図表Ⅰ-5-19　退職給付に係る負債（繰延税金資産の回収可能性の見直し）②

未認識項目の
負債認識
（連結）

退職給付
引当金
（個別）

回収可能な
金額

回収可能な
金額

前期末　　　　当期末

＜連結財務諸表＞
（借）退職給付に係る調整額　××
（貸）繰延税金資産　××
＜個別財務諸表＞
（借）法人税等調整額 ××
（貸）繰延税金資産　××

（本セクションのポイント）

● 連結財務諸表に計上される未認識項目は連結財務諸表固有の一時差異に該当する。

● 連結修正により発生する未認識項目に係る一時差異は，個別財務諸表で判断した回収可能性に係る企業の分類には影響しない。

● 繰延税金資産の回収可能性を見直すにあたっては，損益を調整するか，その他の包括利益を調整するかが定められている。

---

(6)　繰延ヘッジ損益に係る一時差異

①　概　　要

繰延ヘッジとは，時価評価されているヘッジ手段の損益を，ヘッジ対象に係る損益が認識されるまで法人税等および税効果を考慮したうえで純資産の部で繰り延べるヘッジ会計の原則的な方法であり，この繰り延べられる損益を「繰延ヘッジ損益」といいます（金融商品会計基準32項，105項）。

繰延ヘッジ損益に係る一時差異は，繰延ヘッジ損失と繰延ヘッジ利益とに区

分し，それぞれ次のように扱われます（回収可能性適用指針46項）。

- 繰延ヘッジ損失に係る将来減算一時差異については，回収可能性を判断したうえで，繰延税金資産を計上する。
- 繰延ヘッジ利益に係る将来加算一時差異については，繰延税金負債を計上する。

②　回収可能性に関する取扱い

繰延ヘッジ損失に係る将来減算一時差異に係る繰延税金資産の回収可能性を判断する際には，企業の分類に応じて，次のように取り扱います（回収可能性適用指針46項）（**図表 I - 5 -20**）。

図表 I - 5 -20　繰延ヘッジ損失に係る将来減算一時差異の取扱い

会社分類	繰延税金資産の回収可能性の判断	通常の将来減算一時差異の取扱いとの相違
（分類 1 ）	回収可能性があると判断できる。	同様
（分類 2 ）（注 1 ）		同様
（分類 3 ）（注 2 ）		繰延ヘッジ損失に係る将来減算一時差異については，ヘッジの有効性を考慮すれば，通常，ヘッジ対象に係る評価差益に関する将来加算一時差異とほぼ同時期に同額で解消されるものとみることもできると考えられるため，回収可能性があるものとされる（回収可能性適用指針115項）。
（分類 4 ）	翌期の一時差異等加減算前課税所得の見積額に基づいて，翌期の一時差異等のスケジューリングの結果，繰延税金資産を見積る場合，当該繰延税金資産は回収可能性があるものとされる。	同様
（分類 5 ）	原則として，回収可能性はない。	同様

（注1） 回収可能性適用指針28項に従い（分類2）に該当するものとして取り扱われる企業を含む。
（注2） 回収可能性適用指針29項に従い（分類3）に該当するものとして取り扱われる企業を含む。

> **（本セクションのポイント）**
>
> ● （分類3）に該当する企業においても，繰延ヘッジ損失に係る将来減算一時差異については繰延税金資産の回収可能性があるものとされる。

(7) 繰越外国税額控除に係る繰延税金資産

① 概　要

外国税額控除とは，国際的な二重課税を調整する目的で，内国法人が外国で納付した外国税額を一定の範囲で国内の税額から控除する仕組みをいいます（**図表Ⅰ-5-21**参照）。

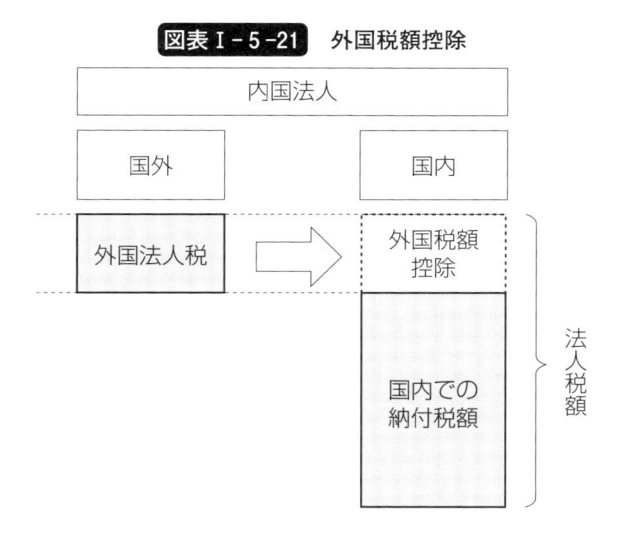

図表Ⅰ-5-21 外国税額控除

内国法人が稼得した所得は，原則として，国内源泉所得だけでなく，国外源泉所得まで含めて法人税等の課税対象となります。このため，国外での取引等により相手国で課税対象となる所得を有することになった場合，その内国法人

は，同一の所得に対して日本および相手国の双方で課税を受けることになります。この二重課税を排除するための制度が外国税額控除です（法法69）。

②　税務上の繰越外国税額控除

控除対象となる外国法人税額は，主に在外事業体からの支払利子や支払配当（在外子会社からの配当を除く），使用料に係る外国源泉所得税，在外支店に課された外国法人税です（法令141）。企業は，一定の算式により計算された金額（以下「控除限度額」）を限度として，実際に納付された外国法人税額を，法人税および住民税額から控除できます。この控除限度額は以下のように算定されます。

$$控除限度額＝所得に対する法人税額 \times \frac{国外源泉所得}{国内源泉所得＋国外源泉所得}$$

また，例えば，ある事業年度に支払った外国法人税等25がその事業年度における控除限度額10を超過していれば，当該企業の法人税および住民税の申告上，当該超過額15を翌期以降３年以内の期間にわたり繰り越すことができます。この繰り越された外国法人税額を「繰越外国税額」といいます。

そして，この３年以内の期間に課された控除対象となる外国法人税額30が，控除限度額50に満たない場合には，その差額20（以下「控除余裕額」）を限度として，その繰越外国税額を控除余裕額が生じた事業年度の法人税および住民税から控除できます（回収可能性適用指針116項）。

繰越外国税額は，それが生じた事業年度の翌期以降に生じた控除余裕額に充当できた事業年度において，法人税等として納付すべき額を減額する効果をもたらすため，その効果に対して繰越外国税額が生じた事業年度に繰延税金資産を計上します（回収可能性適用指針117項）。そのため，税務上の繰越欠損金や租税特別措置法上の法人税額の特別控除と同様，一時差異に準じるものとされています。

③　**繰越外国税額控除に係る繰延税金資産の回収可能性の要件**

　在外支店の所得が合理的に見込まれる場合など，国外源泉所得を稼得する可能性が高いことにより，翌期以降に外国税額控除余裕額が生じることが確実に見込まれる場合にのみ，繰越外国税額控除の実現が見込まれる額を繰延税金資産として計上します（回収可能性適用指針47項）。

　したがって，繰越外国税額控除に係る繰延税金資産の回収可能性は，繰越可能な期間に発生する控除余裕額の大きさに依存します。控除余裕額は次の場合に大きくなります。

- 繰越可能な期間における国外源泉所得が大きい場合
- 外国法人税率が国内の法人税および住民税の税率に比べて低い場合

　繰越外国税額が充当される場合として，例えば，国内の税率よりも低い外国法人税率が適用される在外支店からの国外源泉所得が大きい場合などが挙げられます（回収可能性適用指針118項）。

④　**将来の外国税額控除の余裕額の見直し**

　将来の外国税額控除の余裕額が生じる可能性については毎期見直し，過年度に計上した繰越外国税額控除に係る繰延税金資産の全部または一部が上記の回収可能性の要件を満たさなくなった場合，計上していた繰延税金資産のうち回収可能性がない金額を取り崩します。この見直しにより生じた差額は将来減算一時差異等に係る繰延税金資産の見直しにより生じた差額の処理に準じて見直しの対象となった年度における法人税等調整額に計上します（回収可能性適用指針48項）。**設例Ⅰ-5-7**でこの取扱いを説明しています。

設例Ⅰ-5-7　繰越外国税額控除の税効果（回収可能性適用指針設例より抜粋）

前提

- A社は，海外にB支店とC支店を有している。

- X1年（当期）およびX2年の課税所得の内訳について，A社の国内源泉所得，B支店およびC支店の国外源泉所得は次のとおりである。

	X1年見積額 当期	X2年見積額
国内源泉所得	1,000	2,000
B支店の課税所得（国外源泉所得）	90	－
C支店の課税所得（国外源泉所得）	△50	200
A社の課税所得合計	1,040	2,200
外国税額控除前の法人税，住民税及び事業税(a)	330	660
（上記のうち外国税額控除前の法人税及び住民税）	（260）	（550）

a　X1年のB支店の納付外国法人税額（控除対象となる外国法人税額）は25（外国法人税20，源泉徴収税5）であった。また，X2年の納付外国法人税額見積額（控除対象となる外国法人税額）は0である。

b　X1年のC支店における税務上の欠損金はX2年の課税所得と相殺できるものとする。

c　A社における外国税額控除前の法人税，住民税及び事業税の額（在外支店の納付額を除く）は，X1年330，X2年660，このうち法人税及び住民税の額は，X1年260，X2年550とする。

d　C支店における外国法人税率は，課税所得に対して20％である。

e　外国法人税に係る控除限度額は，次の計算式により得られるものとする。

$$外国税額控除前の法人税及び住民税の額 \times \frac{国外源泉所得}{国内源泉所得 + 国外源泉所得}$$

f　タックス・プランニングの結果，X1年において，X2年におけるC支店の課税所得（国外源泉所得）が生じる可能性が高いことにより，控除余裕額が生じることが確実に見込まれていた。

　以上の前提条件に基づき，A社のX1年およびX2年における税金の見積額を計算すると，次のとおりとなる。

税金額の計算

	X1年見積額 当期	X2年見積額
控除限度額(b)	10	50
控除対象となる外国法人税額(c)	△25	△30
繰越外国税額（△）または控除余裕額の発生	△15	20
前期繰越外国税額の当期控除額(d)	－	△15
翌期繰越外国税額（△）または控除余裕額	△15	5
Ａ社の法人税，住民税及び事業税の納付額 （在外支店の納付額を除く）	320	615
外国税額控除の繰越制度が存在しないと仮定した場合の納付税額（在外支店の納付額を除く）	320	630
繰越外国税額控除による税金軽減効果	－	△15

会計処理

(1)　X1年の会計処理

（借）　法人税，住民税及び事業税	320	（貸）　未払法人税等	320
繰延税金資産	15	法人税等調整額	15

(2)　X2年の会計処理

（借）　法人税，住民税及び事業税	615	（貸）　未払法人税等	615
法人税等調整額	15	繰延税金資産	15

解説

(1)　前提条件eにより，X1年およびX2年の外国法人税等の控除限度額(b)を計算すると，次のとおりである。

（X1年）$260 \times ((90-50) / 1,040) = 10$

（X2年）$550 \times (200 / 2,200) = 50$

(2)　控除対象となる外国法人税額(c)の計算は，次のとおりである。

（X1年）前提条件ａより，外国法人税額20＋源泉徴収税額５＝25

（X2年）（Ｃ支店の課税所得200－X1年の税務上の繰越欠損金50）×税率 20％＝30

(3)　各事業年度におけるＡ社の法人税，住民税及び事業税の納付額（在外支店の納付額を除く）は，上記(a)の額から(b)または(c)のいずれか小さい金額を差し引き，さらに(d)の額を差し引いた純額である。

（X1年）　(a)330－(b)10－(d)0 ＝320

（X2年）　(a)660－(c)30－(d)15＝615

　以上の計算結果が示すように，X1年において翌期に繰り越された繰越外国税額15はX2年において生じた控除余裕額に充当され，X2年における法人税，住民税及び事業税の納付額は減額されることになる。このように，X2年における税金軽減効果はX1年において繰越外国税額が生じたことに起因するため，繰越外国税額が生じた事業年度においては，当該年度の翌期以降に繰越外国税額控除の実現が見込まれる額を繰延税金資産として計上する。

（本セクションのポイント）

●繰越外国税額は，翌期以降に生じた控除余裕額に充当できた事業年度において，法人税等として納付すべき額を減額する効果をもたらすため，その効果に対して繰越外国税額が生じた事業年度に繰延税金資産を計上する。

第6章

当期税金に関する取扱い

本章では，法人税，地方法人税，住民税および事業税，いわゆる当期税金の会計処理および財務諸表における表示について説明します。本書で対象としている税効果会計の範疇ではありませんが，関連するものであるため，本章で説明します。

1．当期税金の会計処理

(1) 当事業年度の所得等に対する法人税，住民税および事業税等

① 原則的な取扱い

当事業年度の所得等に対する法人税，住民税および事業税等については，下記のaおよびbの場合を除き，法令に従い算定した額（税務上の欠損金の繰戻しによる還付を受ける法人税額および地方法人税額を含む）を損益に計上します（法人税等会計基準5項，5-2項）。

なお，ここでいう「所得等に対する法人税，住民税および事業税等」には，所得に対する法人税，地方法人税，住民税および事業税（所得割）のほかに，住民税（均等割）および事業税（付加価値割および資本割）を含みます（法人税等会計基準5項の（注））。

a　企業の純資産に対する持分所有者との直接的な取引のうち，損益に反映されないものに対して課される当事業年度の所得に対する法人税，住民税及び事業税等

・資本の部の株主資本の区分に計上する（具体的には，株主資本の対応する内訳項目から控除する）。

b　資産または負債の評価替えにより生じた評価差額等（純資産会計基準8項に定める評価・換算差額等に区分されるもの）に対して課される当事業年度の所得に対する法人税，住民税及び事業税等

・個別財務諸表上，純資産の部の評価・換算差額等の区分に計上する（具体的には，評価・換算差額等の対応する内訳項目から控除する）。

・連結財務諸表上，その他の包括利益で認識したうえで純資産の部のその他の包括利益累計額の区分に計上する（具体的には，その他の包括利益の対応する内訳項目から控除する）。

aおよびbの例を**図表Ⅰ-6-1**に示しています。

図表Ⅰ-6-1 **法人税，住民税および事業税等が株主資本，評価・換算差額等またはその他の包括利益に課される場合の例**

a　株主資本に課される場合の例
・子会社に対する投資の追加取得や子会社の時価発行増資等に伴い生じた親会社の持分変動による差額に係る連結財務諸表固有の一時差異について，資本剰余金を相手勘定として繰延税金資産または繰延税金負債を計上しており，その後，当該子会社に対する投資を売却した場合
b　評価・換算差額等またはその他の包括利益に課される場合の例
・グループ通算制度（従来の連結納税制度を含む）の開始時または加入時に，会計上，評価・換算差額等またはその他の包括利益累計額が計上されている資産または負債に対して，税務上，時価評価が行われ，課税所得計算に含まれる場合
・非適格組織再編成において，会計上，評価・換算差額等またはその他の包括利益累計額が計上されている資産または負債に対して，税務上，時価評価が行われ，課税所得計算に含まれる場合
・在外子会社に対する持分に対してヘッジ会計を適用しているが，税務上はヘッジ会計が認められず，課税される場合
・退職給付について確定給付制度を採用しており，連結財務諸表上，未認識数理計算上の差異等をその他の包括利益累計額として計上している場合において，支出した掛金等の額が，税務上，支出の時点で損金の額に算入される場合

②　例外的な取扱い

①で説明したとおり，当事業年度の所得等に対する法人税，住民税および事業税等は，その発生源泉に応じて，損益，株主資本，評価・換算差額等またはその他の包括利益に区分して計上します。ただし，以下の場合には，株主資本，評価・換算差額等またはその他の包括利益に計上する金額を損益に計上することができます（法人税等会計基準5－3項）。

a　株主資本，評価・換算差額等またはその他の包括利益に計上する金額に重要性が乏しい場合

b　課税の対象となった取引や事象が，損益に加えて，株主資本，評価・換算差額等またはその他の包括利益に関連しており，かつ，株主資本，評価・換算差額等またはその他の包括利益に計上する金額を算定することが困難である場合

　　bに該当する取引としては，確定給付制度の退職給付に関する取引が想定されています（法人税等会計基準29-6項，29-7項）。

③　株主資本，評価・換算差額等またはその他の包括利益に計上する金額の算定方法

株主資本，評価・換算差額等またはその他の包括利益に計上する法人税，住民税および事業税等は，課税の対象となった取引等に関して株主資本，評価・換算差額等またはその他の包括利益に計上した額に法定実効税率を乗じて算定します。損益に計上する法人税，住民税および事業税等の額は，法令に従い算定した額から，法定実効税率を乗じて算定した株主資本，評価・換算差額等またはその他の包括利益に計上する金額を控除した額とします。

　ただし，課税所得が生じていないことなどから法令に従い算定した額がゼロとなる場合には，株主資本，評価・換算差額等またはその他の包括利益に計上する法人税，住民税および事業税等をゼロとするなど，他の合理的な計算方法により算定することができます（法人税等会計基準5－4項）。

④　評価・換算差額等またはその他の包括利益に計上した金額の組替調整（リサイクリング）

①bに従って評価・換算差額等またはその他の包括利益に計上した法人税，住民税および事業税等は，過年度に計上された評価差額等またはその他の包括利益累計額を損益に計上した時点で，これに対応する税額も損益に計上します。

設例Ⅰ-6-1は，その他の包括利益（その他有価証券評価差額金）に法人税，住民税および事業税等が課された場合について説明しています。

設例Ⅰ-6-1　その他有価証券評価差額金に法人税，住民税および事業税等が課された場合

前提

- Ⅹ1年度末現在で，Ａ社はその他有価証券（取得原価および税務上の簿価100百万円，時価120百万円）を有している。
- Ⅹ2年度に，Ａ社はＢ社の100％子会社となり，Ｂ社を通算親会社とするグループ通算制度に加入した。加入時に，Ａ社が保有するその他有価証券は税務上，150百万円に時価評価され，評価益50百万円に法人税，住民税および事業税等15百万円が課された。
- Ⅹ2年度末のＡ社が保有するその他有価証券の時価は180百万円である。
- 法定実効税率は30％である。

会計処理

① Ⅹ1年度末：期末時価評価

（借）	その他有価証券	20	（貸）	その他有価証券評価差額金	20
	その他有価証券評価差額金	6		繰延税金負債(＊1)	6

（＊1）　繰延税金負債6（将来加算一時差異20×法定実効税率30％）を計上

　　　　将来加算一時差異20＝時価120－税務上の簿価20

②　X2年度期首：前期末時価評価戻入

| （借） | その他有価証券評価差額金 | 20 | （貸） | その他有価証券 | 20 |
| | 繰延税金負債 | 6 | | その他有価証券評価差額金 | 6 |

③　X2年度：グループ通算制度加入時

| （借） | その他有価証券評価差額金 | 15 | （貸） | 未払法人税等(＊2) | 15 |

（＊2）　その他有価証券評価差額金に課された法人税，住民税および事業税等の額15（税

　　　　務上の評価益50×30％）を計上

　　　　税務上の評価益50＝グループ通算制度加入時の時価150－税務上の簿価100

④　X2年度末：期末時価評価

| （借） | その他有価証券 | 80 | （貸） | その他有価証券評価差額金 | 80 |
| | その他有価証券評価差額金 | 9 | | 繰延税金負債(＊3) | 9 |

（＊3）　繰延税金負債の額9（将来加算一時差異30×法定実効税率30％）を計上

　　　　将来加算一時差異30＝X2年度末の時価180－グループ通算制度加入時の時価評

　　　　価後の税務上の簿価150

┌──────────────────────────┐
│ その他の包括利益の内訳の注記例 │
└──────────────────────────┘

X2年度

その他有価証券評価差額金：

当期発生額	80
組替調整額	－
法人税等及び税効果調整前	80
法人税等及び税効果額	△24 (＊4)
その他の包括利益合計	56

（＊4）　24は，③の未払法人税等15と④の繰延税金負債9の合計である。

(2)　更正等による追徴および還付

　法人税，住民税および事業税等については，**図表Ⅰ-6-2**のように，納税申告書に係る課税標準または税額が変更されることがあります。

┌────────────────┐
│ 図表Ⅰ-6-2 　更正等 │
└────────────────┘

更正等 ┬ 更正…　税務署長または地方公共団体の長の調査による
　　　　│　　　　●提出した納税申告書に記載された課税標準または税額の計算が法令に従っていなかった場合
　　　　│　　　　●その他納税申告書の課税標準または税額が調査したところと異なる場合
　　　　└ 修正申告…課税標準または税額を修正する納税申告書を税務署長または地方公共団体の長に提出することによる
　　　　　　　　●提出した納税申告書に納付すべきものとして記載した税額に不足額がある場合
　　　　　　　　●提出した納税申告書に記載した純損失の金額が過大であった場合

　このような更正および修正申告（更正等）により法人税，住民税および事業税等の追徴または還付があった場合に，どの時点でどのように会計処理を行うかについては，**図表Ⅰ-6-3**のとおり取り扱われます（法人税等会計基準6項から8項）。

図表 I - 6 - 3　過年度の所得等に対する法人税，住民税および事業税等の更正等の会計処理

項目	要件・時点（すべて満たす必要がある）	会計処理
追徴	・更正等により追加で徴収される<u>可能性が高い</u> ・追徴税額を合理的に見積ることができる ・誤謬に該当しない（注1）	原則として（注2），追徴税額を損益（注3）に計上する。 なお，更正等による追徴に伴う延滞税，加算税，延滞金および加算金については，追徴税額に含めて処理する。
還付	・更正等により還付されることが<u>確実に見込まれる</u> ・還付税額を合理的に見積ることができる ・誤謬に該当しない（注1）	還付税額を損益（注3）に計上する。
<u>納付した追徴税額の還付</u>	更正等により追徴税額を納付したが，その追徴の内容を不服として法的手段を取る場合において， ・還付されることが<u>確実に見込まれる</u> ・還付税額を合理的に見積ることができる ・誤謬に該当しない（注1）	還付税額を損益（注3）に計上する。

（注1）　誤謬に該当する場合は，過去の財務諸表を修正再表示するため（会計方針開示等会計基準21項），過去の財務諸表の当期税金の金額を修正することになる。

（注2）　ASBJ から法人税等会計基準が公表されたことを受けて廃止された監査・保証実務委員会実務指針第63号「諸税金に関する会計処理及び表示に係る監査上の取扱い」では，追徴税額について法的手段を取る場合の取扱いについて，「追徴税額に関して，課税を不服としてその撤回を求め法的手段を取ることを会社が予定している場合も想定されるが，その場合であっても，法的手段を取る会社の意思のみでは未納付額の不計上あるいは納付税額の仮払処理を行うことは適当ではない。」と記載されていた。追徴税額を費用として計上せず納付税額を資産として計上する事例が実務では基本的には見られなかったものの，資産として計上することが排除されていない表現であったことを踏まえ，「原則として，」という表現を用いている（法人税等会計基準34項）。

（注3）　上述の(1)に従って損益に計上されない法人税，住民税および事業税等は，株主資本，評価・換算差額等またはその他の包括利益に計上する（法人税等会計基準8-2項）。

> ### Short Break　更正等による追徴および還付の会計処理
>
> 　上記のように，法人税等会計基準では，追徴税額に係る負債は「可能性が高い」場合に認識し，還付税額に係る資産は「確実に見込まれる」場合に認識することとされており，その認識の閾値が異なっています。これは，偶発事象の会計処理に関するわが国における一般的な考え方を参考にしています。
> 　一方，国際的な会計基準（米国会計基準およびIFRS）では，追徴税額に係る負債と還付税額に係る資産とで認識の閾値を同じものにしているため，日本基準の取扱いとは相違しています。法人税等会計基準の開発にあたっては，わが国のこれまでの会計慣行に照らした取扱いを重視しています（法人税等会計基準32項，33項）。

（本セクションのポイント）

- 法人税，住民税および事業税等は，原則として，その発生源泉に応じて，損益，株主資本，評価・換算差額等またはその他の包括利益に区分して計上する。
- 更正等による追徴および還付の会計処理については，追徴税額に係る負債を認識する閾値と還付税額に係る資産を認識する閾値が異なる。

2．表　示

⑴　当期税金の貸借対照表における表示

　当期税金の貸借対照表における表示は，①当事業年度の所得等に対する法人税，住民税，事業税等，②更正等による追徴税額および還付税額ごとに，**図表Ⅰ-6-4**のとおりとなります（法人税等会計基準11項，12項，17項，18項）。

図表 I - 6 - 4　当期税金の貸借対照表における表示

税金の種類		貸借対照表における表示
当事業年度の所得等に対する法人税，住民税および事業税等	法人税，住民税および事業税等のうち納付されていない税額	未払法人税等（流動負債）
	法人税，住民税および事業税等の税額が，中間申告により納付された税額を下回る場合等により還付されるときの当該還付税額のうち受領されていない税額	未収還付法人税等（流動資産）
更正等による追徴税額および還付税額	法人税，住民税および事業税等の更正等による追徴税額のうち納付されていない税額	未払法人税等（流動負債）
	法人税，住民税および事業税等の更正等による還付税額のうち受領されていない額	未収還付法人税等（流動資産）

(2)　当期税金の損益計算書における表示

　当期税金の損益計算書における表示は，①法人税，地方法人税，住民税および事業税（所得割），②事業税（付加価値割および資本割），③受取利息および受取配当金等に課される源泉所得税，④外国法人税ごとに，**図表 I - 6 - 5**のとおりとなります（法人税等会計基準 9 項，10項，13項から16項）。

　なお，**図表 I - 6 - 6**では，当期税金と損益計算書の表示科目との関連を示しています。

図表Ⅰ-6-5　当期税金の損益計算書における表示

税金の種類		損益計算書における表示
法人税，地方法人税，住民税および事業税（所得割）	当事業年度の所得等に対する法人税，住民税および事業税等	税引前当期純利益（または損失）の次に，「法人税，住民税及び事業税」などの科目で表示
	更正等による追徴税額および還付税額	原則：「法人税，住民税及び事業税」の次に，その内容を示す科目で表示 例外：金額の重要性が乏しい場合，「法人税，住民税及び事業税」に含めて表示可能
事業税（付加価値割および資本割）	当事業年度の所得等に対する法人税，住民税および事業税等	原則：販売費及び一般管理費 例外：合理的な配分方法に基づき一部を売上原価として表示可能
	更正等による追徴税額および還付税額	
受取利息および受取配当金等に課される源泉所得税	法人税法等に基づき税額控除の適用を受けない税額	原則：営業外費用として表示 例外：金額の重要性が乏しい場合，「法人税，住民税及び事業税」に含めて表示可能
	法人税法等に基づき税額控除の適用を受ける税額	「法人税，住民税及び事業税」に含めて表示
外国法人税	法人税法等に基づき税額控除の適用を受けない税額	その内容に応じて適切な科目に表示なお，外国子会社（法法23の2）からの受取配当金等に課される外国源泉所得税については，「法人税，住民税及び事業税」に含めて表示
	法人税法等に基づき税額控除の適用を受ける税額	「法人税，住民税及び事業税」に含めて表示

図表 I-6-6 当期税金と損益計算書の表示科目との関連

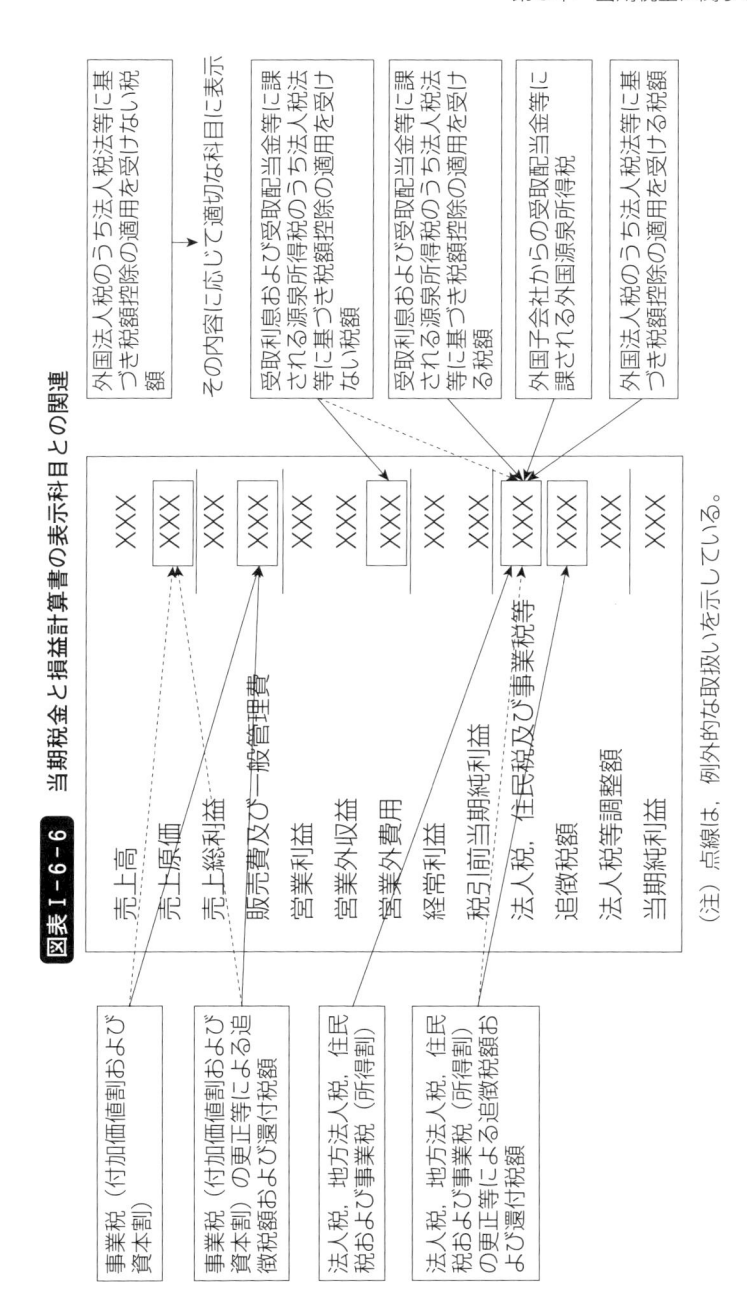

(注) 点線は、例外的な取扱いを示している。

Short Break　事業税（付加価値割）の性格

　事業税（付加価値割）は，以下の算式で計算され，課税標準に単年度損益が含まれることから，全額または単年度損益に対応する金額を「利益に関連する金額を課税標準とする税金」と見る考え方があります。

　事業税（付加価値割）＝（単年度損益＋収益配分額）×付加価値割の税率

　しかし，法人税等会計基準では，事業税（付加価値割）の全額を，利益に関連する金額を課税標準とする税金ではないとして，原則として，販売費および一般管理費として表示し，「法人税，住民税及び事業税」には含めないこととされています。この理由として，以下の2点が挙げられています（法人税等会計基準37項）。

- 付加価値割の課税標準は，企業の活動価値を表すものと考えられ，課税所得とは異なる考え方に基づき算定されるため，利益に関連する金額を課税標準とする税金ではないと判断される。
- 付加価値割の課税標準は，一体として意味を持つものであり，課税標準を分解して取扱いを違えることは不合理であると考えられるため，単年度損益に対応する税額のみを分離して「法人税，住民税及び事業税」に計上するといった考え方は採用していない。

（本セクションのポイント）
- 税金の種類ごとに，貸借対照表および損益計算書における表示が定められている。

第 7 章

中間財務諸表および
四半期財務諸表における取扱い

　中間財務諸表および四半期財務諸表においては，年度決算と比較して簡便的な会計処理が認められています。また，税引前中間（四半期）純利益に年度の見積実効税率を乗じて税金費用を計算することが認められるなど，年度決算と異なる取扱いが認められています。本章では，このような中間財務諸表や四半期財務諸表における取扱いについて説明します。

　なお，2023年11月の金融商品取引法の改正により，2024年4月から四半期報告書制度が廃止され，取引所規則に基づく四半期決算短信に一本化されています。これにより，金融商品取引法上，上場会社等の第1・第3四半期報告書が廃止され，第2四半期報告書を半期報告書として提出することになりました。従前の第2四半期財務諸表に相当する中間財務諸表を第1種中間財務諸表といい，四半期報告書制度の廃止前から特定事業会社（銀行，保険会社および信用金庫等）に作成が求められている中間財務諸表を第2種中間財務諸表といいます。

　四半期報告書制度の廃止に伴い，2024年3月にASBJから中間会計基準および中間適用指針（以下，合わせて「中間会計基準等」という）が公表されました。中間会計基準等の適用範囲は，第1種中間財務諸表に限定されています（中間会計基準4項）。そのため，第2種中間財務諸表には適用されず，第2種中間財務諸表における会計処理および開示は，引き続き中間作成基準等および中間税効果適用指針に従うことになります。一方，中間税効果適用指針の適用範囲は第2種中間財務諸表に限定されていないため，第1種中間財務諸表にも

適用される場合があることになりますが，中間会計基準等との関係について，中間会計基準等が既存の会計基準等と異なる取扱いを定めているものについては，中間会計基準等の定めが優先するとされています（中間会計基準2項）。

1．中間（四半期）財務諸表における取扱いの概要

(1)　中間（四半期）財務諸表の性格

　中間（四半期）財務諸表の性格付けについては，「実績主義」と「予測主義」という2つの異なる考え方があります。

　「実績主義」とは，中間（四半期）会計期間を年度と並ぶ1会計期間とみたうえで，中間（四半期）財務諸表を原則として年度の財務諸表と同じ会計方針を適用して作成することにより，当該中間（四半期）会計期間に係る企業の財政状態，経営成績およびキャッシュ・フローの状況に関する情報を提供するという考え方です。

　一方で，「予測主義」は，中間（四半期）会計期間を年度の一構成部分と位置付けて，中間（四半期）財務諸表を年度の財務諸表と部分的に異なる会計方針を適用して作成することにより，当該中間（四半期）会計期間を含む年度の業績予測に資する情報を提供するという考え方です。

　中間財務諸表の性格付けについては，1998年3月に企業会計審議会から公表された「中間連結財務諸表等の作成基準の設定に関する意見書」において，①中間会計期間の実績を明らかにすることにより，将来の業績予測に資する情報を提供するものと位置付けることがむしろ適当と考えられること，②恣意的な判断の介入の余地や実行面での計算手続の明確化などを理由として，「予測主義」から「実績主義」に変更されました。これとの整合性を図ることなどから，四半期財務諸表についても「実績主義」を基本とすることとされています（四半期会計基準39項）。また，中間会計基準においても，四半期会計基準の考え方を踏襲し，「実績主義」を基本とすることとされています（中間会計基準BC12項）。

⑵　中間（四半期）財務諸表における税金費用の計算

①　年度決算と同様の方法

　中間（四半期）財務諸表の税金費用は，原則として，年度決算と同様の方法により計算します。これは，⑴で述べたようにわが国の中間（四半期）財務諸表においては「実績主義」の考え方がとられているためです。

②　中間（四半期）特有の会計処理

　中間（四半期）財務諸表の税金費用については，年度決算と同様の方法のほかに，中間（四半期）会計期間を含む年度の税引前当期純利益に対する税効果会計適用後の実効税率を合理的に見積り，税引前中間（四半期）純利益に当該見積実効税率を乗じて計算する中間（四半期）特有の会計処理も認められています。

　これは，中間（四半期）財務諸表の税金費用を年度の財務諸表における見積実効税率を用いて計算することにより，財務諸表利用者に対して将来の業績予測に資する情報を提供しようとするものです。わが国の中間（四半期）財務諸表においては「実現主義」の考え方を採用しつつも，税金費用の計算については「予測主義」の考え方も取り入れられています。

③　簡便的な取扱い

　①の年度決算と同様の方法による場合，②の中間（四半期）特有の会計処理による場合のいずれにおいても，繰延税金資産の回収可能性の判断などにおいて簡便的な取扱いが認められています。中間（四半期）決算日ごとに年度決算と同様の方法を求めることは実務上過度な負担を強いることになることなどを考慮して認められたものです。ただし，この簡便的な取扱いは，第2種中間財務諸表にはありません。

（本セクションのポイント）

● 中間（四半期）財務諸表における税金費用の計算は，原則として年度決算と同様の方法によることとされているが，中間（四半期）特有の会計処理

によることも認められている。

●中間（四半期）財務諸表における税金費用の計算では，繰延税金資産の回収可能性の判断において簡便的な取扱いが認められている。

2．第1種中間財務諸表における取扱い

⑴　年度決算と同様の方法による税金費用の計算

①　概　　要

第1種中間財務諸表における法人税等については，中間会計期間を含む年度の法人税等の計算に適用される税率に基づき，原則として年度決算と同様の方法により計算し，繰延税金資産および繰延税金負債については，回収可能性等を検討したうえで，中間貸借対照表に計上するとされています（中間会計基準18項，31項）。

Point Of View　中間（四半期）末における「翌期の一時差異等加減算前課税所得の見積額」

中間（四半期）財務諸表における税金費用の計算について年度決算と同様の方法を採用している企業が，中間期（四半期）末において（分類4）に該当する場合，翌期の一時差異等加減算所得の範囲で繰延税金資産を計上します。「翌期」がどの期間を指すのかについて，中間（四半期）会計基準や中間（四半期）適用指針では，特段の定めがありません。そのため，例えば，第1四半期末の場合，「翌期」を当期末までの9か月間とすべきか，あるいは，第1四半期末から1年間とすべきかが論点となります。原則的には，年度決算と同様に，第1四半期末から1年間を翌期とすると考えられます。

---

②　簡便的な取扱い

年度決算と同様の方法により税金費用を計算する場合であっても，第1種中間財務諸表においては，以下のような簡便的な取扱いが認められています。

a　法人税等の計算における簡便的な取扱い

法人税等については，原則として年度決算と同様の方法により計算するものとされていますが，財務諸表利用者の判断を誤らせない限り，納付税額の算出等において簡便的な方法によることができます。例えば，納付税額の算出にあたり加味する加減算項目や税額控除項目を，重要なものに限定する方法があります（中間適用指針14項）。

b　繰延税金資産の回収可能性の判断における簡便的な取扱い

第1種中間財務諸表に計上された繰延税金資産についても，原則として，年度決算と同様の方法により回収可能性の判断を行うこととなるため，中間決算日ごとに将来の回収見込みについて見直しを行う必要があります。

しかし，中間会計期間ごとに一時差異等加減算前課税所得などについて改めて判断することを求めることは実務上過度な負担を強いることになる点が考慮され，経営環境等の変化や一時差異等の発生状況に応じて，**図表Ⅰ－7－1**のような簡便的な取扱いが認められています（中間適用指針15項，16項）。

図表Ⅰ－7－1　繰延税金資産の回収可能性の判断における簡便的な取扱い

		重要な企業結合や事業分離，業績の著しい好転もしくは悪化，その他経営環境の著しい変化が生じているか？	
		はい	いいえ
一時差異等の発生状況について前年度末から大幅な変動があると認められるか？	はい	財務諸表利用者の判断を誤らせない範囲において，前年度末の検討において使用した将来の業績予測やタックス・プランニングに，経営環境等の著しい変化または一時差異等の発生状況の大幅な変動による影響を加味したものを使用することができる。	
	いいえ		前年度末の検討において使用した将来の業績予測やタックス・プランニングを利用することができる。

なお，「経営環境等に著しい変化が生じている場合」または「一時差異等の

発生状況について前年度末から大幅な変動があると認められる場合」とは，具体的には回収可能性適用指針に従って判断される企業の分類（第5章2.「企業の分類に応じた繰延税金資産の回収可能性に関する取扱い」（114頁）参照）が変わる程度の著しい変化または大幅な変動が生じた場合などが考えられます（中間適用指針BC4項(5)，四半期適用指針94項）。

（**本セクションのポイント**）

● 第1種中間財務諸表における繰延税金資産の回収可能性の判断については，経営環境等の変化や一時差異等の発生状況の変動に応じて，前年度末の検討において使用した将来の業績予測やタックス・プランニングを利用することができるなどの簡便的な取扱いが認められている。

⑵　中間特有の会計処理による税金費用の計算

①　概　　要

第1種中間財務諸表の税金費用については，年度決算と同様の方法に代えて，中間特有の会計処理によることも認められています。中間特有の会計処理では，期首からの累計期間に係る税金費用の額は，同期間を含む年度の税引前当期純利益に対する税効果会計適用後の実効税率を合理的に見積り，税引前中間純利益に当該見積実効税率を乗じて計算します。

この場合，中間貸借対照表計上額は未払法人税等その他適当な科目により流動負債として（または繰延税金資産その他適当な科目により投資その他の資産として）表示します（中間会計基準18項ただし書き）。

前期末に計上した繰延税金資産および繰延税金負債については，繰延税金資産の回収可能性や適用税率の変更の影響等を検討したうえで，中間貸借対照表に計上します（中間会計基準18項ただし書き，中間適用指針17項）。

②　見積実効税率の算定方法

中間特有の会計処理における見積実効税率の算定方法等については，中間税

効果適用指針に準じて処理するとされています（中間適用指針18項）。

　見積実効税率は，原則として，次の算式により計算します（中間税効果適用指針12項）。

$$\text{見積実効税率} = \frac{\text{予想年間税金費用}}{\text{予想年間税引前当期純利益}}$$

　このうち予想年間税金費用は，予想年間税引前当期純利益の額と予想年間課税所得の額との差異のうち一時差異等に該当しない項目（例えば，交際費の損金不算入額など）に係る税金費用を含むもので，次の算式により計算します。なお，一時差異等の変動は税引前当期純利益に対する税金費用の比率に影響を与えないため，この算式では，一時差異等は考慮されません。

$$\text{予想年間税金費用} = （\text{予想年間税引前当期純利益} \pm \text{一時差異等に該当しない項目}）\times \text{法定実効税率}$$

　見積実効税率の算定にあたっては，以下について留意が必要です。
　a　予想年間税金費用の算定に使用する法定実効税率は，中間会計期間を含む事業年度における法人税等の額を計算する際に適用される税率に基づくものとする。
　b　予想年間税金費用の算定においては，必要に応じて税額控除を考慮する。
　c　期首において繰延税金資産を計上していなかった重要な一時差異等について，当中間会計期間において将来の税金負担額を軽減する効果を有することとなったと判断された場合，税金の回収が見込まれる金額を予想年間税金費用の額から控除する。
　設例Ⅰ-7-1では，中間特有の会計処理を採用している場合の税金費用の計算について説明しています。

設例Ⅰ-7-1　中間特有の会計処理による税金費用の計算

【前提】

- 当中間会計期間に係る税引前中間純利益は1,000である。
- 将来減算一時差異として貸倒引当金繰入限度超過額300が当中間会計期間に発生した。前事業年度末において一時差異等はなかった。
- 税務上の損金に算入されない項目として交際費100が発生しているが，一時差異等には該当しない。
- 法定実効税率は30％である。
- 当中間会計期間を含む事業年度に係る予想年間税引前当期純利益は3,000，交際費（一時差異等に該当しない項目）は200と予想している。

【考え方】

a　見積実効税率の計算

　中間特有の会計処理により税金費用を計算する場合，税金費用は法人税等の額と法人税等調整額に区分することなく一括して計算され，一時差異等の変動は税引前当期純利益に対する税金費用の比率に影響を及ぼさない。このため，予想年間税金費用の計算にあたっては，一時差異等に該当しない項目である交際費のみを考慮する。

予想年間税引前当期純利益(a)	3,000
交際費（年間の予想額）(b)	200
小計　((c)=(a)+(b))	3,200
法定実効税率（d）	30％
予想年間税金費用　((e)=(c)×(d))	960
見積実効税率　((f)=(e)/(a))	32％

b　当中間会計期間の税金費用の計算

　税引前中間純利益1,000×見積実効税率32％＝320

c　仕訳

| （借）　法　人　税，住　民　税 | 320 | （貸）　未　払　法　人　税　等 | 320 |
| 　　　　及　び　事　業　税 | | | |

③　繰延税金資産の回収可能性が見直された場合

中間特有の会計処理を採用している場合において，前事業年度末に計上した繰延税金資産について，当中間会計期間において回収可能性がないと判断された場合は，年度決算と同様に，前事業年度末に計上した繰延税金資産を取り崩します。そのため，中間会計期間において回収可能性がないと判断されたことによる税金費用の増加額は全額，当該中間会計期間に計上されます（中間税効果適用指針11項）。

一方，前事業年度末に繰延税金資産を計上していなかった将来減算一時差異等について，当中間会計期間において回収可能性があると判断された場合は，繰延税金資産を計上するのではなく，当該中間会計期間を含む事業年度において繰延税金資産を計上することによる税金費用の減少額を予想年間税金費用から控除し，見積実効税率に反映させます（中間税効果適用指針12項(2)，37項(2)）。そして，変更後の見積実効税率で税金費用を算定します。そのため，中間会計期間において回収可能性があると判断されたことによる税金費用の減少額は，その全額が当該中間会計期間に計上されるのではなく，当該中間会計期間と当該中間会計期間を含む事業年度のその後の期間に計上されます。

④　簡便的な取扱い

中間特有の会計処理により税金費用を計算する場合，以下のような簡便的な取扱いが認められています。

a　繰延税金資産の回収可能性の判断における簡便的な取扱い

上記③に記載のとおり，前期末に計上した繰延税金資産について，繰延税金資産の回収可能見込額を各中間決算時点で見直したうえで中間貸借対照表に計

上することになりますが，この見直しにあたっては，財務諸表利用者の判断を誤らせない限り，前述２．(1)②ｂ「繰延税金資産の回収可能性の判断における簡便的な取扱い」（183頁）で説明した繰延税金資産の回収可能性の判断における簡便的な取扱いと同様の簡便的な取扱いが認められています（中間適用指針17項なお書き）。つまり，経営環境等の変化や一時差異等の発生状況に応じて，前年度末の検討において使用した将来の業績予測やタックス・プランニングを利用することができます。

ｂ　見積実効税率の算定における簡便的な取扱い

見積実効税率の算定（②「見積実効税率の算定方法」（184頁）参照）において，財務諸表利用者の判断を誤らせない限り，一時差異等に該当しない項目や税額控除等の算定にあたり，重要な項目に限定する方法によることができます（中間適用指針18項また書き）。

⑤　税金費用の計算に用いる税法が改正された場合の取扱い

中間会計期間において，繰延税金資産および繰延税金負債の計算に用いる税法が改正された場合には，予想年間税金費用について，②「見積実効税率の算定方法」（184頁）で示した算式に代えて，予想年間納付税額（当該中間会計期間を含む事業年度の法人税等の予想額）と予想年間法人税等調整額との合計額を用いることにより計算します。

ただし，期首の繰延税金資産および繰延税金負債の大部分が当該事業年度の期末における繰延税金資産および繰延税金負債を構成することが見込まれる場合には，次の処理によることも認められます（中間適用指針18項，中間税効果適用指針13項）。

ａ　見積実効税率を用いて計算した税金費用を計上する。

ｂ　税法が改正されたことによる期首の繰延税金資産および繰延税金負債の修正差額を計算し，ａで計上した税金費用に加減する。

設例Ⅰ-7-2では，中間特有の会計処理を採用している場合において，税金

費用の計算に用いる税法が改正された場合の取扱いを説明しています。

設例Ⅰ-7-2　中間特有の会計処理を採用している場合において，税金費用の計算に用いる税法が改正された場合の取扱い

(前提)

- 当中間会計期間に係る税引前中間純利益は1,000，貸倒引当金繰入限度超過額（将来減算一時差異）の前期末（当期首）残高は200，当中間会計期間末残高は500である（すなわち，当中間会計期間の課税所得の計算上，300が加算される），交際費（税務上の損金に算入されない）は100である。

- 前事業年度末において，貸倒引当金繰入限度超過額に係る繰延税金資産の全額について，回収可能性があると判断していた。

- 交際費は，一時差異等に該当しない項目である。

- 当中間会計期間を含む事業年度に係る予想年間税引前当期純利益は2,000，貸倒引当金繰入限度超過額の当期末残高は700（すなわち，当事業年度の課税所得の計算上，500が加算される），交際費は200と予想している。

- 当中間会計期間において税率が変更され，貸倒引当金繰入限度超過額に係る将来減算一時差異が解消すると見込まれる期の法定実効税率は30％から25％になった。ただし，当該税率の変更は翌事業年度より適用されるため，当事業年度における法人税等の額の計算には影響はない。

(考え方)

① 見積実効税率の計算

当中間会計期間において，税法の改正に伴い税率が変更された場合，その影響を合理的に見積る必要があるため，予想年間税金費用は，予想年間納付税額と予想年間法人税等調整額との合計額を用いて計算する。

a　予想年間納付税額

予想年間税引前当期純利益	2,000
貸倒引当金繰入限度超過額（年間の予想額）	500

交際費（年間の予想額）　　　　　　　　　　　　　　　　　　200

予想年間課税所得　　　　　　　　　　　　　　　　　　　2,700

法定実効税率　　　　　　　　　　　　　　　　　　　　　30％

予想年間納付税額　　　　　　　　　　　　　　　　　　　810

　b　予想年間法人税等調整額

繰延税金資産（当期首）　　　　　　　　　　　　　　60 (注1)

繰延税金資産（当期末）　　　　　　　　　　　　　175 (注2)

予想年間法人税等調整額（△：貸方）　　　　　　　△115

（注1）　将来減算一時差異残高（当期首）200×法定実効税率30％＝60

（注2）　将来減算一時差異残高（当期末）700×翌事業年度以降の法定実効税率25％＝175

　なお，予想年間法人税等調整額△115には，税率の変更による影響額35が含まれている。35は，将来減算一時差異残高（当期末）700に変更前の法定実効税率30％と変更後の法定実効税率25％の差5％を乗じたものである。

　c　見積実効税率

　　見積実効税率34.75％＝（予想年間納付額810＋予想年間法人税等調整額△115）÷予想年間税引前当期純利益2,000

②　当中間会計期間の税金費用の計算

　　税引前中間純利益1,000×見積実効税率34.75％＝347.5

③　仕訳

（借）　法　人　税，住　民　税　　　　　347.5　（貸）　未 払 法 人 税 等　　　　347.5
及　び　事　業　税

⑥　見積実効税率を用いて税金費用を計算すると著しく合理性を欠く結果となる場合の取扱い

a　見積実効税率を用いて税金費用を計算すると著しく合理性を欠く結果となる場合の取扱い

　見積実効税率を用いて中間会計期間に係る税金費用を計算すると著しく合理性を欠く結果となる場合，法定実効税率を用いて税金費用を計算します。

著しく合理性を欠く結果となる場合とは，例えば，次の場合が該当するとされています（中間適用指針18項，中間税効果適用指針14項）。

(a) 予想年間税引前当期純利益がゼロまたは損失となる場合

(b) 予想年間税金費用がゼロまたはマイナスとなる場合

(c) 上期（中間会計期間）と下期の損益が相殺されるため，一時差異等に該当しない項目に係る税金費用の影響が予想年間税引前当期純利益に対して著しく重要となる場合

上記(a)または(b)の場合は，予想年間税引前当期純利益または予想年間税金費用が発生しないため，見積実効税率を算定できません。また，(c)の場合は，例えば，見積実効税率が100％を超過したり，または0％に近くなったりすることも考えられ，このような見積実効税率を用いると中間会計期間に係る適正な税金費用を計算できません。そのため，このように見積実効税率を用いて税金費用を計算すると著しく合理性を欠く結果となる場合は，法定実効税率を用いて計算します（中間税効果適用指針39項，40項）。

b 法定実効税率を用いた中間会計期間の税金費用の計算

上記 a の取扱いにより，法定実効税率を用いる場合，中間会計期間の税金費用は次のように計算されます（中間適用指針18項，中間税効果適用指針15項）。

⒜ 中間損益計算書上，税引前中間純利益のとき

税引前中間純利益に法定実効税率を乗じて税金費用を計算します。ただし，一時差異等に該当しない項目が重要な場合，当該項目の額を税引前中間純利益に加減したうえで法定実効税率を乗じます。

⒝ 中間損益計算書上，税引前中間純損失のとき

税引前中間純損失（△）に法定実効税率を乗じて税金費用（△）を計算します。ただし，一時差異等に該当しない項目が重要な場合，当該項目の額を税引前中間純損失に加減したうえで法定実効税率を乗じます。

税引前中間純損失に法定実効税率を乗じて算定された税金費用に対応する中間貸借対照表上の資産の額については，期首における繰延税金資産の額と合算

して，繰延税金資産の回収可能性を判断し，回収が見込まれる額を計上します。

　設例Ⅰ-7-3では，上期が利益で下期に損失が見込まれる場合について説明しています。また，**設例Ⅰ-7-4**では，上期が損失で下期に利益が見込まれる場合について説明しています。

設例Ⅰ-7-3　上期が利益で下期に損失が見込まれる場合

〔前提〕

- 中間会計期間（上期）に係る税引前中間純利益は1,050，貸倒引当金繰入限度超過額（将来減算一時差異）は300，交際費（税務上の損金に算入されない）は100である。当該将来減算一時差異は中間会計期間に生じた。
- 交際費は，一時差異等に該当しない項目である。
- 下期において損失1,000が見込まれるため，当事業年度の予想年間税引前当期純利益は50，貸倒引当金繰入限度超過額は400，交際費は200であると予想している。
- 法定実効税率は30％である。
- 前事業年度末において一時差異等は存在しない。
- 中間会計期間末における将来減算一時差異に係る繰延税金資産の全額について回収可能性があると判断している。

〔考え方〕

a　税金費用の計算

　見積実効税率は150％^(注1)となり，100％を超える。これは，中間会計期間に係る税引前中間純利益1,050とその後の損失1,000が相殺されるため，交際費（一時差異等に該当しない項目）200に係る税金費用の影響が予想年間税引前当期純利益50に対して著しく重要となるためである。このような見積実効税率を用いて税金費用を計算すると著しく合理性を欠く結果となるため，法定実効税率を用いて税金費用を計算する。この場合，一時差異等に該当しない項目である交際費の影響を考慮する。

（注1）　見積実効税率150％＝（予想年間税引前当期純利益50＋交際費200）×法定実効税率30％÷予想年間税引前当期純利益50

税引前中間純利益(a)	1,050
交際費（中間会計期間の金額）(b)	100
小計　((c)＝(a)＋(b))	1,150
法定実効税率(d)	30%
税金費用　((e)＝(c)×(d))	345

b　仕訳

（借）	法人税，住民税及び事業税	345	（貸）	未払法人税等	345

設例Ⅰ-7-4　上期が損失で下期に利益が見込まれる場合

前提

　設例Ⅰ-7-3では，中間会計期間（上期）は税引前中間純利益1,050，下期において1,000の損失が見込まれるとしていたが，本設例では，中間会計期間は税引前中間純損失1,000，下期において1,050の利益が見込まれるとする。つまり，以下の前提とする。

- 中間会計期間の税引前中間純損失は1,000，貸倒引当金繰入限度超過額（将来減算一時差異）は300，交際費（税務上の損金に算入されない）は100である。当該将来減算一時差異は中間会計期間に生じた。
- 交際費は，一時差異等に該当しない項目である。
- 下期において1,050の利益が見込まれるため，当事業年度の予想年間税引前当期純利益は50，貸倒引当金繰入限度超過額は400，交際費は200であると予想している。
- 法定実効税率は30％である。
- 前事業年度末において一時差異等は存在しない。
- 中間会計期間末における将来減算一時差異に係る繰延税金資産の全額について回収可能性があると判断している。

考え方

a　税金費用の計算

　設例Ⅰ-7-3と同様に，見積実効税率150％を用いて税金費用を計算する
と著しく合理性を欠く結果となるため，法定実効税率を用いて税金費用を計
算する。

税引前中間純利益（△は税引前中間純損失）(a)	△1,000
交際費（中間会計期間の金額）(b)	100
小計　((c)＝(a)＋(b))	△900
法定実効税率(d)	30％
税金費用　((e)＝(c)×(d))	△270

b　仕訳

（借）　繰 延 税 金 資 産(＊1)	270	（貸）　法 人 税，住 民 税 及 び 事 業 税	270

（＊1）　税引前中間純損失に法定実効税率を乗じて計算した税金費用に対応する繰延税金
　　　　資産の額については，期首における繰延税金資産の額と合算して，繰延税金資産の
　　　　回収可能性を判断し，回収が見込まれる額を計上する。

c　中間会計期間において税法が改正された場合の取扱い

　見積実効税率を用いて税金費用を計算すると著しく合理性を欠く結果となり
ます。このため，前述のbに従って法定実効税率を用いて税金費用を計算する
場合において，中間会計期間において税法が改正されたときには，当該中間会
計期間を含む事業年度の期末に存在すると見込まれる一時差異等の額を見積り，
税法の改正による繰延税金資産および繰延税金負債の修正差額を上期（中間会
計期間）と下期に合理的な方法により配分します。そして，上期に配分した修
正差額を中間会計期間に係る税金費用に加減します（中間適用指針18項，中間
税効果適用指針16項）。

　この合理的な方法は，中間特有の会計処理による場合であっても年度決算と
同様の方法による場合になるべく近似させるように，各企業の状況，一時差異

の性質等を総合的に勘案して決定します。例えば，中間会計期間を含む事業年度の末日に存在すると見込まれる一時差異が棚卸資産の評価損に係るものしかなく，当該棚卸資産の評価損が中間会計期間にのみ生じたものであれば，全額を中間会計期間に配分し，事業年度全体の発生に係るものであれば，それぞれの金額をもとに上期と下期に配分することになります（中間税効果適用指針41項）。

　設例Ⅰ-7-5では，中間特有の会計処理を採用しているものの法定実効税率を使用する場合において，中間会計期間に税法が改正された場合の取扱いについて説明しています。

設例Ⅰ-7-5　中間特有の会計処理を採用しているものの法定実効税率を使用する場合において，上期に税法が改正された場合の取扱い

前提

- 中間会計期間（上期）に係る税引前中間純利益は100とする。
- 減価償却費の損金算入限度超過額（将来減算一時差異）の前期末（当期首）残高は400であり，その全額について回収可能性があると判断していた。当該繰延税金資産は中間会計期間末においても回収可能性があると判断している。
- 当事業年度中において減価償却費の損金算入限度超過額200が新たに生じ，減価償却費の損金算入限度超過額の当期末残高は600となることが見込まれている。
- 中間会計期間においては，中間特有の会計処理により税金費用を計算しているが，予想年間税引前当期純利益がゼロまたは損失となることが見込まれており，見積実効税率を用いて中間会計期間に係る税金費用を計算すると著しく合理性を欠く結果となる場合に該当するため，法定実効税率を使用している。
- 中間会計期間において税法が改正され，減価償却費の損金算入限度超過額に係る将来減算一時差異の解消が見込まれる期の法定実効税率は30％か

ら25％に変更された。ただし，改正後の税法は翌事業年度より適用される
ため，当事業年度の法定実効税率は30％のまま変更はない。

- 税法の改正による税率の変更以外に繰延税金資産および繰延税金負債の
額は修正されていない。

考え方

a　税金費用の計上

　中間会計期間（上期）の税金費用を，税引前中間純利益100に当事業年度
の法定実効税率30％を乗じて計算し，当該税金費用30について，未払法人税
等などを相手勘定として計上する。

| （借） 法人税，住民税及び事業税 | 30 | （貸） 未払法人税等 | 30 |

b　税率の変更による繰延税金資産の修正差額の計上

　当中間会計期間を含む事業年度の期末に存在すると見込まれる将来減算
一時差異600のうち当期首残高400に係る修正差額20（＝400×当該将来減算
一時差異が解消すると見込まれる期の法定実効税率の変動5％）は，原則法
との整合性を踏まえ，中間会計期間に配分する。

　また，当事業年度中の将来減算一時差異の増加200は，当事業年度中に平
均的に発生するものと考えて，中間会計期間に100（＝200×1／2）増加し
たと考える。よって，中間会計期間中の将来減算一時差異の増加額100に係
る修正差額5（＝100×当該将来減算一時差異が解消すると見込まれる期の
法定実効税率の変動5％）を中間会計期間に配分する。

　以上から，合計25の修正差額を中間会計期間に配分し，当該修正差額を税
金費用に加減する。

| （借） 法人税，住民税及び事業税 | 25 | （貸） 繰延税金資産 | 25 |

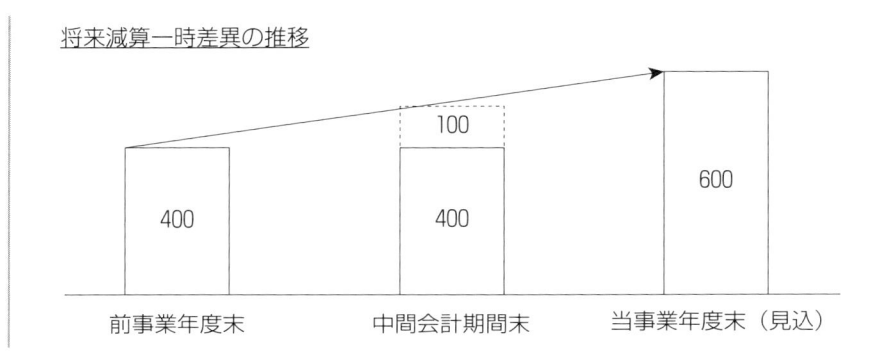

⑦　グループ通算制度を採用した場合の取扱い

　グループ通算制度を採用した場合であっても，予想年間税金費用と予想年間税引前当期純利益を合理的に見積ることができるときには，中間会計期間に係る税金費用については，同期間を含む年度の税効果会計適用後の実効税率を見積り，税引前中間純利益に当該見積実効税率を乗じて計算する方法によることができます。また，この場合においても，④「簡便的な取扱い」（187頁）で説明した簡便的な取扱いが適用されます（中間適用指針22項）。

> **（本セクションのポイント）**
> ●中間特有の会計処理として，中間会計期間を含む年度の税引前当期純利益に対する税効果会計適用後の実効税率を合理的に見積り，税引前中間純利益に当該見積実効税率を乗じて税金費用を計算することが認められている。
> ●見積実効税率を用いて中間会計期間に係る税金費用を計算すると著しく合理性を欠く結果となる場合，法定実効税率を用いて当該税金費用を計算しなければならない。

(3)　重要性が乏しい連結会社における簡便的な会計処理

　連結財務諸表における重要性が乏しい連結会社（親会社および連結子会社）において，重要な企業結合や事業分離，業績の著しい好転または悪化およびそ

の他の経営環境に著しい変化が発生しておらず，かつ，中間財務諸表上の一時差異等の発生状況について前年度末から大幅な変動がない場合には，中間財務諸表における税金費用の計算にあたり，税引前中間純利益に，前年度の損益および包括利益計算書または損益計算書における税効果会計適用後の法人税等の負担率を乗じて計算する方法によることができます（中間適用指針19項）。

　これは，連結財務諸表における重要性が乏しい連結会社にまで年度決算と同様の方法（(1)「年度決算と同様の方法による税金費用の計算」（182頁）参照）あるいは税引前中間純利益に年間見積実効税率を乗じて計算する方法（(2)「中間特有の会計処理による税金費用の計算」（184頁）参照）を求めると，中間決算の迅速性が阻害されることも想定されるため設けられた取扱いです（中間適用指針 BC 4 項(5)，四半期適用指針96項）。

(4)　第 1 種中間連結財務諸表における会計処理

①　第 1 種中間連結財務諸表における法人税等の会計処理

　第 1 種中間連結財務諸表における税金費用は，連結会社の個別財務諸表上の税金費用と連結手続上生じる一時差異等に係る法人税等調整額に分けて計算されます。

　連結会社の税金費用については，連結会社ごとに，年度決算と同様の方法（(1)「年度決算と同様の方法による税金費用の計算」（182頁）参照），中間特有の会計処理（(2)「中間特有の会計処理による税金費用の計算」（184頁）参照）または重要性が乏しい連結会社における簡便的な会計処理（(3)「重要性が乏しい連結会社における簡便的な会計処理」（197頁）参照）のいずれかの方法により計算します。

　なお，中間特有の会計処理は，継続的な適用が求められる性格のものであり，会計方針に含まれると考えられます。したがって，年度決算と同様の方法を採用するか，中間特有の会計処理を採用するかは，統一しないことに合理的な理由がある場合または重要性がない場合を除き，連結会社間で統一することが求められます（連結会計基準17項）。上記の「連結会社ごとに」とは，税金費用

の計算を連結財務諸表全体で行うのではなく，連結会社ごとに行うということであり，連結会社ごとに，年度決算と同様の方法と中間特有の会計処理の選択ができるということではありません。

　連結手続上行われた修正仕訳に係る一時差異に係る法人税等調整額については，中間会計期間を含む年度の法人税等の計算に適用される税率に基づいて計算します（中間適用指針20項）。

②　第１種中間連結財務諸表における未実現利益消去に係る税効果

　中間会計期間の連結会社間での取引により生じた未実現利益を中間連結決算の手続上で消去するにあたって，当該未実現利益額が，売却元の年間見積課税所得額（税引前中間純利益に年間の見積実効税率を乗じて計算する方法による場合は，予想年間税引前当期純利益）を上回っている場合には，連結消去に係る一時差異の金額は，当該年間見積課税所得額を限度とします（中間適用指針21項）。

　当該限度額については，売却元の中間会計期間に係る見積課税所得額とする考え方と年間見積課税所得額とする考え方があります。前者の考え方によれば，売却元の課税所得が中間か年度かにより異なり，連結消去に係る一時差異の限度額も異なり，結果として，法人税等調整額が異なることになります。これに対し，後者の考え方によれば，年間見積課税所得が変わらない限り，未実現利益の消去を行った中間会計期間以外の期間の純損益に影響を及ぼしません。また，実際の税金費用は年度の課税所得をもって確定することから，中間会計期間においても年間見積課税所得額を一時差異の限度額として用いることによって年度との整合性を図ることにより，年間の業績見通しに資する情報を提供することとなると考えられます。このような点を踏まえ，後者の考え方が採用されています（中間適用指針 BC4項(5)，四半期適用指針97項）。

　設例Ⅰ-7-6 では，第１種中間連結財務諸表における未実現利益消去に係る税効果について説明しています。

設例Ⅰ-7-6　第1種中間連結財務諸表における未実現利益消去に係る税効果

[前提]

- X1年4月1日に親会社P社は，子会社S社に棚卸資産（帳簿価額6,000）を10,000で売却し，X2年3月31日現在S社が当該棚卸資産を保有している。なお，売却益はP社において課税されているものと仮定する。
- P社およびS社ともに3月決算会社である
- P社に適用される法人税等の税率は30％である。また，法定実効税率も30％である。
- P社には申告調整項目がなく，税引前当期純利益と課税所得は一致している。
- P社の年間見積課税所得について，以下の2つのケースを想定する。
  【ケース1】　P社の年間見積課税所得は10,000である。
  【ケース2】　P社の年間見積課税所得は2,000である。

[考え方]

a　未実現利益の消去

（借）売 上 原 価	4,000	（貸）棚 卸 資 産	4,000

b　未実現利益の消去に係る税効果の計算

【ケース1】

　連結決算手続上消去された未実現利益4,000は，連結財務諸表固有の一時差異に該当します。未実現利益の消去に係る将来減算一時差異4,000は，売却元P社の年間見積課税所得10,000を超えないため，4,000について税効果を認識します。

（借）繰 延 税 金 資 産(＊1)	1,200	（貸）法 人 税 等 調 整 額	1,200

（＊1）　4,000×法定実効税率30％＝1,200

【ケース2】

　連結決算手続上消去された未実現利益4,000は，連結財務諸表固有の一時差異に該当します。未実現利益の消去に係る将来減算一時差異4,000は，売却元P社の年間見積課税所得2,000を超えるため，P社の年間見積課税所得2,000を限度に税効果を認識します。

| （借）　繰延税金資産(＊2) | 600 | （貸）　法人税等調整額 | 600 |

（＊2）　2,000×法定実効税率30％＝600

（本セクションのポイント）

● 第1種中間連結財務諸表における税金費用は，連結会社の個別財務諸表上の税金費用と連結手続上生じる一時差異等に係る法人税等調整額に分けて計算する。

● 未実現利益の消去に係る税効果について，連結消去に係る一時差異の金額は，売却元の年間見積課税所得額または未実現利益額の低いほうとなる。

3．四半期財務諸表における取扱い

　第1種中間財務諸表は，従前の第2四半期財務諸表に相当するものであることから，第1種中間財務諸表における会計処理および開示は，四半期財務諸表における会計処理および開示が引き継がれています（中間会計基準BC3項からBC8項）。そのため，四半期財務諸表における取扱いは，2．「第1種中間財務諸表における取扱い」（182頁）で説明した第1種中間財務諸表における取扱いと同様となっています。

　具体的には，四半期会計期間を一事業年度とみなして，年度決算と同様の方法により計算します。ただし，四半期会計期間を含む年度の税引前当期純利益に対する税効果会計適用後の実効税率を合理的に見積り，税引前四半期純利益に当該見積実効税率を乗じて計算する四半期特有の会計処理も認められていま

す（四半期会計基準14項，22項）。四半期特有の会計処理の内容は，中間特有の会計処理（２．(2)「中間特有の会計処理による税金費用の計算」（184頁）参照）と同様です。

また，年度決算と同様の方法および四半期特有の会計処理のいずれにおいても，繰延税金資産の回収可能性の判断などにおいて簡便的な取扱いが認められています（四半期適用指針15項から17項，18項なお書き，19項また書き）。簡便的な取扱いの内容は，第１種中間財務諸表における簡便的な取扱い（２．(1)②「簡便的な取扱い」（182頁）および２．(2)④「簡便的な取扱い」（187頁）参照）と同様です。

その他，重要性が乏しい連結会社における簡便的な取扱いなどについても，第１種中間財務諸表と同様の定めがあります。**図表Ⅰ-7-2**に，第１種中間財務諸表と四半期財務諸表に関連する会計基準等を対比して示しています。

図表Ⅰ-7-2 **第１種中間財務諸表と四半期財務諸表に関連する会計基準等**

			第１種中間財務諸表	四半期財務諸表
(1)	年度決算と同様の方法による税金費用の計算			
	①	概要	中間会計基準18項，31項	四半期会計基準14項，22項
	②	簡便的な取扱い		
		a 法人税等の計算	中間適用指針14項	四半期適用指針15項
		b 繰延税金資産の回収可能性の判断	中間適用指針15項，16項	四半期適用指針16項，17項
(2)	中間（四半期）特有の会計処理			
	①	概要	中間会計基準18項ただし書き，31項 中間適用指針17項	四半期会計基準14項ただし書き，22項 四半期適用指針18項
	②	見積実効税率の算定方法	中間適用指針18項	四半期適用指針19項

③　繰延税金資産の回収可能性が見直された場合	中間適用指針18項	四半期適用指針19項
④　簡便的な取扱い		
a　繰延税金資産の回収可能性の判断	中間適用指針17項なお書き	四半期適用指針18項なお書き
b　見積実効税率の算定	中間適用指針18項また書き	四半期適用指針19項また書き
⑤　税金費用の計算に用いる税法が改正された場合の取扱い	中間適用指針18項	四半期適用指針19項
⑥　見積実効税率を用いて税金費用を計算すると著しく合理性を欠く結果となる場合の取扱い	中間適用指針18項	四半期適用指針19項
⑦　グループ通算制度を採用した場合の取扱い	中間適用指針22項	四半期適用指針23項
(3)　重要性が乏しい連結会社における簡便的な会計処理		
	中間適用指針19項	四半期適用指針20項
(4)　中間（四半期）財務諸表における会計処理		
①　中間（四半期）財務諸表における法人税等の会計処理	中間適用指針20項	四半期適用指針21項
②　中間（四半期）財務諸表における未実現利益の消去に係る税効果	中間適用指針21項	四半期適用指針22項

（本セクションのポイント）

● 四半期財務諸表における取扱いは，第1種中間財務諸表における取扱いと同じである。

4．第2種中間財務諸表における取扱い

(1)　概　　要

　第2種中間財務諸表における税金費用は，中間会計期間を一事業年度とみなして，年度決算と同様の方法により計算します（以下，この計算方法を「原則法」という）。

　ただし，第1種中間財務諸表における中間特有の会計処理や四半期財務諸表における四半期特有の会計処理と同様に，中間会計期間を含む事業年度の税効果会計適用後の実効税率を合理的に見積り，税引前中間純利益に当該見積実効税率を乗じて計算することができます（以下，この計算方法を「簡便法」という）（中間連結財務諸表作成基準　第二　二，中間財務諸表作成基準　第二　二，中間税効果適用指針5項）。

　なお，第1種中間財務諸表や四半期財務諸表では，繰延税金資産の回収可能性の判断などにおいて簡便的な取扱いが定められていますが（前述の2．(1)②「簡便的な取扱い」（182頁）および2．(2)④「簡便的な取扱い」（187頁）参照），第2種中間財務諸表では簡便的な取扱いは定められていません。**図表Ⅰ-7-3**は，第1種中間財務諸表および四半期財務諸表における税金費用の計算と第2種中間財務諸表における税金費用の計算の異同を示しています。言葉が似ているため，第1種中間財務諸表や四半期財務諸表の「簡便的な取扱い」に相当するものが第2種中間財務諸表の「簡便法」と誤解される場合がありますが，第2種中間財務諸表については簡便的な取扱いは定められていません。第2種中間財務諸表の「簡便法」に相当する会計処理は，第1種中間財務諸表の「中間特有の会計処理」や四半期財務諸表の「四半期特有の会計処理」になります。

図表Ⅰ-7-3　第1種中間（四半期）財務諸表における税金費用の計算と第2種中間財務諸表における税金費用の計算の異同

第1種中間（四半期）財務諸表		第2種中間財務諸表	
年度決算と同様の方法	年度決算と同様の方法により計算 （簡便的な取扱い） ● 法人税等の計算 ● 繰延税金資産の回収可能性の判断 ● 重要性が乏しい連結会社	原則法	年度決算と同様の方法により計算 （簡便的な取扱い） なし
中間(四半期)特有の会計処理	税引前中間（四半期）純利益に年間の見積実効税率を乗じて計算 （簡便的な取扱い） ● 繰延税金資産の回収可能性の判断 ● 見積実効税率の算定 ● 重要性が乏しい連結会社	簡便法	税引前中間純利益に年間の見積実効税率を乗じて計算 （簡便的な取扱い） なし

(2)　原則法による税金費用の計算

①　概　　要

　第2種中間財務諸表における原則法による税金費用は，年度決算と同様の方法により計算されます。すなわち，法人税等の額は，年度決算と同様の方法により計算されます。また，中間決算日における一時差異等に対して，年度決算と同様に回収可能性を判断したうえで，繰延税金資産または繰延税金負債を計上します（中間税効果適用指針6項）。

②　法人税等の額の計算に使用する税率

　法人税等は事業年度末において確定するため，累進税率が適用されるような場合には，中間会計期間を含む事業年度の法人税等の計算に適用される税率を予測して計算します（「中間連結財務諸表等の作成基準の設定に関する意見書」六4）。

③　租税特別措置法上の諸準備金等の積立てまたは取崩しの取扱い

　第2種中間財務諸表における税金費用の計算にあたって，圧縮準備金，特別償却準備金，その他租税特別措置法上の諸準備金（以下「諸準備金等」という）の積立てまたは取崩しについては，次のように取り扱います（中間税効果適用指針9項）。

　　a　諸準備金等の積立ての原因となる会計事象が中間会計期間に生じ，当該中間会計期間を含む事業年度に係る剰余金の処分により，当該諸準備金の積立額が税務上の損金に算入されることが確実な場合，当該税務上の損金の算入見込額を考慮して当該中間会計期間に係る税金費用を計算する。

　　b　中間会計期間を含む事業年度において諸準備金等の取崩額が税務上の益金に算入される場合，当該取崩額のうち中間会計期間に係る税務上の益金の算入見込額を考慮して当該中間会計期間に係る税金費用を計算する。

④　前事業年度の期末において税務上の繰越欠損金を有する場合の取扱い

　前事業年度の期末において税務上の繰越欠損金を有する場合，当該税務上の繰越欠損金については，中間会計期間に係る課税所得（税務上の繰越欠損金控除前）から控除して，当該中間会計期間に係る税金費用を計算します（中間税効果適用指針10項）。

　この取扱いは，前事業年度の期末において税務上の繰越欠損金を有する場合，当該税務上の繰越欠損金については，中間会計期間（上期）と下期の課税所得（税務上の繰越欠損金控除前）から平均的に控除する方法が考えられますが，中間会計期間を一事業年度とみなして年度決算と同様に処理するという考え方に基づいています。

(3)　簡便法による税金費用の計算

　第2種中間財務諸表における簡便法による税金費用は，税引前中間純利益に当該見積実効税率を乗じて計算します（中間税効果適用指針11項）。具体的な計算方法は，第1種中間財務諸表における中間特有の会計処理による税金費用

の計算（2．(2)「中間特有の会計処理による税金費用の計算」（184頁）参照）と同様です（ただし，2．(2)④「簡便的な取扱い」（187頁）を除く）。

> **（本セクションのポイント）**
>
> ● 第2種中間財務諸表における税金費用は，原則として，中間会計期間を一事業年度とみなして，年度決算と同様の方法により計算するが，中間会計期間を含む事業年度の税効果会計適用後の実効税率を合理的に見積り，税引前中間純利益に当該見積実効税率を乗じて計算する簡便法も認められている。
>
> ● 第1種中間財務諸表や四半期財務諸表のような，繰延税金資産の回収可能性の判断などにおける簡便的な取扱いは定められていない。

第8章

開　　示

　税効果会計に関する開示（表示および注記事項）については，主に税効果会計基準および税効果会計基準一部改正に定めがあります。また，同様の定めが財務諸表等規則および連結財務諸表規則に設けられています。

　本章では，年度の財務諸表における開示について，1.「表示」および2.「注記事項」で説明し，最後に，中間（四半期）財務諸表における開示についても説明します。

　なお，グループ通算制度に関する開示については第Ⅱ部第2章「グループ通算制度における税効果会計」（258頁）で，グローバル・ミニマム課税制度に関する開示については第Ⅱ部第3章「グローバル・ミニマム課税に関する取扱い」（293頁）でそれぞれ取り扱っています。

1. 表　　示

(1)　個別貸借対照表上の表示

　繰延税金資産は投資その他の資産の区分に表示し，繰延税金負債は固定負債の区分に表示します（税効果会計基準一部改正2項1）。

　このとき，繰延税金資産と繰延税金負債は，個別貸借対照表上，双方を相殺して表示します（税効果会計基準一部改正2項2）（**図表Ⅰ-8-1**参照）。

　なお，土地再評価差額金に係る繰延税金資産または繰延税金負債は，他の繰延税金資産または繰延税金負債とは区別して，個別貸借対照表の投資その他の

資産または固定負債の区分に，再評価に係る繰延税金資産などまたは再評価に
係る繰延税金負債など，その内容を示す科目で表示します（税効果適用指針63
項）。

　なお，当期税金については，第6章2．(1)「当期税金の貸借対照表における
表示」（174頁）で説明したとおり，法人税，住民税および事業税等のうち納付
されていない税額は，流動負債の区分に未払法人税等などの科目で表示します。
また，法人税等が還付される場合の，還付税額のうち受領されていない税額は，
流動資産の区分に未収還付法人税等の科目で表示します（法人税等会計基準11
項，12項）。

図表 I - 8 - 1　貸借対照表の表示

試算表		貸借対照表	
流動資産	流動負債	流動資産	流動負債
（中略）	未払法人税等	（中略）	未払法人税等
固定資産	（中略）	固定資産	（中略）
（中略）	固定負債	（中略）	固定負債
投資その他の資産	繰延税金負債　7,000	投資その他の資産	（中略）
繰延税金資産　10,000	相殺して表示	繰延税金資産　3,000	

(2)　連結貸借対照表上の表示

　繰延税金資産は投資その他の資産の区分に表示し，繰延税金負債は固定負債
の区分に表示します（税効果会計基準一部改正2項1）。

　このとき，同一納税主体の繰延税金資産と繰延税金負債は，貸借対照表上，
双方を相殺して表示しますが，異なる納税主体の繰延税金資産と繰延税金負債
は，貸借対照表上，双方を相殺せずに表示します（税効果会計基準一部改正2
項2）（**図表 I - 8 - 2** 参照）。ここで，「納税主体」とは，納税申告書の作成主
体をいい，通常は企業が納税主体となります（税効果適用指針4項(1)）。

　なお，当期税金の表示については，個別貸借対照表における表示と同様です
（(1)「個別貸借対照表上の表示」を参照）。

図表Ⅰ-8-2　連結貸借対照表の表示

連結精算表

流動資産	流動負債
（中略）	未払法人税等
固定資産	（中略）
（中略）	固定負債
投資その他の資産	繰延税金負債　7,000
<u>繰延税金資産　10,000</u>	（繰延税金負債の内訳）
	A社　3,000
（繰延税金資産の内訳）	B社　4,000
B社　10,000	

連結貸借対照表

流動資産	流動負債
（中略）	未払法人税等
固定資産	（中略）
（中略）	固定負債
投資その他の資産	<u>繰延税金負債　3,000</u>
	<u>繰延税金資産　6,000</u>

※A社とB社は異なる納税主体とする

(3)　（連結）損益計算書上の表示

　損益計算書および連結損益計算書のいずれにおいても，当期の法人税等として納付すべき額（課税の対象となった取引や事象に応じて損益に計上する法人税等の金額）および法人税等調整額は，税引前当期純利益もしくは税金等調整前当期純利益から控除する形式により，それぞれ区分して表示します（税効果会計基準　第三　3，法人税等会計基準9項）（**図表Ⅰ-8-3**参照）。

図表Ⅰ-8-3　損益計算書の表示

損益計算書

| 売上高 |
| （省略） |
| <u>税引前当期純利益</u> |
| <u>法人税，住民税及び事業税</u> |
| <u>法人税等調整額</u> |
| <u>法人税等合計</u> |
| 当期純利益 |

連結損益計算書

| 売上高 |
| （省略） |
| <u>税金等調整前当期純利益</u> |
| <u>法人税，住民税及び事業税</u> |
| <u>法人税等調整額</u> |
| <u>法人税等合計</u> |
| 当期純利益 |
| 非支配株主に帰属する当期純利益 |
| 親会社株主に帰属する当期純利益 |

(4) 包括利益計算書上の表示

　包括利益計算書では当期純利益にその他の包括利益の内訳項目を加減して包括利益を表示します（包括利益会計基準6項）。その他の包括利益の内訳項目は，その内容に基づいて，その他有価証券評価差額金，繰延ヘッジ損益，為替換算調整勘定，退職給付に係る調整額等に区分して表示しますが，このとき，その他の包括利益の内訳項目は，その他の包括利益に関する法人税等および税効果を控除した後の金額で表示します。ただし，各内訳項目について法人税等および税効果を控除する前の金額で表示し，それらに関連する法人税等および税効果の金額を一括して加減する方法で記載することも認められます。いずれの場合も，その他の包括利益の内訳項目ごとに，法人税等および税効果の金額を注記します（包括利益会計基準7項，8項）。

　なお，個別財務諸表では包括利益計算書の作成は求められていません（包括利益会計基準16-2項）。

図表Ⅰ-8-4 　包括利益計算書の表示およびその他の包括利益に関する注記

包括利益計算書（＊1）	その他の包括利益に関する注記（＊2）
当期純利益 その他の包括利益 　その他有価証券評価差額金 　XXXXX 　その他の包括利益合計 包括利益 （内訳） 親会社株式に係る包括利益 非支配株主に係る包括利益	その他有価証券評価差額金 　当期発生額 　組替調整額 　　法人税等および税効果調整前 　　法人税等および税効果額 　　その他有価証券評価差額金 XXXXX 　当期発生額 　組替調整額 　　法人税等および税効果調整前 　　法人税等および税効果額 　　XXXXX 　その他の包括利益合計
（＊1）　その他の包括利益の内訳項目を法人税等および税効果調整後の金額で表示する場合	（＊2）　組替調整額と法人税等および税効果を併せて開示する場合

> （**本セクションのポイント**）
> ●同一納税主体の繰延税金資産および繰延税金負債を相殺したうえで，貸借対照表（連結貸借対照表）の投資その他の資産または固定負債として表示する。
> ●当期の法人税等として納付すべき額および法人税等調整額は，税引前当期純利益もしくは税金等調整前当期純利益から控除する形式により，それぞれ区分して表示する。
> ●その他の包括利益の内訳項目は，その他の包括利益に関する法人税等および税効果を控除した後の金額で表示する（各内訳項目を法人税等および税効果を控除する前の金額で表示し，法人税等および税効果の金額を一括して加減する方法も認められる）。また，その他の包括利益の内訳項目ごとに，法人税等および税効果の金額を注記する。

2．注記事項

(1)　概　　要

　税効果会計基準において，利用者の理解に資するため，財務諸表に以下の注記を行うことが求められています（税効果会計基準 第四）。

> ①　繰延税金資産および繰延税金負債の発生原因別の主な内訳
> ②　税引前当期純利益または税金等調整前当期純利益に対する法人税等（法人税等調整額を含む）の比率と法定実効税率との間に重要な差異があるときは，当該差異の原因となった主要な項目別の内訳
> ③　税率の変更により繰延税金資産および繰延税金負債の金額が修正されたときは，その旨および修正額
> ④　決算日後に税率の変更があった場合には，その内容およびその影響

　上記①には，評価性引当額の内訳に関する情報と税務上の繰越欠損金に関す

る情報が含まれます（税効果会計基準一部改正4項，5項）。

　以下の(2)から(5)で，上記①から④の具体的な注記の内容について説明します。

(2)　繰延税金資産および繰延税金負債の発生原因別の主な内訳

　貸借対照表に計上した繰延税金資産と繰延税金負債をそれぞれ発生原因別に注記することが求められています。また，繰延税金資産から控除された額（評価性引当額）を併せて記載します（税効果会計基準　第四1，税効果会計基準注解（注8））。

　これに加え，次の開示が求められています（税効果会計基準一部改正4項，5項）。

- 評価性引当額の内訳に関する情報
- 税務上の繰越欠損金に関する情報

①　評価性引当額の内訳に関する情報

a　数値情報

　繰延税金資産の発生原因別の主な内訳として税務上の繰越欠損金を記載している場合であって，当該税務上の繰越欠損金の額が重要であるときは，評価性引当額を次の区分に分けて記載します（税効果会計基準一部改正4項（注8）(1)）。

- 税務上の繰越欠損金に係る評価性引当額
- 将来減算一時差異等の合計額に係る評価性引当額

　なお，将来減算一時差異等の合計に係る評価性引当額の区分には，繰越外国税額控除や繰越可能な租税特別措置法上の法人税額の特別控除等も含まれます（税効果会計基準一部改正4項（注8）(1)）。

　評価性引当額の内訳に関する数値情報の記載の要否に関する重要性の判断は，税負担率の予測の観点および繰延税金資産の回収可能性に関する不確実性の評価の観点から検討します。税務上の繰越欠損金の額が「重要であるとき」とは，例えば，次の場合が挙げられます（税効果会計基準一部改正29項，30項）。

- 税務上の繰越欠損金の控除見込額（課税所得との相殺見込額）が将来の税負担率に重要な影響を及ぼす場合
- 純資産の額に対する税務上の繰越欠損金の額（納税主体ごとの法定実効税率を乗じた額）の割合が重要な場合

ただし，企業が置かれた状況によって重要性は異なるため，一律に重要性の基準は定められておらず，企業の状況に応じて判断することになります（税効果会計基準一部改正31項）。

> ### ■ Short Break　評価性引当額の注記の対象となる範囲
>
> 　ASBJの審議の過程では，繰越外国税額控除や繰越可能な租税特別措置法上の法人税額の特別控除等に係る繰延税金資産について，評価性引当額の注記の対象とするか否かが必ずしも明らかではないとの意見があり，これらについても評価性引当額に関する注記の対象とすることを明らかにしました。
>
> 　なお，子会社に対する投資に係る連結財務諸表固有の将来減算一時差異について，税効果適用指針22項(1)の要件を満たさないことにより繰延税金資産を計上していない場合は注記の対象になりません。これは，当該将来減算一時差異に係る繰延税金資産が存在しないため，評価性引当額も存在しないと考えられるためです。また，組織再編に伴い受け取った子会社株式等（事業分離に伴い分離元企業が受け取った子会社株式等を除く）に係る将来減算一時差異のうち，当該株式の受取時に生じていたものについて，予測可能な将来の期間に，その売却等を行う意思決定および実施計画が存在しない場合に，税効果適用指針8項(1)ただし書きにより繰延税金資産を計上していない場合も，同様の理由で注記の対象にはなりません（税効果会計基準一部改正32項）。

b　定性的な情報

評価性引当額に重要な変動が生じている場合，当該変動の主な内容を記載します（税効果会計基準一部改正4項（注8）(2)）。

評価性引当額の変動内容の記載の要否に関する重要性の判断は税負担率の予測の観点から検討します。評価性引当額に「重要な」変動が生じている場合とは，例えば，税負担率の計算基礎となる税引前純利益の額に対する評価性引当

額（合計額）の変動額の割合が重要な場合が挙げられます。

　ただし，当該記載も企業が置かれた状況によって重要性は異なるため，一律に重要性の基準は定められておらず，企業の状況に応じて判断されます（税効果会計基準一部改正36項）。

②　税務上の繰越欠損金に関する情報

　繰延税金資産の発生原因別の主な内訳として税務上の繰越欠損金を記載している場合であって，当該税務上の繰越欠損金の額が重要であるときは次の事項を記載します。

a　数値情報

　繰越期限別の税務上の繰越欠損金に係る次の金額を記載します（税効果会計基準一部改正5項（注9）(1)）。

(a)　税務上の繰越欠損金の額に納税主体ごとの法定実効税率を乗じた額

(b)　税務上の繰越欠損金に係る評価性引当額

(c)　税務上の繰越欠損金に係る繰延税金資産の額

Short Break　税務上の繰越欠損金に関する繰越期限別の数値情報の年度の区切り方

　税務上の繰越欠損金に関する繰越期限別の数値情報の年度の区切り方については，税効果会計基準一部改正においては定型的には定められていません。これは，企業における税務上の繰越欠損金の発生状況が様々であり，また，在外子会社の税制が多様であるため，繰越期間の年数や有無は様々であることを考慮して，状況に応じて適切に設定することとされたためです（税効果会計基準一部改正42項）。

b　定性的な情報

　税務上の繰越欠損金に係る重要な繰延税金資産を計上している場合，当該繰延税金資産を回収可能と判断した主な理由を記載します（税効果会計基準一部

改正5項（注9）(2)）。税務上の繰越欠損金に係る「重要な」繰延税金資産を計上している場合とは，例えば，純資産の額に対する税務上の繰越欠損金に係る繰延税金資産の額の割合が重要な場合が挙げられます。

ただし，企業が置かれた状況によって重要性は異なるため，一律に重要性の基準は定められておらず，企業の状況に応じて判断されます（税効果会計基準一部改正47項）。

③　連結財務諸表と個別財務諸表における注記の関係

連結財務諸表を作成している場合，個別財務諸表の注記を一部省略することができます（税効果会計基準一部改正3項，4項（注8）(2)，5項（注9））（**図表Ⅰ-8-5**）。

図表Ⅰ-8-5　連結財務諸表と個別財務諸表の注記の関係性

注記項目		連結財務諸表	個別財務諸表
繰延税金資産および繰延税金負債の発生原因別の主な内訳		○	○
①評価性引当額の内訳に関する情報	a 数値情報	○	○
	b 定性的情報	○	△
②税務上の繰越欠損金に関する情報	a 数値情報	○	△
	b 定性的情報	○	△

○：注記が必要
△：連結財務諸表を作成している場合は省略可能

④　開示例

図表Ⅰ-8-6では，繰延税金資産および繰延税金負債の発生原因別の主な内訳の注記の例を示しています。

図表Ⅰ-8-6　繰延税金資産および繰延税金負債の発生原因別の主な内訳

1．繰延税金資産及び繰延税金負債の主な原因別の内訳

	前連結会計年度 （X1年3月31日）	当連結会計年度 （X2年3月31日）
繰延税金資産		
賞与引当金	XXX	XXX
未払事業税	XXX	XXX
退職給付に係る負債	XXX	XXX
税務上の繰越欠損金（注2）	XXX	XXX
その他	XXX	XXX
繰延税金資産小計	XXX	XXX
税務上の繰越欠損金に係る評価性引当額（注2）	XXX	XXX
将来減算一時差異等の合計に係る評価性引当額	XXX	XXX
評価性引当額小計（注1）	XXX	XXX
繰延税金資産合計	XXX	XXX
繰延税金負債		
その他有価証券評価差額金	XXX	XXX
特別償却準備金	XXX	XXX
繰延税金負債合計	XXX	XXX
繰延税金資産（負債）の純額	XXX	XXX

（注1）　繰延税金資産から控除された額（評価性引当額）に重要な変動が生じている場合，当該変動の主な内容を記載する。

（注2）　税務上の繰越欠損金及びその繰延税金資産の繰越期限別の金額

（前連結会計年度）

	X年以内	X年超 X年以内	X年超 X年以内	X年超 X年以内	X年超 X年以内	X年超	合計
税務上の繰越欠損金⒜	－	－	－	－	XXX	－	XXX
評価性引当額	－	－	－	－	△XXX	－	△XXX
繰延税金資産	－	－	－	－	XXX	－	⒝XXX

⒜　税務上の繰越欠損金は，法定実効税率を乗じた額である。

⒝　税務上の繰越欠損金に係る重要な繰延税金資産を計上している場合，当該繰延税金資産を回収可能と判断した主な理由を記載する。

（当連結会計年度）

	X年以内	X年超 X年以内	X年超 X年以内	X年超 X年以内	X年超 X年以内	X年超	合計
税務上の繰越 欠損金(a)	－	－	－	－	XXX	－	XXX
評価性引当額	－	－	－	－	△XXX	－	△XXX
繰延税金資産	－	－	－	－	XXX	－	(b)XXX

(a)　税務上の繰越欠損金は，法定実効税率を乗じた額である。
(b)　税務上の繰越欠損金に係る重要な繰延税金資産を計上している場合，当該繰延税金資産を回収可能と判断した主な理由を記載する。

　以下では実際の開示例を紹介します。

（注記例）繰延税金資産および繰延税金負債の発生原因別の主な内訳①
　　　　　　　　　シナネンホールディングス㈱　2024年3月期

（税効果会計関係）
1．繰延税金資産及び繰延税金負債の発生の主な原因別の内訳

	前連結会計年度 （2023年3月31日）	当連結会計年度 （2024年3月31日）
繰延税金資産		
貸倒引当金損金算入限度超過額	511百万円	448百万円
賞与引当金損金算入限度超過額	282	313
未払事業税否認	74	58
退職給付に係る負債	188	189
税務上の繰越欠損金（注）2	1,494	2,274
資産除去債務	219	245
減損損失	620	529
減価償却超過額	97	175
未払社会保険料否認	66	72
その他	272	237
繰延税金資産小計	3,827	4,545
税務上の繰越欠損金に係る評価性引当 額（注）2	△1,280	△2,046

将来減算一時差異等の合計に係る評価性引当額	△1,440	△1,237
評価性引当額小計（注）1	△2,720	△3,284
繰延税金資産合計	1,107	1,260
繰延税金負債		
その他有価証券評価差額金	△666	△1,356
買換資産圧縮積立金	△1,269	△1,256
土地評価差額金	△215	△201
資産除去債務計上に対応する除去費用	△100	△80
その他	△59	△75
繰延税金負債合計	△2,311	△2,970
繰延税金資産（又は負債）の純額	△1,204	△1,710

（注）1．前連結会計年度（2023年3月31日）
　　　　評価性引当額が964百万円増加しています。この増加の主な内容は，連結子会社
　　　　DONG BOK ENERGY CO.,LTD. において減損損失に係る評価性引当額を454百
　　　　万円，税務上の繰越欠損金に係る評価性引当額を499百万円追加的に認識したこと
　　　　に伴うものであります。

　　　　当連結会計年度（2024年3月31日）
　　　　評価性引当額が563百万円増加しています。この増加の主な内容は，税務上の繰越
　　　　欠損金に係る評価性引当額が766百万円増加したこと等によるものであります。

（注）2．税務上の繰越欠損金及びその繰延税金資産の繰越期限別の金額
　　　　前連結会計年度（2023年3月31日）

	1年以内 （百万円）	1年超 2年以内 （百万円）	2年超 3年以内 （百万円）	3年超 4年以内 （百万円）	4年超 5年以内 （百万円）	5年超 （百万円）	合計 （百万円）
税務上の繰越欠損金（※）	7	0	2	10	－	1,474	1,494
評価性引当額	△0	△0	△2	△0	－	△1,277	△1,280
繰延税金資産	7	0	－	10	－	197	214

（※）　税務上の繰越欠損金は，法定実効税率を乗じた額であります。

当連結会計年度（2024年3月31日）

	1年以内 （百万円）	1年超 2年以内 （百万円）	2年超 3年以内 （百万円）	3年超 4年以内 （百万円）	4年超 5年以内 （百万円）	5年超 （百万円）	合計 （百万円）
税務上の繰越 欠損金（※）	0	2	0	ー	99	2,172	2,274
評価性引当額	△0	△2	△0	ー	△77	△1,966	△2,046
繰延税金資産	ー	ー	0	ー	21	206	227

（※）　税務上の繰越欠損金は，法定実効税率を乗じた額であります。

（注記例）繰延税金資産および繰延税金負債の発生原因別の主な内訳②
コスモエネルギーホールディングス㈱　2024年3月期

（税効果会計関係）

1．繰延税金資産及び繰延税金負債の発生の主な原因別の内訳

	前連結会計年度 （2023年3月31日）	当連結会計年度 （2024年3月31日）
繰延税金資産		
税務上の繰越欠損金（注）2	33,488百万円	20,153百万円
資産除去債務	17,541	18,469
特別修繕引当金	16,494	16,658
減損損失	6,913	6,626
その他	31,466	31,450
繰延税金資産小計	105,904	93,357
税務上の繰越欠損金に係る評価性 　引当額（注）2	△15,476	△5,392
将来減算一時差異等の合計に係る 　評価性引当額	△18,516	△17,486
評価性引当額小計（注）1	△33,992	△22,878
繰延税金資産合計	71,912	70,478
繰延税金負債		
外国法人税計算上の償却差額	△55,897	△62,263
資産除去費用	△11,373	△11,434
その他有価証券評価差額金	△2,999	△5,072

その他	△9,891	△9,864
繰延税金負債合計	△80,162	△88,635
繰延税金資産・負債の純額	△8,249	△18,156
再評価に係る繰延税金資産・負債		
再評価に係る繰延税金資産	10,175	9,382
評価性引当額	△10,175	△9,382
再評価に係る繰延税金資産合計	－	－
再評価に係る繰延税金負債	△5,078	△4,968
再評価に係る繰延税金負債の純額	△5,078	△4,968

（注）1.　評価性引当額が11,113百万円減少しております。この主な要因は，当社を通算親法人とする当社通算グループにおいて，欠損金の繰越控除の利用により，評価性引当額の対象となっていた税務上の繰越欠損金が減少したことによるものであります。

（注）2.　税務上の繰越欠損金及びその繰延税金資産の繰越期限別の金額

前連結会計年度（2023年3月31日）

（単位：百万円）

	1年以内	1年超 2年以内	2年超 3年以内	3年超 4年以内	4年超 5年以内	5年超	合計
税務上の繰越 欠損金（※1）	2,392	16,652	159	669	－	13,614	33,488
評価性引当額	2,168	9,761	159	620	－	2,766	15,476
繰延税金資産	223	6,890	－	49	－	10,848	（※2）18,012

（※1）　税務上の繰越欠損金は，法定実効税率を乗じた額であります。

（※2）　税務上の繰越欠損金33,488百万円（法定実効税率を乗じた額）について，繰延税金資産18,012百万円を計上しております。当該繰延税金資産のうち17,958百万円は，当社通算グループにおける税務上の繰越欠損金残高32,395百万円（法定実効税率を乗じた額）の一部について認識したものであり，当該繰延税金資産の対象となる税務上の繰越欠損金は，主にコスモ石油㈱において過年度における原油価格の急落により生じた非経常的なものであります。原油価格は安定的に推移すると仮定しております。国内市況は安定した状況が続くことが想定され，継続して適正マージンの確保が可能と見込んでおります。製油所においては，生産数量を上回る販売数量を確保することにより，製油所は高稼働の状態を維持できると見込んでおります。このような環境の下，当連結会計年度を最終年度とする第6次連結中期経営計画における重点施策により，収益力は格段に向上しております。2023年3月に公表いたしました第7次連結中期経営計画においても，引き続き収益力の確保に向けた重点施策に取り組んでまいります。以上から，一時差異等加減算前課税所得の長期的，安定的な発生が見込まれるため，当該繰延税金資産は回収可能と判断し，評価性引当額を認識しておりません。

当連結会計年度（2024年3月31日）

（単位：百万円）

	1年以内	1年超2年以内	2年超3年以内	3年超4年以内	4年超5年以内	5年超	合計
税務上の繰越欠損金（※1）	6,040	102	459	—	233	13,317	20,153
評価性引当額	2,371	102	389	—	233	2,295	5,392
繰延税金資産	3,669	—	70	—	—	11,021	（※2）14,760

（※1）　税務上の繰越欠損金は，法定実効税率を乗じた額であります。
（※2）　税務上の繰越欠損金20,153百万円（法定実効税率を乗じた額）について，繰延税金資産14,760百万円を計上しております。当該繰延税金資産のうち14,680百万円は，当社通算グループにおける税務上の繰越欠損金残高18,974百万円（法定実効税率を乗じた額）の一部について認識したものであり，当該繰延税金資産の対象となる税務上の繰越欠損金は，主にコスモ石油㈱において過年度における原油価格の急落により生じた非経常的なものであります。原油価格及び為替相場は安定的に推移すると仮定しております。国内市況は安定した状況が続くことが想定され，継続して適正マージンの確保が可能と見込んでおります。製油所においては，生産数量を上回る販売数量を確保することにより，製油所は高稼働の状態を維持できると見込んでおります。このような環境の下，2023年3月に公表いたしました第7次連結中期経営計画において掲げた重点施策の着実な実行により，引き続き収益力の確保に取り組んでまいります。以上から，一時差異等加減算前課税所得の長期的，安定的な発生が見込まれるため，当該繰延税金資産は回収可能と判断し，評価性引当額を認識しておりません。

(3)　税引前（税金等調整前）当期純利益に対する法人税等の比率と法定実効税率との間に重要な差異がある場合

　税引前当期純利益または税金等調整前当期純利益に対する法人税等（法人税等調整額を含む）の比率と法定実効税率との間に重要な差異があるときは，当該差異の原因となった主要な項目別の内訳を注記します（税効果会計基準 第四2）。

　ただし，税引前純損失が生じている場合には，税率差異の内訳として示される数値が意味の乏しい情報となることが多い等の理由から，注記事項とされていません（税効果会計基準一部改正57項）。

　なお，財務諸表等規則および連結財務諸表規則においては，法定実効税率と税効果会計適用後の法人税等の負担率との間の差異が法定実効税率の100分の5以下である場合には，注記を省略することができます（財務諸表等規則8の12Ⅴ）。

　図表Ⅰ-8-7では，当該注記の例を示しています。

図表Ⅰ-8-7 法定実効税率と税効果会計適用後の法人税等の負担率との間に重要な差異があるときの，当該差異の原因となった主要な項目別の内訳

1．法定実効税率と税効果会計適用後の法人税等の負担率との間に重要な差異があるときの，当該差異の原因となった主要な項目別の内訳		
	前連結会計年度 （Ｘ１年３月31日）	当連結会計年度 （Ｘ２年３月31日）
法定実効税率	XX. X%	XX. X%
（調整）		
交際費等永久に損金に算入されない項目	XX. X%	XX. X%
受取配当金等永久に益金に算入されない項目	XX. X%	XX. X%
評価性引当額の増減	XX. X%	XX. X%
住民税均等割	XX. X%	XX. X%
その他	XX. X%	XX. X%
税効果会計適用後の法人税等の負担率	XX. X%	XX. X%

⑷ 税率の変更により繰延税金資産および繰延税金負債の金額が修正された場合

　税率の変更により繰延税金資産および繰延税金負債の金額が修正されたときは，その旨および修正額を注記します（税効果会計基準 第四３）。なお，修正額は期末における一時差異等の残高に，改正後の税率と改正前の税率の差を乗じて算出します。

　図表Ⅰ-8-8 では，当該注記の例を示しています。

図表Ⅰ-8-8 法人税等の税率の変更による繰延税金資産および繰延税金負債の金額の修正

3．法人税等の税率の変更による繰延税金資産及び繰延税金負債の金額の修正
税法の改正に伴い，翌連結会計年度以降に解消が見込まれる一時差異等に係る繰延税金資産及び繰延税金負債については，法定実効税率を XX. X％から XX. X％に変更し計算しております。 　この変更により，当連結会計年度の繰延税金資産（繰延税金負債の金額を控除した金額）の金額は XXX 百万円減少し，法人税等調整額が XXX 百万円増加しております。

⑸ 決算日後に税率の変更があった場合

決算日後に税率の変更があった場合には，その内容およびその影響を注記します（税効果会計基準 第四4）。

決算日後に税率の変更を伴う「法律」が成立した場合は，上記の注記を行うことになりますが，決算日後に税率の変更を伴う「条例」が成立した場合はこの注記の対象に含めません（税効果会計適用指針64項および158項）。これは，改正地方税法等が決算日以前に成立し，かつ決算日後に当該改正地方税法等を受けた改正条例を成立し超過課税による税率が変更された場合であっても，差分を考慮する税率を用いて繰延税金資産および繰延税金負債が計算されていること（第4章1．⑵③「繰越税金資産および繰越税金負債の計算に用いる税率」（96頁）参照）を踏まえると，通常，その影響は質的および金額的な重要性が乏しいと考えられるためです。

> ### Short Break　決算日後に税率が変更された場合の取扱い
>
> ASBJ の審議の過程では，税効果会計に適用する税率は繰延税金資産および繰延税金負債の見積りの一部であると考えられることから，決算日後に税率の変更を伴う法律または条例が成立した場合には財務諸表を修正すべき後発事象（以下「修正後発事象」という）として取り扱い，改正された税法または改正条例に規定された税率により計算した繰延税金資産および繰延税金負債を当該決算日における財務諸表に反映することが情報としてより有用であるとする意見がありました。
>
> しかし，以下の理由から，決算日において国会で成立している法人税等および地方税法等に基づく税率を用いて決算を行い，かつ，決算日後に当該税率の変更を伴う法律が成立した場合，その内容および影響を注記することとなりました（税効果会計適用指針157項，158項）。
>
> - 仮に決算日後の税率の変更を修正後発事象として取り扱う場合，決算発表日や監査報告書日等の直前に税率の変更を伴う法律または条例が成立するときには実務上の手続が煩雑となり，例えば2月末日を決算日とする企業においては，実務を安定的に行うことが難しくなること

- 例えば，上場株式の減損処理において用いられる株価や固定資産の減損会計において使用価値を算定する際に用いられる割引率のように，既存の会計基準では見積計算に用いる情報は期末日現在のものが用いられ，期末日後の変更は必ずしも財務諸表に反映されていないこと
- IFRS においても，決算日後の税率の変更は，当該変更された税率により計算した繰延税金資産および繰延税金負債の額を当該決算日における財務諸表に反映しないことを前提としていること

⑹　税効果会計基準および税効果会計基準一部改正と財務諸表等規則および連結財務諸表規則の関係

　税効果会計基準および税効果会計基準一部改正と，財務諸表等規則および連結財務諸表規則の関係は次のとおりであり，同様の注記が求められています（**図表Ⅰ-8-9**）。

図表Ⅰ-8-9　税効果会計基準の注記

注記項目 （下記の各項目の記号は本章における記載との参照を表す）			税効果会計基準／税効果会計基準一部改正	財務諸表等規則 （第8条の12）	連結財務諸表規則 （第15条の5）
(2)繰延税金資産および繰延税金負債の発生原因別の主な内訳	発生原因別の内訳		第四1^(注2)、3項	Ⅰ①	Ⅰ①
	①評価性引当額の内訳に関する情報	a 数値情報	4項(1)^(注1)	Ⅱ①^(注1)	Ⅱ①^(注1)
		b 定性的情報	4項(2)	Ⅱ②	Ⅱ②
	②税務上の繰越欠損金に関する情報	a 数値情報	5項(1)	Ⅲ①	Ⅲ①
		b 定性的情報	5項(2)	Ⅲ②	Ⅲ②
	個別財務諸表における省略		4項(2)、5項	Ⅳ	－
(3)法定実効税率と税効果会計適用後の法人税等の負担率との間に重要な差異があるとき、当該差異の原因となった主要な項目別の内訳	主要な項目別の内訳		第四2^(注2)	Ⅰ②	Ⅰ②
	税率差異が100分の5以下である場合の省略		－	Ⅴ	Ⅳ
(4)法人税等の税率の変更による繰延税金資産および繰延税金負債の金額の修正	第四3^(注2)			Ⅰ③	Ⅰ③
(5)決算日後の税率の変更	第四4^(注2)			Ⅰ④	Ⅰ④

（注1）　発生原因別の内訳に税務上の繰越欠損金を記載する場合で、当該税務上の繰越欠損金が重要であるときは、税務上の繰越欠損金に係る評価性引当額と将来減算一時差異等の合計に係る評価性引当額に区分して記載する（税効果会計基準一部改正4項(1)、財務諸表等規則ガイドライン8の12-2-1、連結財務諸表規則ガイドライン15の5）。
（注2）　税効果会計基準の規定。

Short Break 計算書類における取扱い

　計算書類における税効果会計に関する注記は，繰延税金資産（その算定にあたり繰延税金資産から控除された金額がある場合における当該金額を含む）と繰延税金負債の発生の主な原因であり，重要でないものを除くとされています（会社計算規則107）。

　会社計算規則においては，発生の主な原因という定性的な情報の記載が求められており，定量的な記載までは求められていないと解されています。これは，個別財務諸表作成会社の負担を軽減するためのものと考えられます。

　実務的には，主な発生原因を文章により定性的に示している例や，主な発生原因別の内訳および金額を定量的に示している例，加えて税引前利益に対する法人税等の比率と法定実効税率との差異も示している例など，会社の規模や方針により様々な事例が見られます。

　なお，連結計算書類では，税効果会計に関する注記は求められていません（会社計算規則98Ⅱ④）。

（本セクションのポイント）

●財務諸表の注記として，以下の注記が求められる。

　－繰延税金資産および繰延税金負債の発生原因別の主な内訳（評価性引当額の内訳に関する情報，税務上の繰越欠損金に関する情報を含む）

　－税引前当期純利益または税金等調整前当期純利益に対する法人税等（法人税等調整額を含む）の比率と法定実効税率との間に重要な差異があるときは，当該差異の原因となった主要な項目別の内訳

　－税率の変更により繰延税金資産および繰延税金負債の金額が修正されたときは，その旨および修正額

　－決算日後に税率の変更があった場合には，その内容およびその影響

3. 中間（四半期）財務諸表における表示および注記事項

　中間財務諸表および四半期財務諸表における，税金費用の計算等の取扱いについては，第7章「中間財務諸表および四半期財務諸表における取扱い」（179頁）で解説しています。以下では，中間財務諸表および四半期財務諸表における表示および注記事項について説明します。なお，「中間財務諸表」は特に記載のない場合，第1種中間財務諸表および第2種中間財務諸表を指します。

(1)　表　　示

①　個別貸借対照表および連結貸借対照表上の表示

　中間財務諸表および四半期財務諸表のいずれにおいても，個別貸借対照表および連結貸借対照表における繰延税金資産および繰延税金負債の表示方法は，それぞれ年度の財務諸表および連結財務諸表と同様です。

②　（連結）損益計算書上の表示

　中間財務諸表および四半期財務諸表のいずれにおいても，個別損益計算書および連結損益計算書における表示方法は年度の財務諸表および連結財務諸表と同様であり，当期の法人税等として納付すべき額（課税の対象となった取引や事象に応じて損益に計上する法人税等の金額）および法人税等調整額は，法人税等を控除する前の当期純利益から控除する形式により，それぞれ区分して表示します。

　ただし，中間財務諸表では，法人税等と法人税等調整額を一括して記載することも認められます（財務諸表等規則198Ⅱ，300Ⅱおよび連結財務諸表規則170Ⅱ，282Ⅱ）。中間財務諸表および四半期財務諸表のいずれも，税金費用の計算について，税引前中間（四半期）純利益に年間の見積実効税率を乗じて計算する方法（第1種中間財務諸表および四半期財務諸表における中間（四半期）特有の会計処理と，第2種中間財務諸表における簡便法）が認められてい

ます。この方法による場合，税金費用は法人税等の額と法人税等調整額に区分することなく一括して計算されることから，四半期財務諸表においても，法人税等と法人税等調整額を一括して記載することができると考えられます。

③ 連結包括利益計算書上の表示

中間財務諸表および四半期財務諸表のいずれにおいても，連結包括利益計算書における表示方法は，年度の連結財務諸表と同様です（1．(4)「包括利益計算書上の表示」(211頁) 参照)。ただし，その他の包括利益の内訳項目別の法人税等および税効果の金額の注記については，記載を省略することができます（包括利益会計基準10項，中間会計基準39項)。

(2) 注記事項

中間財務諸表および四半期財務諸表では，2．「注記事項」(212頁)で説明した注記は求められていません。

ただし，第1種中間財務諸表および四半期財務諸表において税金費用の計算に中間（四半期）特有の会計処理を採用した場合，その旨およびその内容を注記する必要があります（財務諸表等規則136，連結財務諸表規則107，四半期財務諸表等の作成基準4Ⅱ(5))。また，第2種中間財務諸表において，税金費用の計算に簡便法を採用し，法人税等と法人税等調整額を一括して記載する場合には，その旨を注記します（財務諸表等規則300Ⅱおよび連結財務諸表規則282Ⅱ)。

応 用 編

第1章

組織再編における税効果会計

　企業における組織再編の会計処理は，どの当事者の会計処理か，対価はどのようなものか，などにより様々な観点から整理できます。企業結合の種類によって区分することもできます。本章では，このような区分ごとに組織再編時に特有の税効果の会計処理について解説します。また，本章5．「事業分離の会計処理と税効果」（245頁）では，事業分離の観点から，事業を分離する企業（分離元企業）に特有の税効果の会計処理を説明します。さらに，本章6．「パーシャルスピンオフの会計処理と税効果」（255頁）では，受取対価がない現物配当実施会社に特有の税効果の会計処理を説明します。

1．組織再編の会計処理の概要

　企業結合とは，企業（または事業）と他の企業（または事業）が1つの報告単位に統合されることをいいます（企業結合会計基準5項）。

　企業における組織再編の会計処理は，**図表Ⅱ-1-1**のように，企業結合の種類によって，3つに区分して整理することができます。

図表Ⅱ-1-1　企業結合の種類

	独立企業間		グループ内
	①取得	②共同支配企業の形成	③共通支配下の取引
	支配を獲得	複数の企業が（別の）企業を共同で支配	同一株主による支配のまま
	企業を購入したかのように処理	単独では支配を獲得しない⇒個別上簿価で処理（注1）	親から見れば内部取引⇒個別上簿価で処理（注2）

（注1）　連結上，共同支配投資企業は，共同支配企業に対する投資に持分法を適用
（注2）　連結上，内部取引としてすべて消去

企業結合の種類	説明
①取得	ある企業が他の企業または企業を構成する事業に対する支配を獲得することをいう。
②共同支配企業の形成	複数の独立した企業が契約等に基づき，共同で支配される企業（共同支配企業）を形成する企業結合をいう。
③共通支配下の取引	企業結合に係る企業（結合当事企業）または事業のすべてが，企業結合の前後で同一の株主により最終的に支配され，かつ，その支配が一時的ではない場合の企業結合をいう。親会社と子会社の合併および子会社同士の合併は，共通支配下の取引に含まれる。

　以下では，上記の企業結合の種類ごとに，その会計処理の概要と税効果の取扱いについて説明します。

2．取得の会計処理と税効果

(1)　取得原価の配分

　企業結合が取得と判定された場合，パーチェス法が適用されます。パーチェス法では，企業結合日時点の時価を基礎として，取得された企業（被取得企業）の資産・負債のうち識別可能なものに取得原価を配分します。取得原価と

取得原価の配分額との差額がのれん（または負ののれん）となります。税効果についても，取得企業の観点から被取得企業が計上すべき繰延税金資産または繰延税金負債を認識することになります。

　合併，会社分割，事業譲受，現物出資により，事業を直接取得することになる組織再編の場合，取得企業は，当該再編が行われた日において，被取得企業（または取得した事業）から生じる次のような一時差異等に係る税金の額を，将来の事業年度において回収または支払が見込まれない額を除き，繰延税金資産または繰延税金負債として計上します（結合分離適用指針71項）。

- 取得原価の配分額と課税所得計算上の資産・負債の金額との差額
- 取得企業に引き継がれる被取得企業の税務上の繰越欠損金等

(2)　のれんの税効果

①　概　　要

　取得により生じるのれん（または負ののれん）については，その税効果は認識されません（結合分離適用指針72項）。

　のれんに対して一時差異を認識し税効果会計を適用することは技術的には可能です。しかし，のれんは取得原価の配分残余であり，税効果を認識した場合にはさらに同額ののれんが計上されることとなるため，あえてのれんに対して税効果を認識する意義は薄く，のれんについては税効果を認識しません（結合分離適用指針378-3項）。

②　税務上の資産調整勘定または差額負債調整勘定と税効果の関係

　会計上ののれん（または負ののれん）に相当するものとして，税務上非適格組織再編に該当する場合に生じる税務上ののれん（資産調整勘定または差額負債調整勘定）があります。

　非適格合併等の税務上非適格となる組織再編において，移転資産等の対価の額が時価純資産価額を超える場合（または下回る場合），その超える部分の金額が資産調整勘定（または差額負債調整勘定）とされます（法法62の8）。会

計上は，この資産調整勘定（または差額負債調整勘定）の全額を一時差異として取り扱い，繰延税金資産または繰延税金負債を計上したうえで，配分残余としての会計上ののれんを算定することになります（結合分離適用指針378-3項）。

図表Ⅱ-1-2では，取得企業における，この資産調整勘定についての税効果を示しています（税率は30％と仮定）。

図表Ⅱ-1-2　取得企業における資産調整勘定の税効果

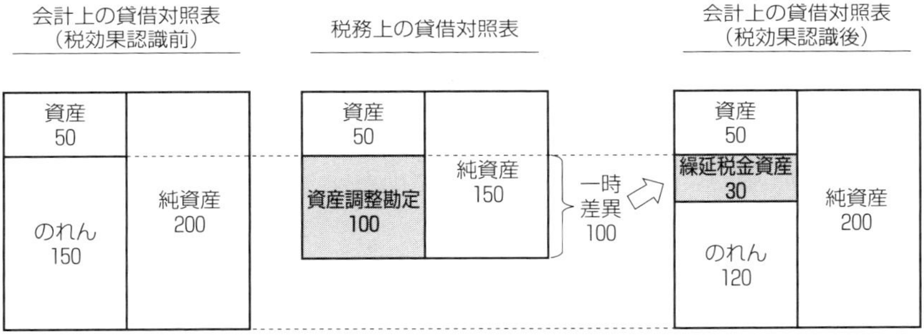

資産調整勘定が計上される場合には将来減算一時差異，差額負債調整勘定が計上される場合には将来加算一時差異として取り扱います。これらについて，将来の事業年度において回収または支払が見込まれない額を除いて，繰延税金資産または繰延税金負債が計上されることになります。

Short Break　会計上ののれんと税務上ののれんに関する税効果

平成18年度税制改正により，法人税法上，非適格合併等の場合における税務上ののれん（資産調整勘定または差額負債調整勘定）に関する規定が定められました。

わが国の会計基準では，この税務上ののれんに対する税効果を認識したうえで，配分残余として会計上ののれんが認識され，会計上ののれんに対しては税効果を認識しません。これは，税務上ののれんは，例えば，対象となる事業が売却された場合であっても，規則的に償却し続けられ，会計上ののれんとは取扱いが異なり，異質のものと考えられるためです。

　　結果として，わが国における現状の取扱いは，「会計上ののれんに対して税効
　果は認識しない」「税務上ののれん全額に税効果を認識する」という簡潔な原則
　に基づいています（「企業結合会計の見直しに関する論点の整理」脚注48参照）。

(3)　配分額の見直し

　企業結合の会計処理にあたって，繰延税金資産または繰延税金負債への取得
原価の配分は，暫定的な会計処理の対象となります（結合分離適用指針69項）。

　企業結合の会計処理では，企業結合日以後の決算において，取得原価の配分
が完了していない場合，その時点で入手可能な合理的な情報等に基づき会計処
理を行い，その後追加的に入手した情報等に基づき配分額を確定させる会計処
理が認められています。これを暫定的な会計処理と呼びます。暫定的な会計処
理では，企業結合で取得した資産・負債への取得原価の配分を，企業結合日後
１年以内に確定させる必要があります（結合分離適用指針70項）。

　企業結合日に認識された繰延税金資産（または繰延税金負債）への取得原価
の配分額の見直しは，以下のいずれかの場合に生じます（結合分離適用指針73
項，379項）。

　①　暫定的な会計処理の対象としていた識別可能資産・負債の取得原価への
　　　配分額の見直しに伴う見直し
　②　将来年度の課税所得の見積りの変更等による繰延税金資産の回収見込額
　　　の見直し

　図表Ⅱ-1-3では，これらの見直しが行われる場合ごとの会計処理を示して
います。

図表Ⅱ-1-3　繰延税金資産・繰延税金負債の配分の見直し

見直しが行われる場合	見直しが行われる場合の処理
①取得原価の配分額の見直し 暫定的な会計処理の対象としていた識別可能資産・負債の取得原価への配分額の見直しに伴うもの	のれんの額を修正する。（注）
②回収見込額の見直し 将来年度の課税所得の見積りの変更等による繰延税金資産の回収見込額の見直しによるもの	• 企業結合日に存在していた事実および状況に関して，その後追加的に入手した情報等に基づき繰延税金資産の回収見込額の見直しを行う場合には，のれんの額を修正する。（注） • 上記以外は，見直しを行った事業年度の損益（法人税等調整額）に計上する。

（注）　企業結合年度の翌年度に見直しが行われる場合には，企業結合年度にこの見直しが行われたかのように暫定的な会計処理の確定による取得原価の配分額の見直しを反映させる。

⑷　取得の場合の繰延税金資産の回収可能性

　繰延税金資産の回収可能性は，取得企業の収益力に基づく一時差異等加減算前課税所得等により判断し，企業結合による影響は，企業結合年度から反映させます（結合分離適用指針75項）。このため，企業結合日前の会計年度末においては，取得企業の繰延税金資産の回収可能性の判断は，取得企業のみの一時差異等加減算前課税所得等に基づいて行うことになり，被取得企業の一時差異等加減算前課税所得等を見込んで回収可能性を判断することはできません。

　企業結合日以降に，取得企業において将来年度の課税所得の見積額による繰延税金資産の回収可能性を過去の業績等に基づいて判断する場合，被取得企業または事業に係る過年度の業績等を取得企業の既存事業に係るものと合算したうえで課税所得を見積る必要があります。

(5)　組織再編に伴い受け取った子会社株式等に係る税効果

①　概　　要

　株式の取得や株式交換，株式移転により受け取った子会社株式および関連会社株式（以下「子会社株式等」という）の会計上の取得原価と税務上の取得原価が異なる場合（例えば，会計上の取得原価が時価により算定され，税務上の取得価額と相違する場合），一時差異が生じ，税効果の認識を検討することが必要となります。

　このような組織再編に伴い受け取った子会社株式等（ただし，事業分離に伴い分離元企業が受け取った子会社株式等を除く。後述5．(2)「分離元企業の税効果」（246頁）参照）に係る一時差異の税効果については，例外の定めとして，将来加算一時差異であるか，将来減算一時差異であるかによって異なる取扱いが設けられています。**図表Ⅱ-1-4** は，これらの取扱いをまとめたものです。

図表Ⅱ-1-4　組織再編に伴い受け取った子会社株式・関連会社株式の税効果（例外の定め）

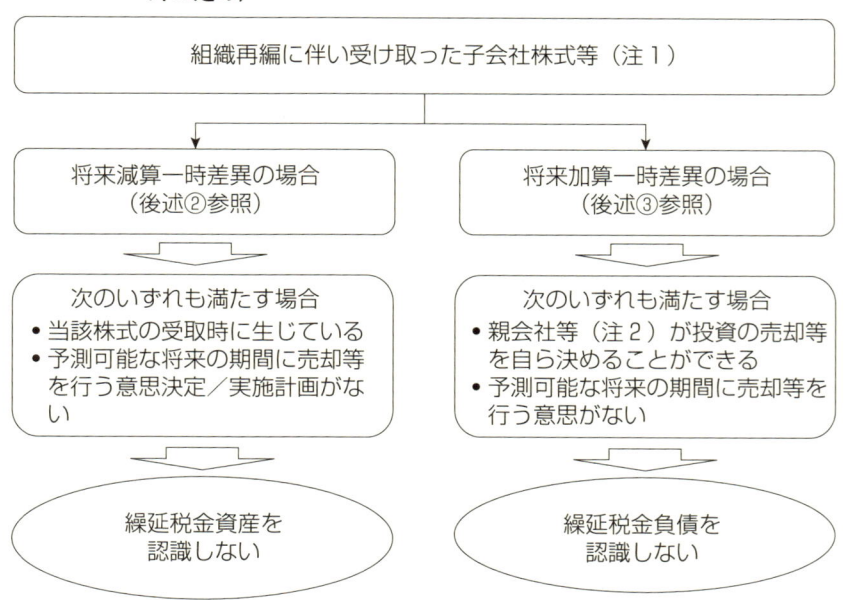

(注１)　事業分離に伴い分離元企業が受け取った子会社株式等を除く。
(注２)　親会社または投資会社を指す。

②　組織再編に伴い受け取った子会社株式等に係る将来減算一時差異の税効果

　子会社株式等に係る将来減算一時差異については，その回収可能性を判断し，繰延税金資産を計上することが必要となりますが，組織再編に伴い受け取った子会社株式等（事業分離に伴い分離元企業が受け取った子会社株式等を除く）については，例外が設けられています。

　すなわち，将来減算一時差異のうち，当該株式の受取時に生じていたものについては，予測可能な将来の期間に，その売却等を行う意思決定または実施計画が存在する場合を除き，繰延税金資産を計上しないものとされています（結合分離適用指針115項，123項，税効果適用指針８項(1)ただし書き，98項）。

③　組織再編に伴い受け取った子会社株式等に係る将来加算一時差異の税効果

　組織再編に伴い受け取った子会社株式等（事業分離に伴い分離元企業が受け取った子会社株式等を除く）に係る将来加算一時差異については，繰延税金負債を計上することが必要となります。ただし，次のいずれも満たす場合，繰延税金負債を計上しないものとされています（税効果適用指針８項(2)②）。

- 親会社または投資会社（以下「親会社等」という）がその投資の売却等を当該会社自身で決めることができる
- 予測可能な将来の期間に，その売却等を行う意思がない

④　例外の定めの背景と対象となる一時差異

　上記②と③の取扱いは，以下のような考え方に基づき，例外的に設けられたものです（結合分離適用指針404項(1)(2)）。

- 継続保有を前提に子会社株式等を取得している場合，取得時に株式交換損

益等の損益は認識されないにもかかわらず，税効果を通じて株式の取得時に損益を認識するのは適当でないこと

- 将来における投資の売却により解消する一時差異は，親会社が売却時期を決定でき，予測可能な将来期間に売却を行う意思がない場合は税効果を認識しない，とする子会社に対する投資の連結財務諸表上の税効果の取扱い（税効果適用指針22項，23項）と整合的であること

ただし，予測可能な将来期間に当該子会社株式等を売却する予定がある場合（一部売却で売却後も子会社または関連会社にとどまる予定の場合には売却により解消する部分の一時差異に限る）や，売却その他の事由により当該子会社株式がその他有価証券として分類されることとなる場合には，継続保有の前提はなくなるため，原則どおり，当該一時差異に対する税効果を認識することになります。

取得した株式について税効果を認識しないとするこのような例外的な取扱いの対象となる一時差異には，例えば，次のようなものがあります。

- 合併等が取得と判定された場合に，取得企業が被取得企業から受け入れた子会社株式等に係る一時差異
- 株式交換や株式移転が取得と判定された場合に，株式交換完全親会社または株式移転設立完全親会社が取得した子会社株式（株式交換完全子会社の株式または株式移転完全子会社の株式）に係る一時差異

なお，取得後に当該子会社株式等に生じた一時差異は，通常の税効果会計の取扱いに従うことになります。また，上記の取扱いは，事業分離に伴い分離元企業が受け取った子会社株式等には適用されないことに留意が必要です（当該子会社株式等の税効果については，後述5．(2)「分離元企業の税効果」(246頁）を参照）。

（本セクションのポイント）

● 取得により生じるのれん（または負ののれん）に対して税効果を認識しない。

●税務上の非適格組織再編において生じる税務上ののれん（資産調整勘定または差額負債調整勘定）は，会計上，その全額を一時差異として取り扱う。
●取得の場合の繰延税金資産の回収可能性の検討において，企業結合による影響は企業結合年度から反映させる。
●組織再編に伴い受け取った子会社株式等に係る税効果については，繰延税金資産・繰延税金負債を計上しない例外の定めがある。

3．共同支配企業の形成の会計処理と税効果

(1)　会計処理の概要

　複数の独立した企業（共同支配投資企業）により共同で支配される企業を「共同支配企業」といい，契約によりこの共同支配企業を形成する企業結合を「共同支配企業の形成」といいます（企業結合会計基準11項）。例えば，親会社が異なる子会社同士の吸収合併や，会社分割によって共同支配企業を形成する場合などが想定されます。

　共同支配企業の会計処理では，共同支配投資企業から移転する資産・負債を，共同支配投資企業において付された適正な帳簿価額により計上します（企業結合会計基準38項）。

(2)　共同支配企業の形成における税効果と繰延税金資産の回収可能性

　共同支配企業の形成における税効果会計についても，上記(1)の考え方に従うことになります。すなわち，繰延税金資産・繰延税金負債に関しても，共同支配投資企業において適正に計上された帳簿価額をそのまま移転することになります。ただし，共同支配企業形成後の決算日においては，共同支配企業としての一時差異等加減算前課税所得の見積額に従って，繰延税金資産の回収可能性を検討する必要があります。

　回収可能性の検討の結果，繰延税金資産の計上額が変動する場合には，その

変動額は共同支配企業形成後の会計期間の損益計算書において法人税等調整額として計上されます。

　なお，共同支配企業の形成日の直前の決算期における共同支配投資企業の税効果の考え方については，事業分離において投資が継続している場合の分離元企業の会計処理と同様になると考えられます（事業分離における分離元企業の税効果の取扱いは後述 5．(2)「分離元企業の税効果」(246頁) 参照)。

(本セクションのポイント)

- ●共同支配企業の形成における税効果会計については，共同支配投資企業において適正に計上された繰延税金資産・繰延税金負債の帳簿価額をそのまま移転する。

4．共通支配下の取引の会計処理と税効果

(1)　会計処理の概要

　共通支配下の取引とは，結合当事企業のすべてが企業結合の前後で同一の株主により最終的に支配され，かつ，その支配が一時的ではない場合の企業結合をいいます（企業結合会計基準16項）。例えば，同一企業グループ内での子会社同士の合併や会社分割，株式の移転などが該当します。

　親会社の観点からは，共通支配下の取引は企業集団内での内部取引と考えられます。このため，連結財務諸表上は内部取引として消去されるため，連結財務諸表には影響を与えません（企業結合会計基準44項）。

　また，個別財務諸表においても，企業集団内の組織再編取引であれば以下のように会計処理され，原則として損益は生じないものとされています（共同支配企業の形成と同様の考え方）。

- •合併等の場合，消滅会社における適正な帳簿価額が存続会社にそのまま引き継がれる。
- •会社分割等の場合，分離元企業の適正な帳簿価額が分離先企業にそのまま

引き継がれる。

(2)　共通支配下の取引における税効果と繰延税金資産の回収可能性

　共通支配下の取引における税効果会計は，共同支配企業の形成の場合の税効果会計と同様，繰延税金資産および繰延税金負債に関して特段の考慮事項はなく，消滅会社または分離元企業において計上された適正な帳簿価額を，存続会社または分離先企業の財務諸表に引き継ぎます。

　企業結合日より前の会計年度末において，存続会社（事業分離における分離先企業や親子合併における合併会社を含む）がどのように繰延税金資産の回収可能性を判断すべきかについての明示的な規定はありません。しかしながら，取得とされる企業結合の場合の取扱いと同様（前述２．(4)「取得の場合の繰延税金資産の回収可能性」(237頁) 参照），共通支配下の取引における存続会社の繰延税金資産の回収可能性については，存続会社単独の収益力に基づく一時差異等加減算前課税所得の十分性等により判断し，企業結合による影響は，企業結合年度から反映させることになると考えられます。

　なお，企業結合後の決算時には，存続会社の一時差異等加減算前課税所得の見積額に従って，繰延税金資産の回収可能性を検討する必要があります。検討の結果，繰延税金資産の計上額が変動する場合，その変動額は当該会計年度の損益計算書において法人税等調整額として計上されます。

Short Break　グループ通算制度を適用する場合における税効果会計の取扱いと企業結合会計における税効果会計の整合性

　親子会社の合併等，共通支配下の取引における取得企業の繰延税金資産の回収可能性については明示的な規定はないものの，前述４．(2)のとおり合併等の影響を合併後から反映させることになると考えられます。

　ただし，この税効果の取扱いは，グループ通算制度の前身である連結納税制度の頃から，連結納税制度における新規適用・加入・離脱の際の税効果の取扱

いと整合していないと指摘されてきました。

　子会社株式の追加取得による連結納税への新規加入では，対象子会社の株式の追加取得が意思決定され，それが実行される可能性が高いと認められる時点で繰延税金資産の回収可能性の判断上考慮するとされていました（実務対応報告第5号Q12-2，Q13）。

　この論点については，2017年から2018年にかけてASBJにおいて審議されましたが，検討の結果，次の理由から，現行の取扱いを見直すことは容易ではないとされ，特に両基準の整合性を図らず，現状の取扱いを変更しないこととされました（「『税効果会計に係る会計基準』の一部改正（案）」等に対するコメント（54））。

- 連結納税に関する取扱いは，税効果会計に関連する他の会計基準等（回収可能性適用指針等）との整合性を勘案して定められており，現行の定めを否定する根拠を見出すことは容易ではないこと
- 企業結合会計基準の取扱いでは，繰延税金資産以外の他の項目（固定資産の減損等）についても，事業分離が行われないものと仮定した取扱いを定めているため，税効果の取扱いのみを見直す場合，企業結合における会計処理が首尾一貫しないことになること

　2022年4月1日以後開始する事業年度より，連結納税制度はグループ通算制度へ移行し，上記の実務対応報告第5号も実務対応報告第42号「グループ通算制度を適用する場合の会計処理及び開示に関する取扱い」へと取扱いが移行されていますが，子会社株式の追加取得により新たに通算子会社となる場合の取扱いは実務対応報告第5号から踏襲されていますので，グループ通算制度への移行後も企業結合会計における取扱いとの不整合について特に明確化は図られていません（実務対応報告第42号22項，56項参照）。

(3)　組織再編に伴い受け取った子会社株式に係る税効果

　前述2．(5)「組織再編に伴い受け取った子会社株式等に係る税効果」（238頁）に記載したとおり，組織再編に伴い受け取った子会社株式等に係る将来減算一時差異については，繰延税金資産の計上に関して例外の定めが設けられています。すなわち，株式の受取時に生じていた一時差異であって，予測可能な将来の期間に，その売却等を行う意思決定または実施計画が存在する場合を除

いては，繰延税金資産を計上しません（税効果適用指針 8 項(1)ただし書，98項）。

　この取扱いは，次のような共通支配下の取引についても適用の対象となります。

- 共通支配下の取引として行われる分割型会社分割において，分割会社の親会社が受け取った子会社株式等（新設会社（または承継会社）の株式）に係る一時差異
- 共通支配下の取引において，株式交換完全親会社または株式移転設立完全親会社が受け取った子会社株式に係る一時差異

　なお，その組織再編後に当該子会社株式等に生じた一時差異は，通常の税効果会計の取扱いによることになります。また，上記の取扱いは，事業分離に伴い分離元企業が受け取った子会社株式等には適用されないことに留意が必要です（当該子会社株式等の税効果については，後述 5 ．(2)「分離元企業の税効果」（246頁）参照）（税効果適用指針99項）。

（本セクションのポイント）

- 共同支配企業の形成における税効果会計と同様，消滅会社または分離元企業において適正に計上された繰延税金資産・繰延税金負債の帳簿価額を，存続会社または分離先企業の財務諸表に引き継ぐ。
- 組織再編に伴い受け取った子会社株式等に係る税効果については，繰延税金資産・繰延税金負債を計上しない例外の定めがある。

5．事業分離の会計処理と税効果

(1)　会計処理の概要

　事業分離とは，ある企業を構成する事業を他の企業に移転することをいいます（事業分離等会計基準 4 項）。企業を構成する事業を移転する企業を「分離元企業」，分離元企業から事業を受け入れる企業を「分離先企業」と定義しています。

　事業分離等の会計処理は，一般に事業の成果を捉える場合の投資の継続・清算という概念に基づいて定められています（事業分離等会計基準69項，**図表Ⅱ-1-5**参照）。

図表Ⅱ-1-5　事業分離等の会計処理（受取対価の種類）

種　類	受取対価	対価の測定	移転損益
投資の清算	現金等	時価	認識する
投資の継続	子会社株式・関連会社株式	移転した事業に係る株主資本相当額	認識しない

　受取対価が子会社株式や関連会社株式となる分離先企業の株式のみである場合は，投資は継続しているものとされ，移転する資産・負債の適正な帳簿価額により対価が算定されるため，分離時に移転損益は認識されません。

　一方，受取対価が現金等の移転した事業と明らかに異なる資産である場合，投資は清算されたものとされ，受取対価は時価となるため，原則として分離時に移転損益を認識します。

(2)　分離元企業の税効果

　分離元企業において，事業分離により移転する事業に係る資産・負債が，分離先企業の株式など現金以外の受取対価と引き換えられ，新たに貸借対照表上，当該受取対価が計上される場合には，それらの金額と課税所得計算上の資産・負債の金額（税務上の帳簿価額）との間に差額（一時差異）が生じる場合があります。例えば，分離先企業の株式のみを受取対価とする事業分離では，分離先企業の株式に係る一時差異の有無およびその内容は，事業分離が会計上「投資の継続」となるか「投資の清算」となるか，また，税務上，適格組織再編に該当するかどうかによって，**図表Ⅱ-1-6**のように相違することになります（結合分離適用指針398項）。

図表Ⅱ-1-6　分離元企業の税効果（分離先企業の株式に係る一時差異）

パターン	会計	会計上の移転損益	税務	分離先企業株式に係る一時差異
A	投資の継続	認識しない	適格	あり（移転事業に係る資産・負債の一時差異）
B	投資の継続	認識しない	非適格	あり（移転事業に係る資産・負債の一時差異＋税務上の移転損益相当額）
C	投資の清算	認識する	適格	あり（株式の時価と移転事業に係る資産・負債の税務上の帳簿価額との差額）
D	投資の清算	認識する	非適格	なし

（注）　上記の表の「適格」は適格組織再編を意味し，「非適格」は非適格組織再編を意味する。税務上の適格要件（対価が株式のみであることや，再編後の株式の継続保有があることなど）を満たす会社分割・合併・現物出資等を適格組織再編といい，税務上，簿価の引継ぎや簿価譲渡として扱われる組織再編を指す。

① 　（パターンＡ）分離元企業において移転損益が認識されず，適格組織再編に該当する場合

　会計上，投資が継続しているとみる場合は移転損益が認識されず，分離先企業株式の取得原価は，移転事業に係る株主資本相当額に基づき算定されます。適格組織再編に該当する場合は，税務上も移転した事業に係る資産・負債の税務上の帳簿価額に基づくため，移転した事業に係る資産・負債の一時差異と同額を分離先企業の株式に係る一時差異として扱い，繰延税金資産および繰延税金負債を計上します（結合分離適用指針108項(2)，**図表Ⅱ-1-7** 参照）。

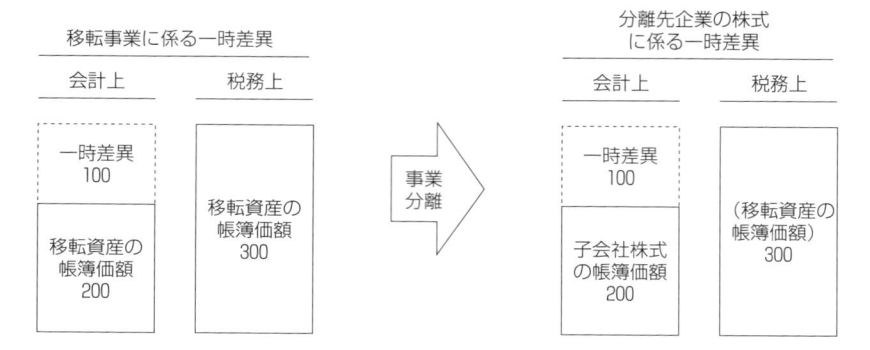

図表Ⅱ-1-7　分離元企業の税効果（投資の継続＋適格）

②　（パターンＢ）分離元企業において移転損益が認識されないが，適格組織再編に該当しない場合

　会計上，投資が継続しているとみる場合は移転損益が認識されず，分離先企業株式の取得原価は，移転事業に係る株主資本相当額に基づき算定されます。税務上の適格組織再編に該当しない場合，分離先企業株式の取得原価は，当該株式の時価に基づいて算定されるため，基本的に，移転した事業に係る資産・負債の一時差異および当該事業分離で新たに生じた一時差異（税務上の移転損益相当額）を分離先企業の株式に係る一時差異として扱い，繰延税金資産および繰延税金負債を計上します（結合分離適用指針108項(2)，**図表Ⅱ-1-8** 参照）。

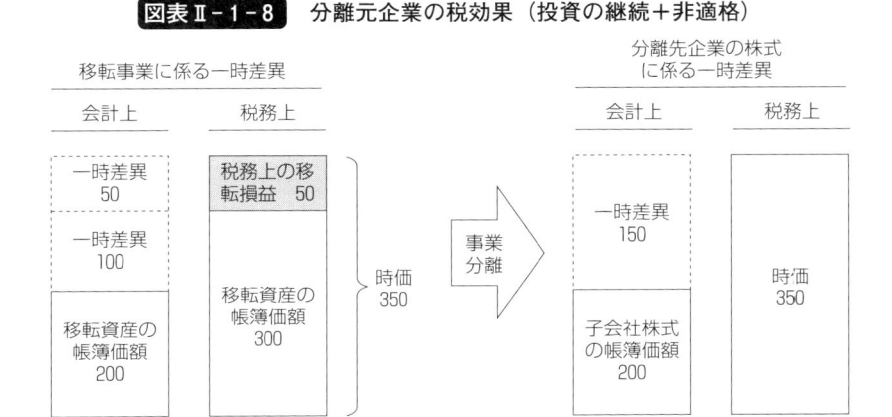

図表Ⅱ-1-8　分離元企業の税効果（投資の継続＋非適格）

③　（パターンC）分離元企業において移転損益が認識されるが，適格組織再編に該当する場合

　会計上，投資を清算したとみる場合は移転損益が認識され，分離先企業株式の取得原価は，当該株式の時価または移転した事業の時価に基づいて算定されます。税務上の適格組織再編に該当する場合，分離先企業株式の取得価額は移転した事業に係る資産・負債の税務上の帳簿価額に基づくため，分離先企業株式に関して，当該株式の時価または移転した事業の時価と移転した事業に係る資産・負債の税務上の帳簿価額との差額が一時差異として生じます。

　当該一時差異にかかる繰延税金資産・繰延税金負債については，一般的な交換の場合と同様に原則として，事業分離日以後最初に到来する期末に通常の税効果会計の適用とあわせて計上されます。当該繰延税金資産・繰延税金負債は，期首と期末の繰延税金資産・繰延税金負債の変動額として法人税等調整額で計上されることになります（結合分離適用指針108項(1)，**図表Ⅱ-1-9**参照）。

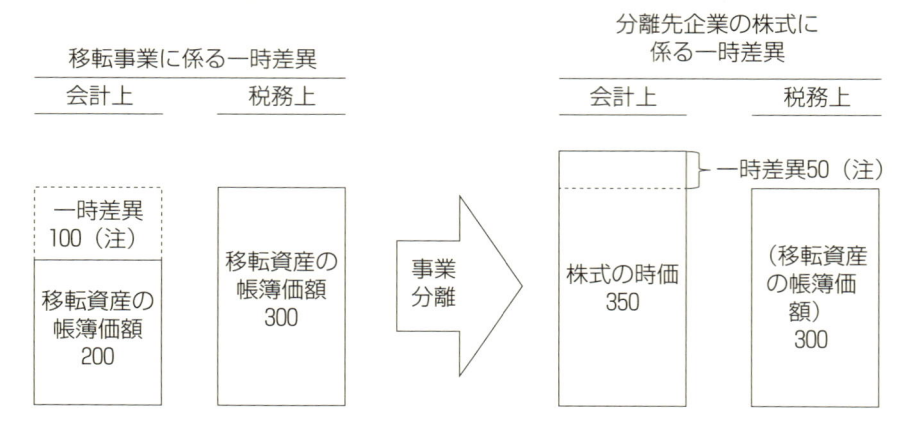

図表Ⅱ-1-9　分離元企業の税効果（投資の清算＋適格）

（注）　通常の税効果会計の適用とあわせて，繰延税金資産・繰延税金負債の変動として会計処理される。

④　（パターンD）分離元企業において移転損益が認識され，適格組織再編にも該当しない場合

　会計上，投資を清算したとみる場合は移転損益が認識され，分離先企業株式の取得原価は，当該株式の時価または移転した事業の時価に基づいて算定されます。適格組織再編に該当しない場合は，税務上も分離先企業株式の取得原価は時価となり，当該株式の時価の測定時点が企業会計と課税所得計算とで同じであれば，一時差異は生じないことになります。

(3)　分離元企業における新たな繰延税金資産・繰延税金負債の計上

①　計上時の処理方法

　分離元企業において新たに貸借対照表に計上された資産・負債の金額と課税所得計算上の資産・負債の金額（税務上の帳簿価額）との間に生じた一時差異については，**図表Ⅱ-1-10**のように取り扱われます（結合分離適用指針108項）。

図表Ⅱ-1-10　　分離元企業の繰延税金資産・繰延税金負債の計上

原則	事業分離日以後最初に到来する事業年度末に税効果会計を適用する。したがって，期末に繰延税金資産・繰延税金負債が計上され，その差額を期首と期末で比較した増減額が法人税等調整額として計上される。
例外（投資が継続している場合）	投資が継続している場合，移転損益を認識せず，事業分離日において移転する繰延税金資産・繰延税金負債の額を，分離先企業の株式の取得原価に含めずに，分離先企業の株式等に係る一時差異に対する繰延税金資産・繰延税金負債として計上する。 なお，ここで計上する繰延税金資産・繰延税金負債は，移転した事業に係る資産・負債の一時差異に加えて，当該事業分離に伴い新たに生じた一時差異（非適格組織再編における税務上の移転損益相当額）に関する繰延税金資産・繰延税金負債の適正な帳簿価額となる（繰延税金資産について回収可能性があると判断されたもの）。

②　分離先企業株式等に係る繰延税金資産の回収可能性（投資の継続）

　上述(2)のパターンＡおよびパターンＢの事業分離において，分離元企業で新たに計上される，分離先企業の株式等に係る一時差異に対する繰延税金資産については，従来の事業に係る投資が継続しているものとみて事業分離日において移転する繰延税金資産を置き換えるものです。したがって，（分類1）に該当する企業に加えて，（分類2），（分類3）に該当する企業についても，回収可能性があると判断できることになります。具体的には**図表Ⅱ-1-11**に示した取扱いとなります（結合分離適用指針108項）。

図表Ⅱ-1-11　分離先企業株式等に係る繰延税金資産の回収可能性

会社分類	回収可能性の取扱い
（分類1）	回収可能性があると判断できる。
（分類2）（注1）	（ただし，事業分離後に事業分離日において移転する繰延税金資産の額以上に計上することはない）
（分類3）（注2）	
（分類4）	翌期における解消額のみ回収可能性がある。
（分類5）	回収可能性はない。

（注1）　回収可能性適用指針28項に従い（分類2）に該当するものとして取り扱われる企業を含む。
（注2）　回収可能性適用指針29項に従い（分類3）に該当するものとして取り扱われる企業を含む。

⑷　事業分離の前期末における分離元企業の繰延税金資産の回収可能性

　分離元企業における事業分離日の前期末における，移転する事業に係る繰延税金資産の回収可能性の考え方は，投資の継続・清算の考え方により整理されます（結合分離適用指針107項）。

①　投資の清算の場合

　投資が清算される場合には，分離元企業における事業分離日以後の将来年度の収益力に基づく一時差異等加減算前課税所得等により判断し，分離先企業の将来年度の収益力に基づく一時差異等加減算前課税所得等は考慮しません。

②　投資の継続の場合

　投資が継続していると判断される場合，事業分離日において分離元企業で認識されていた繰延税金資産・繰延税金負債は，通常，分離先企業に引き継がれ，分離元企業から分離先企業に移転されます。

　事業分離の直前において，分離元企業は移転する繰延税金資産・繰延税金負債の適正な帳簿価額を算定しますが，繰延税金資産の回収可能性は，事業分離が行われないと仮定した移転事業に係る将来年度の収益力に基づく一時差異等

加減算前課税所得等を勘案して判断します。

　具体的には，事業分離が行われないと仮定したときの分離元企業の将来年度の収益力に基づく一時差異等加減算前課税所得の見積額を，移転する事業と残存する事業に区分し，移転する事業に係る一時差異等加減算前課税所得等を基礎として回収可能性の判断を行います。

　また，移転する事業に一時差異等加減算前課税所得と相殺しきれなかった将来減算一時差異が生じており，残存する事業では相殺後に一時差異等加減算前課税所得等の残余が生じている場合には，原則としてこれらを相殺することにより，移転する事業に係る回収可能性を判断します（結合分離適用指針107項(2)）。このような相殺を行う理由は，上述のとおり，事業分離が行われないものと仮定した回収可能性の判断をするためです。

　なお，分離元企業に残存する事業に係る資産・負債の一時差異に対して計上する繰延税金資産の回収可能性については，事業分離日以後は移転する事業から生じる一時差異等加減算前課税所得等が分離元企業に帰属しないため，事業分離を考慮した実際の分離元企業における将来年度の収益力に基づく一時差異等加減算前課税所得等により判断することになります（結合分離適用指針107項(2)なお書き）。

　設例Ⅱ-1-1では，このような分離元企業における移転事業と残存事業に係る繰延税金資産の回収可能性の取扱いについて説明しています。

設例Ⅱ-1-1　事業分離日の属する事業年度の前期末の分離元企業における繰延税金資産の回収可能性（投資が継続する場合）

[前提]

- 分離元企業A社は，a事業（移転事業）とb事業（残存事業）を営む。
- A社は，翌事業年度に会社分割によりa事業を移転する。
- 分離後もA社のa事業に関する投資は継続し，会計上，移転損益は認識されない。

- a事業とb事業に係る将来減算一時差異および一時差異等加減算前課税所得の見積額は以下のとおり。

	将来減算一時差異	一時差異等加減算前課税所得	回収可能見込額	備考
移転事業a	100	（注）80	90	90＝80＋10
（残存事業b）	(100)	（注）(110)		残余10をa事業に充当
実際の残存事業b	100	150	100	一時差異等加減算前課税所得は移転損益を含む
A社合計	200		190	

（注）　一時差異等加減算前課税所得の見積額は事業分離が行われないと仮定した場合の翌事業年度の見積額とする。

- 将来減算一時差異はすべて翌事業年度に解消するものとする。

分析

事業分離日の属する事業年度の前期末における繰延税金資産の回収可能性の判断

対象	繰延税金資産の回収可能性の判断
移転事業a	・移転事業に係る一時差異等加減算前課税所得と相殺しきれない将来減算一時差異20（＝100－80）が生じている。 ・したがって，残存事業bに係る一時差異等加減算前課税所得の見積額110と将来減算一時差異100を相殺した残余10を移転事業aに係る一時差異等加減算前課税所得の見積額80に加算した額90を基礎として，移転事業aに係る繰延税金資産の回収可能性を判断する。
残存事業b	・事業分離をするA社（翌期以降は残存事業bのみを営むことになる）の一時差異等加減算前所得の見積額150（事業分離による移転損益を含む額）を基礎として判断する。
A社全体	・上記の結果，A社は，A社全体の将来減算一時差異200のうち190（＝a事業90＋b事業100）の将来減算一時差異に係る繰延税金資産が回収可能と判断される。

（本セクションのポイント）
●分離元企業の税効果は，事業分離が会計上「投資の継続」となるか「投資の清算」となるか，また，税務上の適格組織再編に該当するかどうかによって取扱いが異なる。

6．パーシャルスピンオフの会計処理と税効果

(1)　会計処理の概要

　スピンオフとは，自社内の特定の事業部門を切り出した会社，または，完全子会社の株式をスピンオフを行う会社の株主に交付することで，スピンオフを行う会社から独立させる組織再編の手法の1つです。なお，スピンオフを行う会社においては，子会社株式の現物配当を行うため，受取対価はありません。

　パーシャルスピンオフは，段階的に分離・独立したい，元親会社との関係を残したいという意向を持つ会社がスピンオフを活用する際に，スピンオフを行う会社（**図表Ⅱ-1-12**のA社）に子会社株式（**図表Ⅱ-1-12**のB社）を一部残す場合をいいます。

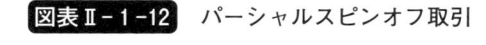

図表Ⅱ-1-12　パーシャルスピンオフ取引

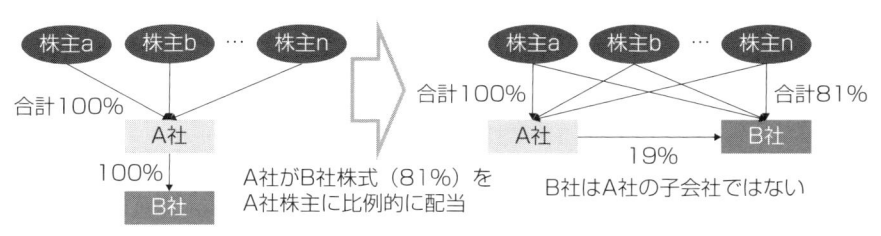

　パーシャルスピンオフの場合，すなわち，保有する完全子会社株式の一部を株式数に応じて比例的に配当（按分型の配当）し，子会社株式に該当しなくなった場合，現物配当を行った会社は，配当の効力発生日における配当財産の

適正な帳簿価額をもって，その他資本剰余金またはその他利益剰余金（繰越利益剰余金）を減額します（自己株式等適用指針10項（2-2））。

（借）　配　　　　　　当	1,000	（貸）　子 会 社 株 式	1,000

　この場合，配当財産の時価で現物配当の会計処理を行わないため，損益が計上されません。連結財務諸表上も個別財務諸表と同様に，損益を計上しません（資本連結手続実務指針46-3項および46-4項）。

(2)　現物配当実施会社の税効果

　令和5年度税制改正で創設された，いわゆる「パーシャルスピンオフ税制」は，一定の要件を満たせば現物分配を行う会社における完全子会社株式の譲渡損益課税は繰り延べられ，現物分配を受ける株主において配当課税が対象外となります。現物分配が税制適格か非適格かによって当該現物分配に係る課税関係が異なります。このため，現物分配が税制適格か否かによって，スピンオフを行う会社での完全子会社株式に係る一時差異の解消や現物分配を受ける株主での一時差異の発生状況も異なり，税効果会計に影響する可能性があります。

　現物配当実施会社の会計処理については，前述のとおり，個別財務諸表および連結財務諸表において現物配当に係る損益を計上しないこととされています。この場合，パーシャルスピンオフの現物配当に対応する持分相当については，配当時に解消する連結財務諸表固有の一時差異が生じているものの，現物配当に係る損益を計上しないため，連結財務諸表固有の将来減算（加算）一時差異の定義（一時差異解消時点で連結財務諸表における利益が増減する）に直接該当しないことになります。

　しかしながら，税制非適格である場合には，時価で配当されたとして取り扱われることから税額に影響を与えるため，連結財務諸表固有の将来減算（加算）一時差異に準ずるものとして処理することになります（税効果適用指針4項(5)なお書き参照）。そのため，パーシャルスピンオフが，税制適格と税制非適格の場合では，税効果について，以下のように異なる会計処理を行うことに

なります（税効果適用指針124-3項，124-4項）。

図表Ⅱ-1-13　現物配当実施会社の税効果

税制適格と なる場合	配当時に税金が発生しないため，配当の意思決定時点で繰延税金資産または繰延税金負債を計上しない。
税制非適格 となる場合	税務上，時価で配当されたものとして取り扱われ，税額に影響を与えるため，配当の意思決定時点で，将来減算一時差異は，回収可能性に基づき，減少する税金の額について，繰延税金資産を計上し，将来加算一時差異は，追加で納付が見込まれる税金の額について，繰延税金負債を計上する（税効果適用指針8項，22項，23項）。 繰延税金資産または繰延税金負債を計上し，または，取り崩される際の相手勘定は，税効果適用指針に従い，法人税等調整額などとなる（税効果適用指針9項，27項（第Ⅰ部第3章6．「子会社に対する投資に係る一時差異」（56頁）参照））。

　なお，パーシャルスピンオフ取引に係る法人税，住民税および事業税等，いわゆる当期税金については，損益に計上することになります（税効果適用指針124-5項）。

（本セクションのポイント）

●現物配当実施会社は，パーシャルスピンオフ取引が税制非適格の場合，現物配当時に一時差異が解消するため，配当の意思決定時点で税効果を認識する可能性がある。

第2章

グループ通算制度における
税効果会計

　本章では，実務対応報告第42号「グループ通算制度を適用する場合の会計処理及び開示に関する取扱い」に基づき，グループ通算制度を適用する場合における税効果会計の取扱いについて説明します。グループ通算制度は連結納税制度を見直したものであり，完全支配関係にある企業グループ内の損益通算等を可能とする基本的な枠組みは連結納税制度と同様です。このため，基本的な方針として連結納税制度への税効果会計の適用における取扱いが踏襲されています。

1．概　　要

(1)　グループ通算制度の概要

　グループ通算制度は，国内において完全支配関係にある企業グループ内の各企業を納税単位として，各企業が個別に法人税額の計算・申告を行い，その中で損益通算等の調整を行う制度です。企業グループ内で損益通算を行うことで，企業グループ全体の納税額を圧縮し税金負担を軽減することが可能となります。具体的には，同一企業グループ内で所得を計上している企業と欠損を計上している企業が併存する場合に，それぞれの所得と欠損を合算することで企業グループ全体としての所得が圧縮され，所得に係る法人税の額も圧縮されるというメリットを享受することができます（**図表Ⅱ-2-1**参照）。

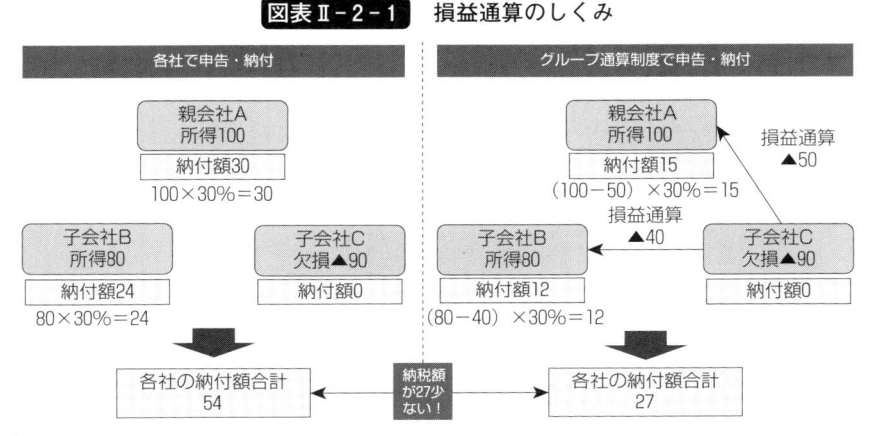

図表Ⅱ-2-1　損益通算のしくみ

(注)　税率を30%としている。

　昨今の企業活動の多角化に伴い，多くの企業集団が複数の法的実体から構成される1つの経済的実体として企業活動を行っている状況のなかで，法的単位に固執して納税額を特定することは，課税の公平性に反する状況を生じさせかねません。複数の法人の所得を通算して課税を求める制度は，法的単位を越えて経済的な実態に基づき課税する考え方といえます。

　グループ通算制度は平成31年度税制改正で導入され，2022年4月1日以後開始する事業年度から適用された制度ですが，歴史的に見れば，2003年4月1日以後開始する事業年度から適用された「連結納税制度」の形を変えたものです。連結納税制度は，上記のような考え方のもと，特定の状況下においては，複数の法的単位を1つの納税単位として税金計算を行うことを許容する制度として導入されました。

　連結納税制度は，複数の企業を1つの納税主体，すなわちあたかも1つの企業であるかのようにみなして申告納税計算を行う制度ですが，複数の企業の申告計算を集約して1つの税務申告書を作成する際の事務的な負担が懸念されていました。例えば，連結納税グループに属する企業の1つで修正申告を行う事案に遭遇した場合，連結納税グループに属する他のすべての企業の申告納税計

算に影響を与えることがありました。

　グループ通算制度は，そのような課題を解消するために，連結納税制度と同様の税務メリットを残しつつ，申告納税実務を各社に分散させることで全体の事務負担を緩和させることを意図して設けられた制度です。したがって，各社および企業グループ全体の税負担額について，グループ通算制度の導入により連結納税制度からの大きな変化を意図しているものではありません。

⑵　グループ通算制度における税効果会計

　これまでの説明のように，税効果会計は，企業会計と税務会計の間で生じる様々なずれを会計的な側面から補正する企業会計上の技法ですが，グループ通算制度における税効果会計では，企業会計と税務会計の間で生じるずれが解消された時の税負担に与える効果が，個々の企業を超えて企業グループ全体に波及する場合がある点を考慮する必要があります。

　単体納税の世界においては，納税単位と個別財務諸表の作成単位とが一致しており（**図表Ⅱ-2-2**），連結財務諸表では，複数の納税単位が1つの連結財務諸表に対応している関係が成り立っています（**図表Ⅱ-2-3**）。そのため，連結財務諸表における税効果会計では，連結上の修正手続に関連する一時差異を「連結財務諸表固有の一時差異」と称して，「個別財務諸表における一時差異」と区別して一時差異を認識する点が重要でした。

図表Ⅱ-2-2　会計の集計単位（単体納税—個別財務諸表との関係）

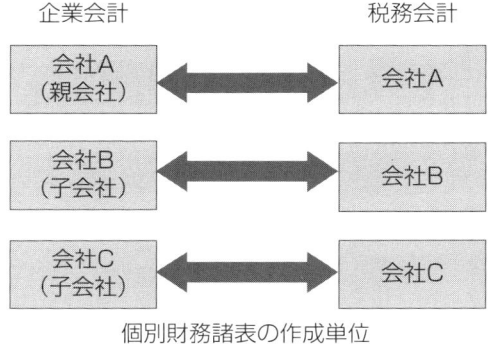

個別財務諸表の作成単位
と納税単位が一致

図表Ⅱ-2-3　会計の集計単位（単体納税—連結財務諸表との関係）

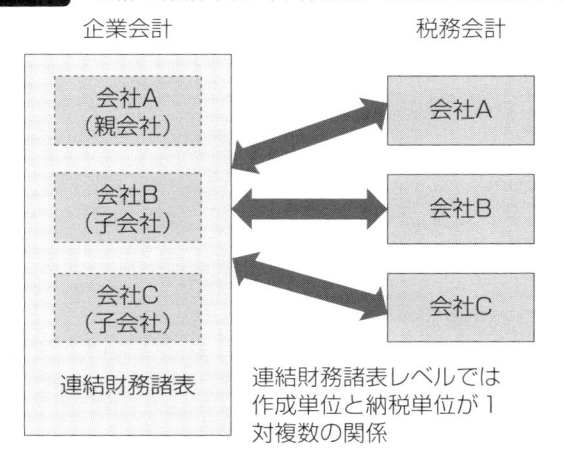

　グループ通算制度においても個別財務諸表の作成単位と納税単位が一致する関係は変わりませんが，法的な単位を超えて所得が通算される，すなわち自社の所得もしくは欠損が企業グループ内の他社の納税額に影響を与えることがあります。個別財務諸表を考えた場合，損益通算等の調整をする企業グループが財務諸表の作成単位よりも大きいという特殊な状況が生じますので，損益通算等に伴い生じる調整を各社の個別財務諸表に反映させる必要があります（**図表**

Ⅱ-2-4参照）。

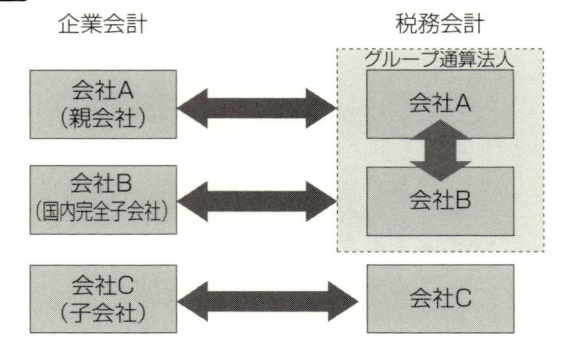

図表Ⅱ-2-4　会計の集計単位（グループ通算制度—個別財務諸表との関係）

企業会計の単位を超えて生じる
グループ通算の効果を各社の会
計に反映させる必要あり

　一方，連結財務諸表で考えた場合，単体納税の場合とそれほど大きな差は生じません。連結財務諸表の中には複数の納税主体が存在することになりますが，その数がまとめられる場合があるというだけであり，本質的な違いはありません。むしろ，連結財務諸表の作成過程とグループ通算制度における課税所得計算の過程に共通する部分があるため，企業会計と税務会計の相違が減殺される場合もあります（**図表Ⅱ-2-5**参照）。

図表Ⅱ-2-5　会計の集計単位（グループ通算制度―連結財務諸表との関係）

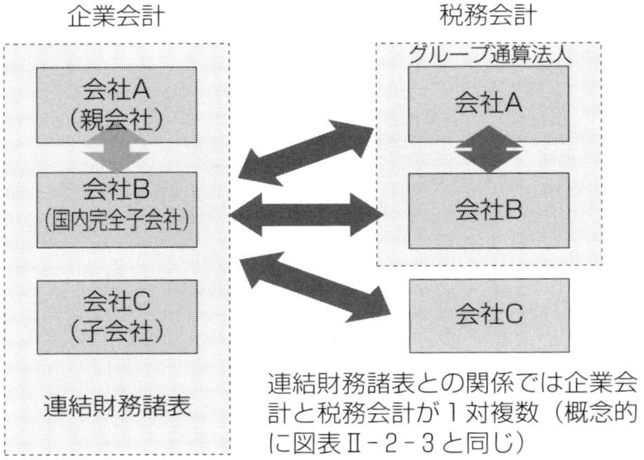

(3)　連結納税制度における税効果会計からの修正

　2003年に連結納税制度が導入された際に，前述の会計単位と納税単位の不整合に端を発する税効果会計上の課題や，連結納税制度固有の取扱いに関連した税効果会計上の取扱い等を明確にする観点で，ASBJは，実務対応報告第５号「連結納税制度を適用する場合の税効果会計に関する当面の取扱い（その１）」および実務対応報告第７号「連結納税制度を適用する場合の税効果会計に関する当面の取扱い（その２）」（以下「実務対応報告５号等」という）を公表しました。

　連結納税制度からグループ通算制度への移行にあたり，ASBJは，移行の趣旨を踏まえ，グループ通算制度下の税効果会計における基本的な考え方を実務対応報告５号等の定めと大きく変化させるべきではないという考え方に基づきグループ通算制度における取扱いを整理し，2021年８月に実務対応報告第42号「グループ通算制度を適用する場合の会計処理及び開示に関する取扱い」（以下「実務対応報告42号」という）を公表しました。

⑷　**グループ通算制度における税効果会計において検討するべき**
ポイント

　グループ通算制度における税効果会計は，複雑な印象を与えます。それは，1つは「グループ通算制度」そのものが複雑な制度であるということ，もう1つは税効果会計そのものが複雑な会計技法であるということと無関係ではないものと思われます。

　本章では，グループ通算制度における税効果会計の論点について，連結納税制度下における取扱いを参考にしつつ大きく以下のように分けて説明します。

①　グループ通算制度の概要と通算税効果額の考え方

②　繰延税金資産の回収可能性

③　グループ通算制度への加入・離脱等に関する税効果会計の適用等その他の論点

④　開示（表示および注記）

（**本セクションのポイント**）

● グループ通算制度は，完全支配関係にある企業グループ内の損益を通算して法人税の申告・納付を行う制度であり，基本的な枠組みは連結納税制度から大きく変更されていない。

● グループ通算制度における税効果会計は，実務対応報告第42号「グループ通算制度を適用する場合の会計処理及び開示に関する取扱い」を適用する。

2．グループ通算制度の概要と通算税効果額の考え方

⑴　**グループ通算制度における税額計算と申告**

　グループ通算制度は，前述のとおり，国内において完全支配関係がある親会社および子会社がそれぞれ納税単位となり，損益通算を行ったうえで各社が税額の計算を行い，申告・納付を行う制度です。ここで，国内において完全支配

関係がある親会社と子会社から構成される企業集団を「通算グループ」（実務対応報告42号 5 項(4)）といいます。また，グループ通算制度を適用する企業を「通算会社」（実務対応報告42号 5 項(1)）といい，通算会社のうち親会社を「通算親会社」（実務対応報告42号 5 項(2)），通算会社のうち子会社を「通算子会社」（実務対応報告42号 5 項(3)）といいます。

　グループ通算制度では，通算会社はまず各社で課税所得計算をしますが，ある通算会社が単独で欠損となった場合，通算グループ間で損益通算を行うことができますので，結果として，欠損となった通算会社の欠損金相当額を他の通算会社の所得を減額させるために使用することができます。それにより，グループ通算制度を適用した場合には，各通算会社がそれぞれ単体納税で申告納付する場合と比べて，通算グループ全体で納付すべき税金の額を減少させることができます。また，申告した期の損益のみでなく，過年度から繰り越された欠損金も通算することが可能です。その結果，ある通算会社が過去に計上した欠損金を使用して，通算グループ全体の通算所得を減額させることが可能になります（**図表Ⅱ-2-6** 参照）。

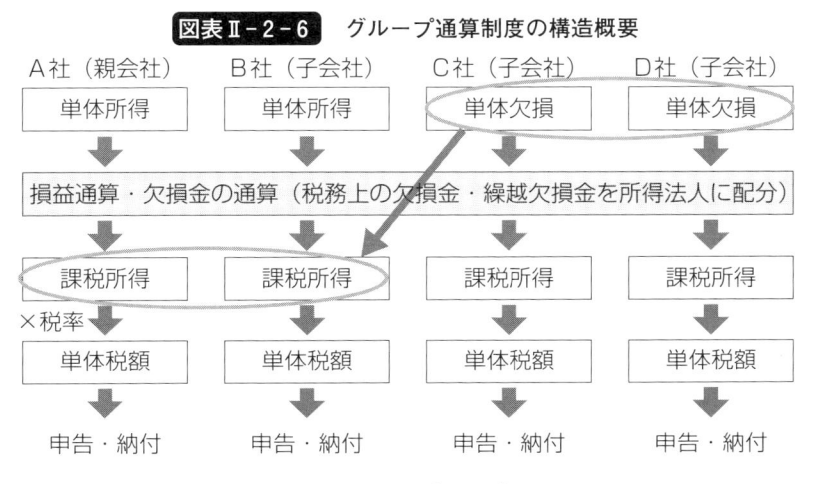

図表Ⅱ-2-6　グループ通算制度の構造概要

企業会計基準委員会：「公表にあたって」【別紙 1 】を参考に作成

　この際，結果として通算グループを構成する通算会社間で，納税額を減少さ
せることができる，いわゆる税効果額を移転させていることになります（これ
により減少する法人税および地方法人税の額に相当する額を「通算税効果額」
といいます）。すなわち，欠損金を認識した通算会社は，単体で課税所得を認
識した他の通算会社に通算税効果額相当額の経済的メリットを与えたことにな
ります。

　そのため，その通算税効果額のメリットを享受した通算会社は，通算税効果
額のメリットを提供した他の通算会社に対して，金銭等でその通算税効果額に
見合う金額を授受することが考えられます（**図表Ⅱ-2-7**参照）。

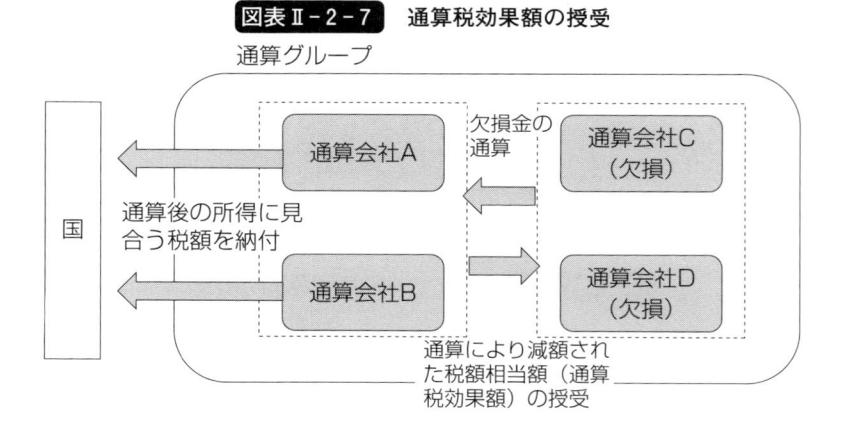

図表Ⅱ-2-7　　通算税効果額の授受

(2)　通算税効果額の取扱い

　上記の通算税効果額の授受があり損益に計上する場合には，損益計算書上，
これを「法人税，住民税及び事業税」に計上することが求められています（実
務対応報告42号25項）。具体的には，通算税効果額を支払う側の通算会社では
法人税，住民税及び事業税の額を増加させ，通算税効果額を受け取る側の通算
会社では，法人税，住民税及び事業税の額を減少させることになります。

　これは，通算税効果額が，グループ通算制度の適用による税額の減少額であ

り，直接国等に納付されるものではなくても当事業年度の課税所得に対する損
益通算等により減少する法人税相当額であり，法人税，住民税及び事業税と同
等の性格を有すると考えられるためです。

　一方，この通算税効果額の授受に関連して通算会社間で生じる債権債務につ
いては，国等に対する債権債務ではないので，貸借対照表上，通常の関係会社
債権債務と同様に「未収入金」「未払金」等の科目で計上することになります
（実務対応報告42号25項，**図表Ⅱ-2-8** 参照）。

図表Ⅱ-2-8　通算税効果額の個別財務諸表上の表示

	通算税効果額を受け取る側	通算税効果額を支払う側
損益計算書上の表記	法人税，住民税及び事業税（減額）	法人税，住民税及び事業税
貸借対照表上の表記	未収入金	未払金

Short Break　一括ダイレクト納付の場合の子会社の未納付額の表示

　本章2．(1)「グループ通算制度における税額計算と申告」（264頁）に記載し
たとおり，グループ通算制度では，各通算会社がそれぞれ納税単位となるため，
各社で申告納付する法人税額等（通算後の所得に見合う税額）は，損益計算書上，
「法人税，住民税及び事業税」に計上し，未納付額は，貸借対照表上，「未払法
人税等」に計上することになります（法人税等会計基準9項および11項）。

　また，前述のとおり，通算税効果額（通算により減額された税額相当額）は，
損益計算書上，「法人税，住民税及び事業税」に計上し，貸借対照表上は，通算
会社間の「未収入金」「未払金」等の科目で計上します。

　e-Tax（国税電子申告・納税システム）を利用したダイレクト納付（グルー
プ通算用）を行う場合，通算親会社が一括して通算子会社の法人税額等の納付
を行うことができます。この場合，通算子会社は，自社が納付すべき法人税額
等を通算親法人に対して支払うことになります。なお，通算税効果額の授受に
ついても，一般的に，通算親会社を通じて行います。

　このような一括ダイレクト納付の場合，決算早期化の観点からは，子会社の個別財務諸表上（**図表Ⅱ-2-9**の子会社B），未納付額と通算税効果額に係る債務を合算して，親会社への「未払金」として表示できるか疑問が生じますが，一義的には通算子会社に納付義務があるため，未納付額については親会社に対する「未払金」として表示するのではなく，「未払法人税等」として表示します。

　したがって，決算の段階においても，各通算法人の所得金額等を把握して，各社で申告納付する法人税額等と通算税効果額は区分して計算する必要があります。

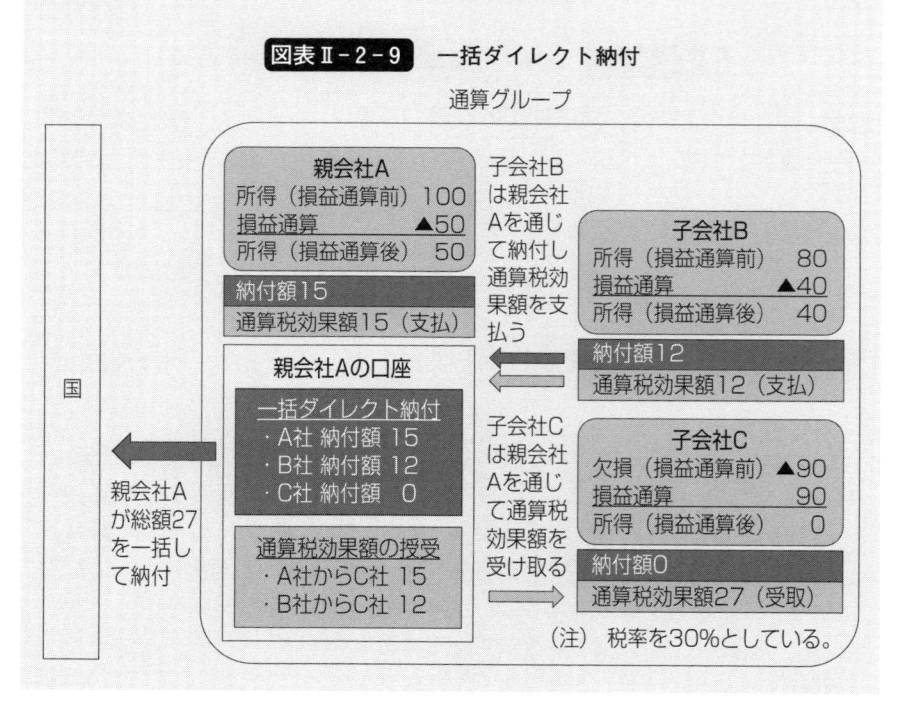

図表Ⅱ-2-9　一括ダイレクト納付

(3)　税効果会計を適用する会計処理の単位

　このように，グループ通算制度においては，通算会社間で損益通算が行われるので，単年度では上記のように通算会社間で通算税効果額の移転が生ずることになります。この経済効果を税効果会計の適用に反映させる必要があります。

　グループ通算制度では，通算グループ全体があたかも１つの法人であるかのように課税されるため，連結財務諸表における税効果会計の適用にあたっては，通算グループ内のすべての納税申告書の作成主体を１つに束ねた単位として，繰延税金資産の回収可能性の検討を行います（実務対応報告42号46項，47項参照）。

　一方，各通算会社における個別財務諸表での税効果会計の適用にあたっては，会計処理の単位はその通算会社の単位＝個別財務諸表の単位を越えることはありませんが，繰延税金資産の回収可能性の判定にあたっては，通算会社が独自で獲得する将来の課税所得のみならず，同一の通算グループに属する他の通算会社の将来の課税所得を考慮しますので，そのような効果を考慮した回収可能性の判定が行われます。

⑷　繰延税金資産および繰延税金負債を計算するための税率

　グループ通算制度は国税部分（法人税，地方法人税）にのみ適用され，地方税（住民税，事業税）については，損益通算は行われません。このため，税効果会計の適用にあたっては，国税部分と地方税部分に分けて検討することが必要な場合があります（実務対応報告42号８項，９項）。

　この場合，具体的には下に掲げる計算式により算出される税率を用いることになります（実務対応報告42号設例５参照）。

法人税及び地方法人税：法人税率×（１＋地方法人税率）／（１＋事業税率）
住民税：法人税率×住民税率／（１＋事業税率）
事業税：事業税率／（１＋事業税率）

　ただし，グループ通算制度を適用している場合，国税部分は損益通算されますが，地方税部分は損益通算されないため，国税部分と地方税部分とで回収可能性が異なる場合が生じます。回収可能性の差異が重要な影響を与える場合には，その影響を加味した税率を用いることになります。実務対応報告42号ではそれぞれの税金の種類ごとに「回収可能性割合」が異なる場合の計算方法として，下の計算式が提示されています（実務対応報告42号設例５）。

> 法人税及び地方法人税：回収可能性割合×法人税率（1＋地方法人税率）／（1＋
> 　　事業税率）
> 住民税：回収可能性割合×法人税率×住民税率／（1＋事業税率）
> 事業税：回収可能性割合×事業税率／（1＋事業税率）

〔Short Break〕　通算税効果額を授受しない場合について

　本章2．(1)「グループ通算制度における税額計算と申告」（264頁）に記載の
とおり，グループ通算制度における損益通算により，通算会社間で税効果の移
転が行われます。この税効果の移転した経済価値を「通算税効果額」と称して，
通常は税効果の移転が行われた通算会社間でその額に見合う金銭等の授受を行
うことが想定されます。

　しかしながら，この通算会社間の「通算税効果額」に相当する金銭等の授受は，
税務上，必ずしも必須ではなく，法的な債権債務関係が自動的に認められるも
のではありません。

　仮に通算税効果額の精算が行われない場合，税効果を他社に提供した通算会
社にとっては，他の通算会社に税効果を使用される一方で，それに見合う金銭
等を受け取ることができないので，結果的に，個別財務諸表では税引前利益と
税金費用の関係が大きく崩れ，税効果会計を含めた税金費用の会計処理が複雑
なものになります。連結納税制度と同様，グループ通算制度においても，一般
的には通算会社間での通算税効果額の精算が行われることが想定されること等
を踏まえ，実務対応報告42号では，通算税効果額の授受が行われる場合のみを
対象とし，通算税効果額の授受が行われない場合は実務対応報告42号の対象外
として取り扱っています（実務対応報告第42号3項，38項参照）。

　そのため，通算税効果額の授受を行わない場合の具体的な定めは存在せず，
「関連する会計基準等の定めが明らかでない場合」（会計方針開示等会計基準
4-3項）に該当すると考えられ，重要な場合には採用した会計方針を開示する
ことになります。

　通算税効果額の授受を行わない場合，通算税効果額を計上しない会計処理と
するか，または，通算税効果額の授受が行われたと擬制して会計処理すること
が考えられます。通算税効果額の授受が行われたと擬制する会計処理については，
適用が終了した実務対応報告5号Q17を参考に，各法人において，通算税効果
額を「法人税，住民税及び事業税」と「未収入金」または「未払金」を計上し

たうえで，支払を免除する決定を行い，相手方に意思表示を行ったときに，当該未収入金と当該未払金の消滅を認識するとともに，債務免除に係る損失を営業外費用または特別損失として，債務免除に係る利益を営業外収益または特別利益として計上する処理が考えられます。

　なお，通算税効果額の授受を行わない場合，通算税効果額を受け取る会社の個別財務諸表においては，他の通算会社が使用した自社の欠損金相当額に対応する資金の流入がないため，グループ通算制度の対象となる国税部分（法人税，地方法人税）の繰延税金資産の回収可能性の判断にあたって，通算税効果額の影響を考慮しないことになると考えられます（本章3．(1)「個別財務諸表における回収可能性の検討の手順」（272頁）参照）。

　以下では，通算税効果額の授受を行わない場合の開示例を紹介します。

（注記例）重要な会計方針

ダイビル㈱　2024年3月期

（重要な会計方針）

6　その他財務諸表作成のための重要な事項

　(1)　法人税及び地方法人税の会計処理又はこれらに関する税効果会計の
　　　会計処理
　　　　当社は，㈱商船三井を通算親会社とする通算グループの通算子会社
　　　として，グループ通算制度に加入しております。当社は，グループ
　　　通算制度において通算税効果額の授受を行っておりません。そのため，
　　　損益計算書において，通算税効果額は計上しておりません。

（注記例）グループ通算制度を適用する場合の会計処理及び開示に関する取扱いの適用

㈱ミクニ　2024年3月期

（税効果会計関係）

3．法人税及び地方法人税の会計処理又はこれらに関する税効果会計の会
　計処理
　　　当社は当事業年度より，グループ通算制度を適用しております。なお，
　法人税及び地方法人税に係る税効果会計の会計処理及び開示については，
　「グループ通算制度を適用する場合の会計処理及び開示に関する取扱い」
　（実務対応報告第42号　2021年8月12日）を前事業年度の期末から適用し

ております。

　当社は，グループ通算制度において通算税効果額の授受を行わないことにしております。そのため，財務諸表における損益計算書において，通算税効果額は計上しておりません。また，財務諸表における将来減算一時差異及び税務上の繰越欠損金に係る繰延税金資産の回収可能性の判断については，企業会計基準適用指針第26号「繰延税金資産の回収可能性に関する適用指針」（2018年 2 月16日）第 6 項から第34項の定めに従っております。なお，同適用指針第11項(5)及び(6)を適用する際には，通算税効果額の影響を考慮せずに取り扱っております。

（**本セクションのポイント**）

● 通算グループを構成する通算会社間で損益通算を行うことにより減少させることができた納付額相当額を「通算税効果額」という。通算税効果額を損益に計上する場合は，個別財務諸表上，「法人税，住民税及び事業税」に計上する。

● 税効果会計の適用にあたっては，通算会社である各連結会社を束ねた通算グループ全体を 1 つの納税単位として繰延税金資産の回収可能性の検討を行う。

3．繰延税金資産の回収可能性

⑴　個別財務諸表における回収可能性の検討の手順

　個別財務諸表における繰延税金資産の回収可能性については，実務対応報告42号に定めがあるものを除き，回収可能性適用指針に従うことになります。グループ通算制度を適用する場合の個別財務諸表における繰延税金資産の回収可能性の判断に関する手順は次のとおりで，①から④まではグループ通算制度を適用していない場合と同じ取扱いとなります（実務対応報告42号11項，12項）。

　　①　期末における将来減算一時差異の解消見込年度のスケジューリングを行

う。

② 期末における将来加算一時差異の解消見込年度のスケジューリングを行
う。

③ 将来減算一時差異の解消見込額と将来加算一時差異の解消見込額とを，
解消見込年度ごとに相殺する（上記①と②の相殺）。

④ 上記③で相殺し切れなかった将来減算一時差異の解消見込額については，
解消見込み年度を基準として繰戻・繰越期間の将来加算一時差異（上記③
で相殺後）の解消見込額と相殺する。

⑤ 上記④までに将来加算一時差異の解消見込額と相殺し切れなかった将来
減算一時差異の解消見込額については，まず，通算会社単独の将来の一時
差異等加減算前通算前所得 (注) の見積額と解消見込年度ごとに相殺し，そ
の後，通算会社間の損益通算による益金算入見込額（当該年度の一時差異
等加減算前通算前所得の見積額がマイナスの場合には，マイナスの見積額
に充当後）と解消見込年度ごとに相殺する。

(注)「一時差異等加減算前通算前所得」とは，将来の事業年度における通算前所
得（損益通算や欠損金の通算を行う前の通算会社単独の課税所得額相当）の
見積額から，当該事業年度において解消することが見込まれる当期末に存在
する将来加算一時差異および将来減算一時差異の額を除いた額をいう。

⑥ 上記⑤で相殺し切れなかった将来減算一時差異の解消見込額については，
解消見込年度の翌年度以降において，特定繰越欠損金（後述の Short
Break「特定繰越欠損金」参照）以外の繰越欠損金として取り扱われる。
繰越欠損金については，特定繰越欠損金と特定繰越欠損金以外の繰越欠損
金ごとに，その繰越期間にわたって，将来の課税所得の見積額（税務上の
繰越欠損金控除前）に基づき，繰越欠損金の控除見込年度ごとに損金算入
限度額計算および翌期繰越欠損金額の算定手続に従って損金算入のスケ
ジューリングを行い，回収が見込まれる金額を繰延税金資産として計上す
る。

⑦ 上記⑥までに相殺し切れなかった将来減算一時差異に係る繰延税金資産

および税務上の繰越欠損金に係る繰延税金資産の回収可能性はないものとし，繰延税金資産から控除する。

Short Break　特定繰越欠損金

「特定繰越欠損金」とは，グループ通算制度の適用開始または通算グループへの加入に伴う資産の時価評価について対象外となる法人（時価評価除外法人）の最初の通算事業年度の開始日の前10年以内に開始した各事業年度において生じた欠損金額等を指します（法法64の7Ⅱ参照）。特定繰越欠損金は，その繰越欠損金が生じた通算会社の所得の金額からのみ控除することができます。一方，時価評価除外法人以外の法人の，グループ通算制度の適用開始または通算グループへの加入前において生じた繰越欠損金は，原則として，その適用開始または加入時に税務上切り捨てることとなり，グループ通算制度の適用開始後または加入後において損金算入できなくなります。

実務対応報告42号では，特定繰越欠損金と特定繰越欠損金以外の繰越欠損金とを区分して繰延税金資産の回収可能性を検討することになります。そのため，特定繰越欠損金がある場合には，通算グループ全体の所得見積額を考慮しながら，特定繰越欠損金のある通算会社単独の所得見積額を考慮するという複雑な対応が必要となります。

特定繰越欠損金のある通算会社で生じた所得については，繰越欠損金の発生状況によって特定繰越欠損金に充当される場合もあれば，特定繰越欠損金以外の繰越欠損金に充当される場合もあり，どのように充当されるかは，その時点における繰越欠損金の発生年度など，通算グループ全体の繰越欠損金の状況にも依存することになります。したがって，グループ通算制度における繰越欠損金にかかる繰延税金資産の回収可能性については，通算グループ全体の所得見積額と通算会社の通算前所得の見積額の両方を考慮して，通算グループの特定繰越欠損金と特定繰越欠損金以外の繰越欠損金の充当方法も考慮しながら検討する必要があります。

なお，連結納税制度における連結欠損金個別帰属額は，グループ通算制度への移行における経過措置により，各法人の欠損金（特定繰越欠損金以外の繰越欠損金）とみなされます。また，連結納税制度における特定連結欠損金個別帰属額は，グループ通算制度における特定繰越欠損金とみなされます。

(2)　個別財務諸表における企業の分類の考え方

　前述(1)の手順⑤において，将来の一時差異等加減算前通算前所得の見積りを行いますが，個別財務諸表における繰延税金資産の回収可能性の判断を行うにあたっての企業の分類については，通算グループ全体の分類と各通算会社の分類をそれぞれ判定する必要があります（実務対応報告42号13項）。

　通算グループ全体の企業の分類の判定においては，通算グループ内のすべての納税申告書の作成主体を1つに束ねた単位を「通算グループ全体」として回収可能性適用指針を適用します。回収可能性適用指針の適用にあたっては，「一時差異等」，「課税所得」，「税務上の欠損金」，「一時差異等加減算前課税所得」等の通算会社ごとに生じる項目について，その合計が通算グループ全体で生じるものとして取り扱って通算グループ全体の分類を判断します（実務対応報告42号17項）。

　通算グループを構成する各通算会社の分類は，損益通算や欠損金の通算を考慮せず，各通算会社の通算前所得または通算前欠損金に基づいて判定します。

　上記のとおり，通算グループ全体の分類と各通算会社の分類をそれぞれ判定したうえで，将来減算一時差異に係る繰延税金資産の回収可能性と税務上の繰越欠損金に係る繰延税金資産の回収可能性について，それぞれ**図表Ⅱ-2-10**，**図表Ⅱ-2-11**のように分類に応じた判断を行います。

図表Ⅱ-2-10　将来減算一時差異に係る繰延税金資産

企業の分類の状況	回収可能性の判断において使用される分類
「通算グループ全体の分類」が「通算会社の分類」と同じか上位である（例：通算グループ全体は（分類2）で，通算会社の分類は（分類3）の場合）	通算グループ全体の分類
「通算グループ全体の分類」が「通算会社の分類」より下位である（例：通算グループ全体は（分類4）で，通算会社の分類は（分類2）の場合）	通算会社の分類

図表Ⅱ-2-11　税務上の繰越欠損金に係る繰延税金資産

繰越欠損金の種類	回収可能性の判断に 使用される分類
特定繰越欠損金以外の繰越欠損金	通算グループ全体の分類
特定繰越欠損金（通算グループ全体の課税所得が損金算入限度額計算の課税所得である場合）	通算グループ全体の分類
特定繰越欠損金（通算会社の課税所得が損金算入限度額計算の課税所得である場合）	通算会社の分類

設例Ⅱ-2-1　個別財務諸表における繰延税金資産の回収可能性（将来減算一時差異）（実務対応報告42号［設例2］を参考）

（前提）

- P社を通算親会社とする通算グループには，通算子会社S1社およびS2社が含まれる。

- 当期末の将来減算一時差異は，次のとおりであり，すべて翌期に解消する。なお，将来加算一時差異および税務上の繰越欠損金は存在しない。

	P社	S1社	S2社	合計
将来減算一時差異	500	100	300	900

- 翌期の一時差異等加減算前通算前所得の見積額は次のとおりである。設例の便宜上，翌々期以降の一時差異等加減算前通算前所得の見積額はゼロとする。

	P社	S1社	S2社	合計
一時差異等加減算前通算前所得	600	△350	400	650

（個別財務諸表における回収可能性の判断の手順）

①　各通算会社は，当期末に存在する将来減算一時差異の解消見込額を翌期の一時差異等加減算前通算前所得の見積額と相殺する。

② ①で相殺し切れなかった将来減算一時差異の解消見込額を，翌期における損益通算による益金算入見積額と相殺する。ただし，S1社は，翌期の一時差異等加減算前通算前所得の見積額がマイナスであるため，損益通算による益金算入見積額は翌期の一時差異等加減算前通算前所得のマイナスの見積額に充当する。

③ ②で相殺し切れなかった将来減算一時差異の解消見込額は，解消見込年度の翌年度以降において，特定繰越欠損金以外の繰越欠損金として取り扱われることから，税務上の繰越欠損金の控除見込年度ごとの損金算入のスケジューリングに従って回収が見込まれる金額と相殺する。

	P社	S1社	S2社	合計
当期末における将来減算一時差異	△500	△100	△300	△900
一時差異等加減算前通算前所得	600	△350	400	650
将来減算一時差異の翌期解消見込額	△500	△100	△300	△900
通算前所得の見積額	100	△450	100	△250
損益通算 (注1)	△100	200	△100	0
課税所得の見積額	0	△250	0	△250
各通算会社の個別財務諸表における将来減算一時差異の回収可能見込額 (注2)	500	0	300	800

(注1)　S1社の通算前欠損金△450について，P社の通算前所得100とS2社の通算前所得100それぞれに配分する。

(注2)　個別財務諸表における繰延税金資産の回収可能性の判断にあたっては，個社の一時差異等加減算前通算前所得の見積額に加えて，他の会社の通算前所得との損益通算を加味して回収可能性の判断を行う。具体的には，まず，個社の一時差異等加減算前通算前所得に基づき，P社とS2社においては回収可能となるが，S1社においては，個社の一時差異等加減算前通算前所得が△350であり全額が回収できない。また，損益通算によってP社とS2社の通算前所得合計200と通算されるが，損益通算による益金算入見積額200をS1社の一時差異等加減算前通算前所得△350に充当した残額は△150となることから，S1社において全額が回収不能となる。

(3) 連結財務諸表における取扱い

　連結財務諸表における将来減算一時差異および税務上の繰越欠損金に係る繰延税金資産の回収可能性については，通算グループ全体について判断を行います。分類の判定においては，通算グループ全体の分類を判定しますが，税務上の繰越欠損金については上記(2)と同様に取り扱います（実務対応報告42号14項，16項参照）。

　また，各通算会社が個別財務諸表において計上した繰延税金資産の合計額と，通算グループ全体について回収可能性を判断した繰延税金資産の額との間に差額がある場合は，当該差額に対応する繰延税金資産の額を取り崩すように連結上修正します（実務対応報告42号14項）。

設例Ⅱ-2-2　企業の分類に応じた繰延税金資産の回収可能性 （実務対応報告42号［設例4］を参考）

(前提)

- P社を通算親会社とする通算グループには，通算子会社S1社およびS2社が含まれる。
- 当期（X4年）末の将来減算一時差異は，次のとおりであり，スケジューリング可能な将来減算一時差異はすべて5年以内に解消する。なお，税務上の繰越欠損金はない。

	P社	S1社	S2社	全体
スケジューリング可能な将来減算一時差異	500	400	600	1,500
スケジューリング不能な将来減算一時差異	500	300	200	1,000
将来減算一時差異合計	1,000	700	800	2,500

- 過去3年および当期（X1年からX4年）の各社の課税所得の状況は次のとおりであった。なお，臨時的な原因により生じたものはない。

	P社	S1社	S2社	全体(注)
X1年の通算前所得	1,500	500	△120	1,880
X2年の通算前所得	1,200	600	150	1,950
X3年の通算前所得	1,500	500	△80	1,920
X4年の通算前所得	1,400	450	150	2,000

（注）　全体は損益通算後の課税所得である。

- 将来5年間（X5年からX9年）の各期の通算前所得の見積額は次のとおりである。なお，近い将来に経営環境に著しい変化は見込まれていない。

	P社	S1社	S2社	全体(注)
X5年からX9年の各期の通算前所得の見積額	1,200	500	100	1,800

（注）　全体は損益通算後の課税所得である。

① 　通算グループ全体および各通算会社の分類の判定と回収可能見込額

　a　通算グループ全体の分類

　通算グループ全体では，過去3年および当期のすべての事業年度において，当期末の将来減算一時差異（2,500）を下回るものの，課税所得が安定的に生じていると判断した場合，回収可能性適用指針の（分類2）の企業に該当する。この場合，スケジューリング不能な将来減算一時差異（1,000）を除く，スケジューリング可能な将来減算一時差異（1,500）に係る繰延税金資産について回収可能性があると判断される。

　b　P社の分類

　P社では，過去3年および当期のすべての事業年度において，将来減算一時差異（1,000）を十分に上回る通算前所得が生じていると判断した場合，回収可能性適用指針の（分類1）の企業に該当する。この場合，将来減算一時差異（1,000）に係る繰延税金資産の全額について回収可能性があると判断される。

　　c　S1社の分類

　S1社では，過去3年および当期のすべての事業年度において，通算前所得が将来減算一時差異（700）を下回るものの，安定的に生じていると判断した場合，回収可能性適用指針の（分類2）に該当する。この場合，スケジューリング不能な将来減算一時差異（300）を除く，スケジューリング可能な将来減算一時差異（400）に係る繰延税金資産について回収可能性があると判断される。

　　d　S2社の分類

　S2社では，過去3年および当期において，通算前所得が大きく増減しており，X1年およびX3年に生じた通算前欠損金が重要でないと判断した場合には，回収可能性適用指針の（分類3）の企業に該当する。一方で，上記aのとおり，通算グループ全体の分類が（分類2）であることから，通算グループ全体の分類に応じて将来減算一時差異に係る繰延税金資産の回収可能性を判断することとなる。この場合，将来減算一時差異（800）のうちスケジューリング不能な将来減算一時差異（200）を除く，スケジューリング可能な将来減算一時差異（600）に係る繰延税金資産について回収可能性があると判断される。

②　連結財務諸表における繰延税金資産の回収可能性の見直し

	P社	S1社	S2社	個社合計	グループ全体
将来減算一時差異合計	1,000	700	800	2,500	2,500
うちスケジューリング可能な将来減算一時差異	500	400	600	1,500	1,500
うちスケジューリング不能な将来減算一時差異	500	300	200	1,000	1,000
企業の分類	（分類1）	（分類2）	（分類3）	―	（分類2）
回収可能見込額	1,000	400	600	2,000	1,500

　個別財務諸表における回収可能見込額の合計2,000と連結財務諸表における通算グループ全体での回収可能性見込額1,500との差額500については，連結財務諸表における繰延税金資産の回収可能性の見直しによって，連結上修正される。これは，Ｐ社が（分類１）の企業に該当する一方，通算グループ全体は（分類２）の企業に該当するため，Ｐ社が個別財務諸表で計上したスケジューリング不能な将来減算一時差異500に係る繰延税金資産について，連結財務諸表においては通算グループ全体の分類に基づき，回収可能性がないものとして取り崩す必要があるためである。

（本セクションのポイント）
● 企業の分類に応じた繰延税金資産の回収可能性に関する取扱いは，連結納税制度の税効果会計の取扱いを踏襲したものとなっている。

４．その他の論点

⑴　未実現損益の消去に係る一時差異の取扱い

　連結会社間の取引によって取得した棚卸資産，固定資産その他の資産に含まれる未実現損益は，連結決算手続の過程で消去されます（連結会計基準36項）。グループ通算制度を適用している場合も，連結財務諸表における未実現損益の消去に係る連結財務諸表固有の一時差異については，税効果適用指針の未実現損益の消去に係る一時差異の取扱いが適用されます（実務対応報告42号18項，第Ⅰ部第３章３．「未実現損益の消去に係る一時差異の取扱い」（45頁）参照）。

　なお，グループ通算制度を適用している場合も，第Ⅰ部第３章９．⑴「連結会社間における資産（子会社株式等を除く）の売却に伴い生じた売却損益を税務上繰り延べる場合の連結財務諸表における取扱い」（82頁）で説明した譲渡損益調整資産に関する規定により（法法61の11），譲渡損益の課税所得計算に含まれる時期が繰り延べられることから連結会計上の資産と税務上の資産が一致するため，連結財務諸表上は一時差異が生じないことがある点に留意が必要

です。

⑵　投資簿価修正に関する取扱い

　投資簿価修正は，通算子会社の稼得した利益に対する二重課税や，通算子会社に生じた損失に対する二重控除の排除等の観点から，税務上の通算子会社に対する投資簿価を修正するものです。グループ通算制度では，通算子会社株式の通算グループ外部への売却等により当該通算子会社が通算子会社でなくなる（通算承認の効力を失う）場合には，その株式売却等の時点において，税務上，当該通算子会社株式の帳簿価額を当該通算子会社の簿価純資産価額に相当する金額に修正します。簿価純資産価額に相当する金額は以下の計算式により算定されます（国税庁「グループ通算制度に関するＱ＆Ａ」問60参照）。

$$\text{簿価純資産価額} = \left[\begin{array}{c}\text{資産の帳}\\ \text{簿価額の}\\ \text{合計額}\end{array} - \begin{array}{c}\text{負債の帳}\\ \text{簿価額の}\\ \text{合計額}\end{array} \right] \times \frac{\text{その法人が有するその通算子会社法人の株式の数}}{\text{その通算子会社法人の発行済株式の数}}$$

（注）　上記算定式における資産および負債は，その通算子会社の通算承認の効力を失った日の前日の属する事業年度終了時点において有する資産および負債（新株予約権に係る義務を含む）であり，発行済株式数はその通算子会社の通算承認の効力を失う直前の発行済株式となる。

　投資簿価修正は，上記のとおり，通算子会社株式の売却等を行う時点で税務上の投資簿価を修正するため，当該売却等を行うまでの間は，原則として会計上も税務上も通算子会社株式の取得価額を帳簿価額として計上しており，一時差異は生じていないと考えられます。この点，実務対応報告42号では，期末時点における他の通算会社の株式等の会計上の帳簿価額と，税務上の簿価純資産価額との差額は，売却等によって解消するときにその年度の課税所得を増額または減額する効果を有することから，一時差異と同様に取り扱います（実務対応報告42号19項，55項）。

　したがって，他の通算会社の株式等を保有する通算会社は，その個別財務諸表において次のような会計処理を行います。

①　税務上の簿価純資産価額＞会計上の帳簿価額のケース

　他の通算会社の株式等について，税務上の簿価純資産価額が会計上の帳簿価額を上回り，投資簿価修正によって当該税務上の帳簿価額が増額修正される場合は，当該増額修正される部分について，将来の課税所得を減額する効果があるため，次のいずれも満たす場合に繰延税金資産を計上します（実務対応報告42号19項(1)）。

- 予測可能な将来の期間に，他の通算会社の株式等の売却等を行う意思決定または実施計画が存在する場合
- 回収可能性適用指針に従って，当該繰延税金資産の回収可能性があると判断される場合

②　税務上の簿価純資産価額＜会計上の帳簿価額のケース

　他の通算会社の株式等について，税務上の簿価純資産価額が会計上の帳簿価額を下回り，投資簿価修正によって当該税務上の帳簿価額が減額修正される場合は，当該減額修正される部分について，将来の課税所得を増額する効果があるため，次のいずれも満たす場合を除き，繰延税金負債を計上します（実務対応報告42号19項(2)）。

- 他の通算会社に対する株式等の売却等を通算親会社自身で決めることができる場合
- 予測可能な将来の期間に，他の通算会社の株式等の売却等を行う意思がない場合

　なお，上記①と②のいずれの場合も，他の通算会社の株式等について評価損を計上しており，当該評価損について繰延税金資産を計上した場合には，他の通算会社の株式等の評価損計上前の帳簿価額と税務上の簿価純資産価額との差額について税効果を合わせて認識します。また，当該評価損に係る繰延税金資産を計上していない場合で，税務上の簿価純資産価額が他の通算会社の株式等の評価損計上前の帳簿価額を下回るとき（当該下回る部分が評価損に係る将来

減算一時差異の範囲内である場合に限る）は，当該下回る部分に係る繰延税金負債を認識しません。

　連結財務諸表においては，上記①および②の個別財務諸表における会計処理によって計上した繰延税金資産および繰延税金負債を取り崩したうえで，連結貸借対照表における通算子会社に対する投資の連結貸借対照表上の価額と税務上の簿価純資産価額との差額を連結財務諸表固有の一時差異と同様に取り扱い，税効果適用指針に従って会計処理します（実務対応報告42号20項，第Ⅰ部第3章6．「子会社に対する投資に係る一時差異」（56頁）参照）。

設例Ⅱ-2-3　個別財務諸表において通算子会社株式の評価損を計上した場合の投資簿価修正の取扱い（実務対応報告42号［設例6］を参考）

前提

- 通算親会社であるP社は，通算子会社であるS社の株式を取得価額である100を帳簿価額として個別財務諸表に計上していた。
- X1年3月期（当期）において，P社は，S社株式について評価損70を計上し，評価損計上後の個別財務諸表上の帳簿価額は30となった。なお，税務上，当該評価損70を損金算入することは認められない。
- X1年3月期末における税務上の簿価純資産価額は80である。
- S社株式の売却等を，P社自身で決めることができるが，予測可能な将来の期間に，S社株式の売却等を行う意思がP社にはない。

一時差異の分析

a　税務上の帳簿価額と会計上の帳簿価額の差額

　税務上損金算入が認められない評価損を計上した場合の一時差異（50）は，次のように，評価損に関する一時差異（70）と，投資簿価修正によって一時差異（△20）と同様に取り扱う部分から構成されることとなる。

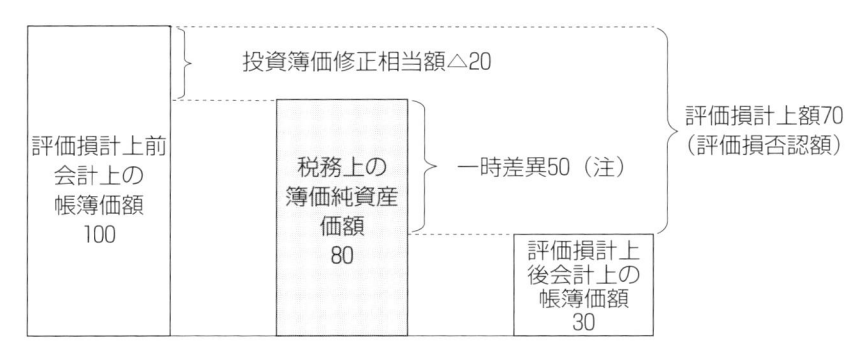

（注）　一時差異50（＝税務上の簿価純資産額80－会計上の帳簿価額30）は，評価損否認額70と投資簿価修正相当額△20から構成される。

b　税務上損金算入が認められない評価損の部分

　税務上損金算入が認められない評価損70については，P社の個別財務諸表における将来減算一時差異となる。当該将来減算一時差異については，税効果会計基準等の定めに従って，繰延税金資産の回収可能性の判断を行うこととなる。例えば，予測可能な将来，売却される可能性が高く，かつ，当該将来減算一時差異に係る繰延税金資産の回収可能性があると判断される場合には，税務上損金算入が認められない評価損70に係る繰延税金資産を計上することになる。

c　投資簿価修正によって一時差異と同様に取り扱う部分

　原則として，投資簿価修正相当額△20に係る将来加算一時差異について，次のいずれも満たす場合を除き，繰延税金負債を計上する。
- S社株式の売却等を，P社自身で決めることができる場合
- 予測可能な将来の期間に，S社株式の売却等を行う意思がP社にはない場合

　したがって，評価損に係る繰延税金資産を計上していない場合には，投資簿価修正相当額△20に係る繰延税金負債を計上しない。

　　ただし，上記ｂの税務上損金算入が認められない通算子会社株式の評価損
　70について，予測可能な将来，売却される可能性が高く，かつ，回収可能性
　があると判断されたことなどによって，繰延税金資産を計上した場合には，
　投資簿価修正相当額△20に係る繰延税金負債を計上する。

(3)　グループ通算制度の適用，加入時および離脱時の取扱い

①　新たにグループ通算制度を導入する場合

　　これまでグループ通算制度を適用していなかった企業グループが，新たにグ
ループ通算制度を導入する場合，どの時点でグループ通算制度を適用するもの
として税効果会計を行うべきかという論点があります。

　　企業グループがグループ通算制度を適用しようとする場合には，同一の通算
グループとなる法人すべての連名で，通算親法人となる法人のグループ通算制
度の適用を受けようとする最初の事業年度開始の日の３か月前までに，通算制
度の承認の申請書を国税庁に提出します（法法64の９Ⅰ・Ⅱ，法規27の16の８
Ⅰ）。なお，グループ通算制度の適用を受けようとする最初の事業年度開始の
日の前日までにその申請についての通算承認または却下の処分がなかったとき
は，その通算グループとなる法人すべてについて，その開始の日においてその
通算承認があったものとみなされ，同日からその効力が生じます（法法64の９
Ⅴ・Ⅵ）。

　　税効果会計の適用にあたっては，原則として，グループ通算制度の適用の承
認があった日または承認があったものとみなされた日の前日を含む連結会計年
度および事業年度（四半期会計期間を含む）の連結財務諸表および個別財務諸
表から，翌年度よりグループ通算制度を適用するものとして，税効果会計を適
用することになります（実務対応報告42号21項）。

　　承認を受けていない場合であっても，翌年度よりグループ通算制度を適用す
ることが明らかな場合であって，かつ，グループ通算制度に基づく税効果会計
の会計処理が合理的に行われると認められる場合には，これらを満たした時点

を含む連結会計年度および事業年度（四半期会計期間を含む）の連結財務諸表および個別財務諸表から，翌年度よりグループ通算制度を適用するものとして，税効果会計を適用することができます（実務対応報告42号21項ただし書き）。ここで，「翌年度よりグループ通算制度を適用することが明らかな場合」とは，グループ通算制度の承認申請書が期限までに提出されており，グループ通算制度を適用する意思が明確であって，当該申請の却下事由（法法64の9Ⅲ）が認められない場合を指すものと考えられます（実務対応報告42号56項，実務対応報告5号Q12-2Aなお書参照）。

3月決算会社の場合は，**図表Ⅱ-2-12**のようになります。

図表Ⅱ-2-12 **3月決算会社の場合のグループ通算制度の適用イメージ（実務対応報告42号21項本則）**

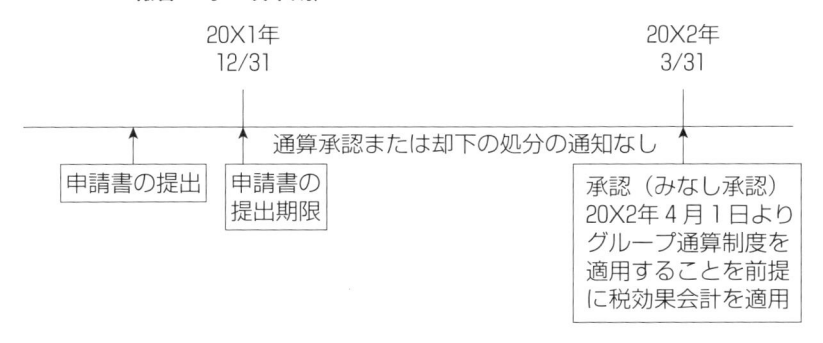

② **加入時の取扱い**

グループ通算制度では，通算親会社との間に完全支配関係が生じた国内の企業をすべて通算グループに含めることとなり，グループ通算制度の対象となる企業を任意に選択することはできません。また，グループ通算制度を適用している企業グループにおいて，株式の取得等によって新たに通算子会社となる（以下「加入」という）企業がある場合，法人税法において時価評価の対象となる資産の時価評価や過年度の繰越欠損金額の取扱い等の加入時特有の取扱いが定められています。

　税効果会計の適用にあたっては，加入する通算子会社が加入前の時点で連結子会社であったかどうかにより，以下のように取扱われます（実務対応報告42号22項，**図表Ⅱ-2-13**参照）。

a　加入前の時点で連結子会社である企業の場合

　加入前の時点で連結子会社である企業が，株式の取得等によって新たに通算子会社となる場合であって，当該企業を，将来，通算子会社とすることについて意思決定が行われ，かつ実行する可能性が高いと認められる場合は，これらを満たした時点を含む連結会計年度および事業年度（四半期会計期間を含む）の連結財務諸表および各社（通算会社と新たに加入する連結子会社）の個別財務諸表から，加入による影響を考慮して税効果会計を適用します。

b　加入前の時点で連結子会社ではない企業の場合

　加入前の時点で連結子会社ではない企業が，株式の取得等によって新たに通算子会社となる場合は，当該子会社が通算子会社となった時点から，加入による影響を考慮して税効果会計を適用します。

　なお，通算子会社となることにより，税務上の繰越欠損金の引継制限（法法57Ⅵ・Ⅷ）や特定資産に係る譲渡等損失額の損金算入制限（法法64の14Ⅰ）が課される場合で，通算子会社になる可能性が高く，かつ，当該企業においてもその事実が明らかになっていると認められる場合には，これらを満たした時点を含む事業年度（四半期会計期間を含む）の当該企業の個別財務諸表から，損金算入が見込まれない税務上の繰越欠損金および特定資産に係る将来減算一時差異について繰延税金資産の回収可能性はないものとして取り扱います。

図表Ⅱ-2-13　加入時の取扱い

	加入する会社が加入前から連結子会社である場合	加入する会社が加入前は連結子会社でない場合
加入する会社の個別財務諸表	加入前の一定の要件を満たす時から，加入による影響を考慮して税効果会計を適用する	加入時から，加入による影響を考慮して税効果会計を適用する
加入のあった通算グループ全体を含む連結財務諸表	同上	同上
加入のあった通算グループ全体に含まれる会社の個別財務諸表	同上	同上

（注）　加入による影響を考慮すると，それぞれの財務諸表において繰延税金資産の回収可能性の検討における企業の分類が変更となる可能性がある。

③　離脱時の取扱い

　株式の売却等によって，通算子会社でなくなる（以下，「離脱」という）企業がある場合であって，将来，通算子会社でなくなることについての意思決定が行われ，かつ，実行する可能性が高いと認められる場合には，これらを満たした時点を含む連結会計年度および事業年度（四半期会計期間を含む）の連結財務諸表および各社（離脱する通算子会社を含む通算会社）の個別財務諸表から，離脱による影響を考慮して税効果会計を適用します（実務対応報告42号23項）。

> **（本セクションのポイント）**
> ● 投資簿価修正について，期末時点における他の通算会社の株式等の会計上
> 　の帳簿価額と，税務上の簿価純資産額との差額は，売却等による解消時に
> 　その年度の課税所得を増減する効果を有するため，一時差異と同様に取り
> 　扱う。
> ● グループ通算制度を新たに適用する場合（適用時），株式取得等により新
> 　たに通算子会社となる場合（加入時），株式売却等により通算子会社でな
> 　くなる場合（離脱時）の税効果会計の適用についてそれぞれ定めがある。

5．開　　示

⑴　表　　示

　通算税効果額については，前述 2 ．⑵「通算税効果額の取扱い」（266頁）の
とおり，法人税および地方法人税を示す科目（「法人税，住民税及び事業税」
など）に含めて，個別財務諸表の損益計算書に表示します。また，通算税効果
額に係る債権および債務については，未収入金や未払金などに含めて個別財務
諸表の貸借対照表に表示します。

　繰延税金資産および繰延税金負債については，個別財務諸表上，税効果会計
基準等の定めに従って繰延税金資産と繰延税金負債を相殺し，繰延税金資産は
投資その他の資産の区分に表示し，繰延税金負債は固定負債の区分に表示しま
す（実務対応報告42号26項）。連結財務諸表では，法人税および地方法人税に
係る繰延税金資産および繰延税金負債について，通算会社で計上した繰延税金
資産の合計と繰延税金負債の合計を相殺し，連結貸借対照表の投資その他の資
産の区分または固定負債の区分に表示します（実務対応報告42号27項）。この
ような相殺は，通算会社は異なる納税主体であるものの，グループ通算制度で
は，連結財務諸表において通算グループ全体に対して税効果会計を適用するこ
ととしているために行われます（実務対応報告42号60項）。

(2)　注記事項

　グループ通算制度を適用している企業は，通常の税効果会計基準等の注記項目に追加して，以下の２点の注記が求められます（実務対応報告42号28項，29項）。

①　グループ通算制度の適用により，実務対応報告第42号に従って法人税および地方法人税の会計処理，および関連する税効果会計の会計処理を行っている旨の注記

②　税効果会計基準等で求められる注記について，法人税および地方法人税と住民税および事業税（所得割）を区分せずにこれらの税金全体で注記

　上記①については，グループ通算制度の適用初年度だけではなく，適用開始から適用を取りやめるまでの期間において注記することが求められます。上記②については，税金の種類ごとに繰延税金資産の回収可能性が異なるケースがありますが，その場合であっても税金の種類ごとに評価性引当額の注記をする必要はありません。ただし，税金の種類ごとに開示することが妨げられるものではありません（実務対応報告42号62項）。

　なお，グループ通算制度では，通算親会社と通算子会社のいずれも，それぞれの税金納付額について連帯納付義務を負っており，当該連帯納付義務は偶発債務に該当しますが，実務対応報告第42号では，連帯納付義務について偶発債務の注記は不要とされています（実務対応報告42号30項）。これは，実務対応報告第５号で連結納税制度において連結納税子会社が連帯納付義務を履行する可能性が極めて低い場合には偶発債務の注記が不要とされていたこと，およびグループ通算制度では上記①の開示が求められることから，グループ通算制度に内在する連帯納付義務について別途偶発債務を注記する有用性は高くないと考えられるためです（実務対応報告42号64項）。

　以下では，グループ通算制度を適用している場合の開示例を紹介します。

（注記例）法人税及び地方法人税の会計処理又はこれらに関する税効果会計の会計処理

㈱リコー　2024年３月期

（重要な会計方針）

7　グループ通算制度の適用

　　当社を通算親会社とするグループ通算制度を適用しております。

（税効果会計関係）

3　法人税及び地方法人税の会計処理又はこれらに関する税効果会計の会計処理

　　当社は，グループ通算制度を適用しており，「グループ通算制度を適用する場合の会計処理及び開示に関する取扱い」（実務対応報告第42号 2021年8月12日）に従って，法人税及び地方法人税の会計処理又はこれらに関する税効果会計の会計処理並びに開示を行っております。

（**本セクションのポイント**）

●グループ通算制度を適用する場合は，毎期，グループ通算制度を適用している旨の開示を行う。表示および開示について，連結納税制度における税効果会計から大きな変更はない。

第3章

グローバル・ミニマム課税に関する取扱い

ASBJ は，第2の柱（グローバル・ミニマム課税）を導入するための税法から生じる繰延税金資産および繰延税金負債を認識しないこととして，所得合算ルール（IIR）に係る取扱いを対象とした実務対応報告第44号「グローバル・ミニマム課税に対応する法人税法の改正に係る税効果会計の適用に関する当面の取扱い」を公表し，2023年3月期から適用されました。その後，ASBJ は，実務対応報告44号を改正し，当該当面の取扱いの適用対象をグローバル・ミニマム課税の3つのルール（**図表Ⅱ-3-1**参照）に拡大したうえで，2024年3月期以降の決算についてもその適用を継続することとしました。

また，ASBJ は，グローバル・ミニマム課税に係る法人税および地方法人税（以下「法人税等」という）の取扱いを定めるため，実務対応報告第46号「グローバル・ミニマム課税制度に係る法人税等の会計処理及び開示に関する取扱い」を公表し，2024年4月1日以後開始する連結会計年度（事業年度）の期首から適用されています。

本章では，グローバル・ミニマム課税に関する税効果会計（繰延税金）および法人税等（当期税金）の取扱いについて説明します。

1．グローバル・ミニマム課税の概要

まず，グローバル・ミニマム課税とはどのような制度であるのか，その概要を説明します。

(1)　第2の柱モデルルールの公表

　昨今の経済のデジタル化の進展によって，市場国に物理的な拠点がなくても経済活動を行うことができるようになり，物理的な拠点の有無に大きく依存する従来の国際課税ルールの下では，国際的な経済活動から生じる利益が市場国で課税されない事例が顕在化しています。また，知的財産などの無形資産の重要性が増している中，関連企業間の取引等を通じて，利益等を軽課税国に移転することが容易になっています。

　このような「経済のデジタル化に伴う課税上の課題」に対応した国際課税ルールの見直しが経済協力開発機構（OECD）／G20において議論されてきました。その結果として，2021年10月，OECD／G20の「BEPS（Base Erosion and Profit Shifting：税源浸食と利益移転）包摂的枠組み」において，2本の柱（市場国への新たな課税権の配分に関する「第1の柱」とグローバル・ミニマム課税に関する「第2の柱」からなる）による解決策の大枠が世界のGDPの90%以上を占める130か国以上により国際的に合意されました。2021年12月，「BEPS包摂的枠組み」により，各国が国内法整備にあたって参照すべき第2の柱のモデルルールが公表されました。

(2)　日本におけるグローバル・ミニマム課税制度の創設

　「第2の柱」による主な解決策として，GloBE（Global Anti-Base Erosion：グローバル税源浸食防止）ルール（3つのルールからなる）の導入が各国で進んでいます。日本でもGloBEの3つのルールを導入する方向で検討されており，令和5年度税制改正において，グローバル・ミニマム課税に対応する法人税等が創設（所得合算ルール（IIR：Income Inclusion Rule）が法制化）され，それに係る規定を含めた「所得税法等の一部を改正する法律」（令和5年法律第3号）（以下「改正法人税法」という）が2023年3月に国会で成立しました。本書執筆時点での日本におけるGloBEルールの導入時期の見通しは，**図表Ⅱ－3－1**のとおりです。

図表Ⅱ-3-1　日本におけるGloBEルールの導入時期の見通し（2024年8月現在）

課税ルール	ルールの内容・立法化の時期	適用日
所得合算ルール（IIR：Income Inclusion Rule）	軽課税国に所在する子会社等の実効税率が最低税率（15%）に至るまで、親会社等の所在する国において課税（令和5年度税制改正で立法化）	2024年4月1日
軽課税所得ルール（UTPR：Undertaxed Profits Rule）	親会社等の所在地国における実効税率が最低税率（15%）を下回る場合に、その税負担が最低税率相当に至るまで、子会社等の所在地国において課税（立法化の時期未定）	未定
適格国内ミニマム課税（QDMTT：Qualified Domestic Minimum Top-up Tax）	子会社等の所在地国の実効税率が最低税率（15%）を下回る場合に、各国国内法によって、当該会社等に対して、その税負担が最低税率において課税（立法化の時期未定）	未定

所得合算ルール（IIR）は、大規模多国籍企業グループの構成会社等および共同支配会社等（以下まとめて「構成会社等」という）が稼得した一定の所得に対して、所在地国別に最低税率（15%）に達するまで税金（国際最低課税額に対する法人税）の支払を求めるものです。ここでいう大規模多国籍企業グループとは、直前の4対象会計年度のうち2以上の対象会計年度の連結ベースの総収入金額が7億5,000万ユーロ相当額以上の多国籍企業グループのことです。国際最低課税額に対する法人税の支払義務は、原則として大規模多国籍企業グループの最終的な親会社等にあります。

なお、大規模多国籍企業グループの構成会社等とは、①企業グループ等に属する会社等、②会社等（企業集団に属するものを除く）のうち恒久的施設等がその会社等の所在地国以外の国または地域にあるもの、③上記①および②の会社等の恒久的施設等のことをいいます（法法82Ⅷ）。ただし、除外会社等（政府関係会社等、国際機関関係会社等、非営利会社等、年金基金、最終親会社等である投資会社等または不動産投資会社等その他の一定の会社等）を除きます（法法82XIV）。また、共同支配会社等とは、一定のジョイント・ベン

チャー，その子会社およびこれらの恒久的施設等をいいます（法法82XV）。

　国際最低課税額は，最低税率（15％）から国別実効税率を控除した率（％）に一定の所得を乗じて算定されます。国別実効税率とは，国別調整後対象租税額が国別グループ純所得の金額に占める割合のことをいい，国別グループ純所得とは，所在地国のすべての構成会社等について，財務諸表上の当期純損益から一定の受取配当金などを除外した金額を合計した金額のことをいいます。所在地国の一定の所得は，この国別グループ純所得の金額から，実質ベースの所得除外額（所在地国のすべての構成会社等に係る有形資産（簿価）および支払給与の一定割合の金額）を控除した残額となります。なお，実質ベースの所得除外額については，実体を有する経済活動を行う企業への配慮等の観点から，一般に移転しづらく税務上の誘因に基づく歪みを引き起こしにくい有形資産（簿価）や支払給与を，実質的な経済活動の指標として本制度の対象から除外するため，定められたものです（**図表Ⅱ-3-2**）。

　なお，国別調整後対象租税額とは，所在地国が同一のすべての構成会社等の「調整後対象租税額」の合計額のことをいいます。「調整後対象租税額」とは，構成会社等の当期純損益金額に係る対象租税（法人税その他の一定の税）の額と税効果会計の適用により計上される対象租税の調整額の合計のことをいいます。

　また，実質ベースの所得除外額の計算における一定割合については，2024年4月1日から2024年12月31日までの間に開始する対象会計年度は有形資産（簿価）の7.8％，支払給与の9.8％ですが，2033年中に開始する対象会計年度に至るまでの間で5.0％まで逓減することとされています。

図表Ⅱ-3-2　**国別国際最低課税額の計算**

●国別国際最低課税額 ＝（15％ － 国別実効税率）× 一定の所得
●国別実効税率 ＝ 国別調整後対象租税額 ÷ 国別グループ純所得
●一定の所得 ＝ 国別グループ純所得 － 実質ベースの所得除外額

　設例Ⅱ-3-1では，所得合算ルール（IIR）における国別国際最低課税額の具体的な計算イメージを示しています。

日本	（IIR に相当する税制を導入）
B国	（軽課税国でない所在地国）
C国	（軽課税国である所在地国）

軽課税国であるC国の構成会社等の情報			A社のC国に関する国際最低課税額の計算		
	調整後対象租税額	グループ純所得 [注]		値	計算式
C1社	100	1,000	C国の国別実効税率	10%	300÷3,000
C2社	200	2,000	適用される税率	5 %	15% －10%
合計	300	3,000	国際最低課税額	150	3,000× 5 %

（注）超過利益はこれに等しい（実質ベースの所得除外額はない）ものとする。

(3)　国際最低課税額に対する法人税の申告および納付期限

　日本におけるグローバル・ミニマム課税制度においては，各対象会計年度終了の日の翌日から15か月（初年度は18か月）以内に，国際最低課税額に対する法人税の申告および納付を行うことが求められています。なお，「対象会計年度」とは，法人税法15条の2に規定する多国籍企業グループ等の最終親会社等の連結等財務諸表（法法82Ⅰ）の作成に係る期間をいいます。

2．グローバル・ミニマム課税制度に係る税効果会計（繰延税金）の取扱い

　繰延税金資産および繰延税金負債は，決算日において国会で成立している税法に基づいて算定しなければなりません（税効果適用指針44項）。そのため，グローバル・ミニマム課税制度が導入されたことにより，税効果会計の適用においてこれを考慮することが必要になります。これに対して，利害関係者から第2の柱モデルルールの複雑性に帰因して，その適用により生じる繰延税金の会計処理に関する不確実性について懸念が示されました。このため，ASBJは，実務対応報告44号を公表し，当面の間，税効果会計の適用にあたって，グローバル・ミニマム課税制度の影響を反映しないこととする救済措置を提供しました。

　実務対応報告44号は，令和5年度税制改正で法制化された所得合算ルール（IIR）に加えて，軽課税所得ルール（UTPR）および適格国内ミニマム課税（QDMTT）等が今後法制化された場合の取扱いも含めて税効果会計の取扱いを定めています。実務対応報告44号は，公表日（2023年3月，2024年3月改正）以後適用されています。

　実務対応報告44号の要求事項と適用時期は，**図表Ⅱ-3-3**のとおりです。

図表Ⅱ-3-3　実務対応報告44号の要求事項と適用時期

対象	区分	要求事項	適用時期
繰延税金	会計処理	改正法人税法の成立日以後に終了する決算（四半期および中間決算を含む）における税効果会計の適用にあたっては，グローバル・ミニマム課税制度の影響を反映しない（3項，3-2項）。	公表日（2024年3月22日）以後
	開示	本実務対応報告は短期的な対応を目的としていることから，開示については求めない（7項，16項）。	

3．グローバル・ミニマム課税制度に係る法人税等（当期税金）の取扱い

　2024年3月，ASBJは，グローバル・ミニマム課税制度に係る法人税等（当期税金）の会計処理および開示について定めた，実務対応報告46号を公表しました。実務対応報告46号は，2024年4月1日以後開始する連結会計年度（事業年度）の期首から適用されています。

　なお，グローバル・ミニマム課税制度は2024年4月1日以後開始する対象会計年度から適用されていますが，当該制度に関連する法令等や実務対応報告46号の公表から適用開始までの準備期間が短いことから，特に適用初年度については，当四半期および中間（連結）会計期間を含む対象会計年度においてグローバル・ミニマム課税制度に係る法人税等が生じるかどうかの判断をすることは困難であると考えられます。そのため，四半期および中間（連結）財務諸表における開示（注記）の定めについては，2025年4月1日以後開始する連結会計年度（事業年度）の期首から適用することとされています。

　実務対応報告46号の要求事項と適用時期は，**図表Ⅱ-3-4**のとおりです。

図表Ⅱ-3-4　実務対応報告46号の要求事項と適用時期

対象	区分	要求事項	適用時期
当期税金	会計処理	対象会計年度となる連結会計年度（事業年度）において，財務諸表作成時に入手可能な情報に基づき，グローバル・ミニマム課税制度に係る法人税等の合理的な金額を見積り，損益に計上する（6項）。	2024年4月1日以後に開始する連結会計年度（事業年度）の期首
	表示注記	**貸借対照表における表示** グローバル・ミニマム課税制度に係る未払法人税等のうち，貸借対照表日の翌日から起算して1年を超えて支払の期限が到来するものは，法人税等会計基準11項の定めにかかわらず，（連結）貸借対照表の固定負債の区分に	

		長期未払法人税等などその内容を示す科目を もって表示する（8項）。	
	表示 注記	損益計算書における表示および注記 ・連結損益計算書 グローバル・ミニマム課税制度に係る法人税 等は，法人税等を示す科目（法人税等会計基 準2項なお書き，9項）に表示する（9項）。 また，グローバル・ミニマム課税制度に係る 法人税等が重要な場合は，当該金額を注記す る（10項）。 ・個別損益計算書 グローバル・ミニマム課税制度に係る法人税 等は，法人税等を表示した科目の次にその内 容を示す科目をもって区分して表示するか， 法人税等に含めて表示し，当該金額を注記す る（11項）。また，グローバル・ミニマム課 税制度に係る法人税等の金額の重要性が乏し い場合，法人税等に含めて表示することがで きる。この場合は，当該金額の注記を要しな い（12項）。	
四半期 および 中間 （連結） 財務諸 表	会計 処理	当面の間，当四半期および中間（連結）会計 期間を含む対象会計年度に関するグローバル・ ミニマム課税制度に係る法人税等を計上しな いことができる（7項）。	
	表示 注記	グローバル・ミニマム課税制度に係る法人税 等を計上しないこととする（7項）ときは， その旨を注記する（13項）。	2025年4月1日 以後に開始する 連結会計年度 （事業年度）の 期首

　実務対応報告46号では，グローバル・ミニマム課税制度に係る法人税等の見 積りにあたって，対象会計年度において適時に情報を入手することが困難な場 合においては，財務諸表の作成時点で入手可能な対象会計年度に関する情報に 基づきグローバル・ミニマム課税制度に係る法人税等を見積ることになるとす る考え方が示されています（BC10項）。企業が財務諸表作成時に入手可能な情 報に基づき見積った金額と翌事業年度の見積額または確定額との間に差額が生

じたとしても，各事業年度において財務諸表作成時に入手可能な情報に基づき当該法人税等の合理的な金額を見積っている限り，誤謬には当たらず，当期の損益として処理することになるとの考え方もあわせて示されています（BC11項）。

　グローバル・ミニマム課税制度に係る法人税等の金額の見積りについては，対象会計年度において従来の財務諸表の作成にあたって入手している以上の情報を適時に入手できない場合もあると考えられることから，ASBJは，実務対応報告46号とともに公表した補足文書「グローバル・ミニマム課税制度に係る法人税等に関する見積りについて」（以下「本補足文書」という）において，そのような場合に考えられる見積りの例を示しています。本補足文書は，企業会計基準等を構成または変更するものではなく，企業会計基準等の適用にあたって参考となる文書です。

- ●対象範囲の判定を行うに際しては，従来の連結財務諸表の作成にあたって入手していない国別報告事項に関する情報や恒久的施設等および特殊な会社等に関する情報を適時に入手することができない場合には，従来の連結財務諸表の作成にあたって入手している子会社等の情報のみに基づき国別実効税率を算定する等の方法により対象範囲の判定を行う（本補足文書12項(1)）。
- ●子会社等におけるグローバル・ミニマム課税制度に係る法人税等の算定に際して，個別計算所得等の金額および調整後対象租税額ならびに実質ベースの所得除外額の算定において必要な情報について，従来の連結財務諸表の作成にあたって入手しておらず対象会計年度となる連結会計年度（事業年度）の決算時において適時に入手することができない場合には，従来の連結財務諸表の作成にあたって入手している子会社等の会計数値に基づき当該金額を見積る（本補足文書12項(2)）。

　なお，これらの見積りの例は，適用初年度において従来の財務諸表の作成にあたって入手している以上の情報を入手できない場合に考えられる見積りの一例であり，グローバル・ミニマム課税制度の適用初年度における当該制度に係

る法人税等の合理的な見積りの方法は，これらの方法に限られるものではない点に留意が必要です。

　また，適用初年度の翌年度以降においても，グローバル・ミニマム課税制度の特徴を踏まえると，必要な情報を適時かつ適切に入手することが困難である場合があると考えられるため，このような場合には，適用初年度の翌年度以降においても，これらの見積りの例を参考とすることが考えられることが示されています。

4．グローバル・ミニマム課税制度に係る会計上の取扱いの適用時期

(1)　改正法人税法と会計上の取扱いの適用時期

　3月決算会社および12月決算会社における改正法人税法と会計上の取扱いの適用時期を示すと，それぞれ**設例Ⅱ-3-2**および**設例Ⅱ-3-3**のとおりです。

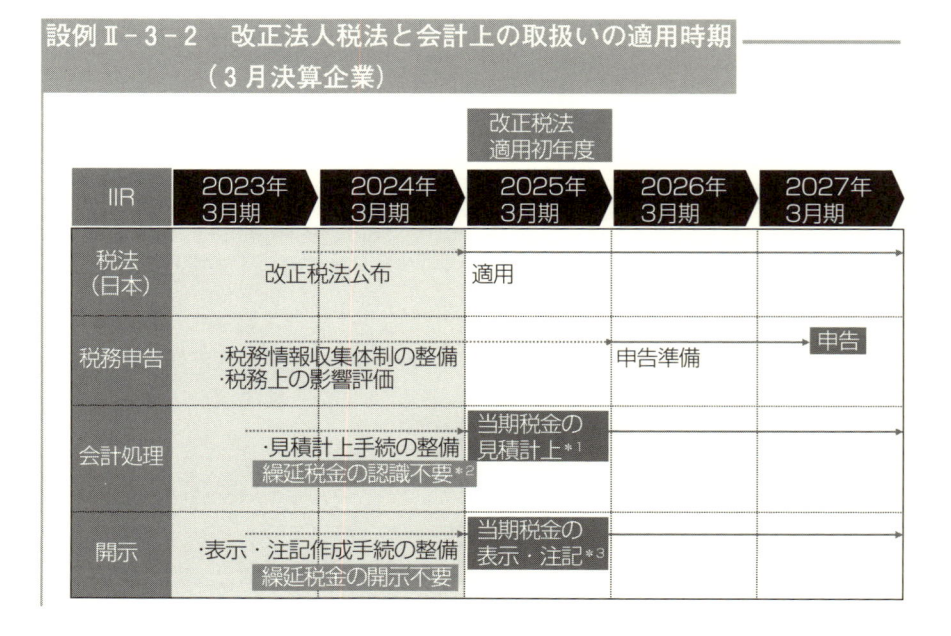

設例Ⅱ-3-2　改正法人税法と会計上の取扱いの適用時期（3月決算企業）

（注）1　四半期および中間決算においては，当面の間，当期税金の見積計上を行わないことができる。

（注）2　当面の間，決算（四半期および中間決算を含む）における税効果会計の適用にあたって，グローバル・ミニマム課税制度の影響を反映しない。

（注）3　実務対応報告46号では，（連結）貸借対照表における表示，（連結）損益計算書における表示および注記などの取扱いが定められている。

設例Ⅱ-3-3　改正法人税法と会計上の取扱いの適用時期（12月決算企業）

（注）1　四半期および中間決算においては，当面の間，当期税金の見積計上を行わないことができる。

（注）2　当面の間，決算（四半期および中間決算を含む）における税効果会計の適用にあたって，グローバル・ミニマム課税制度の影響を反映しない。

（注）3　実務対応報告46号では，（連結）貸借対照表における表示，（連結）損益計算書における表示および注記などの取扱いが定められている。

(2)　会計上の取扱いに関する対応

　3月決算会社にとって，グローバル・ミニマム課税制度の適用初年度は2025年3月期となり，グローバル・ミニマム課税制度に係る国際最低課税額に対する法人税を親会社等が納付する期限は対象会計年度末から18か月後（初年度の

場合）の2026年9月までとなります。また，12月決算会社の場合は，グローバル・ミニマム課税制度の適用初年度は2025年12月期，親会社等による国際最低課税額に対する法人税の納付期限は2027年6月までとなります。

　国際最低課税額に対する法人税の申告および納付期限は対象会計年度末から12か月以上先になりますが，会計上は，改正税法適用初年度の決算から法人税等（当期税金）の見積計上が必要になるため，構成会社等の情報収集体制や国別国際最低課税額の見積方法などを検討し，見積計上手続の整備を進めておく必要があります。

> **（本セクションのポイント）**
> ●実務対応報告44号の適用により，グローバル・ミニマム課税制度の適用から生じる繰延税金資産および繰延税金負債（繰延税金）については認識しない（四半期および中間決算を含む）。
> ●改正法人税法によるグローバル・ミニマム課税制度の適用年度から，グローバル・ミニマム課税制度に係る法人税等（当期税金）の見積計上が必要になる。実務対応報告46号では，（連結）貸借対照表における表示，（連結）損益計算書における表示および注記などを含む会計上の取扱いが定められている。
> ●四半期および中間決算においては，当面の間，グローバル・ミニマム課税制度に係る法人税等（当期税金）を計上しないことができる。その場合には，その旨を注記する。

遡及適用および修正再表示により繰延税金資産または繰延税金負債を変更する場合の取扱い

　企業会計基準第24号「会計方針の開示，会計上の変更及び誤謬の訂正に関する会計基準」は，会計方針を変更した場合，会計基準等の改正に伴う会計方針の変更で当該会計基準等に特定の経過的な取扱いが定められている場合を除いて，原則として，新たな会計方針を過去の期間のすべてに遡及適用することを要求しています（会計方針開示等会計基準6項）。また，過去の財務諸表における誤謬が発見された場合には，過去の財務諸表における誤謬の訂正を財務諸表に反映させる修正再表示を行う必要があります（会計方針開示等会計基準21項）。

　本章では，このような遡及適用および修正再表示を行う場合の税効果会計上の取扱いについて説明します。

1．遡及適用により繰延税金資産または繰延税金負債を変更する場合の取扱い

　会計方針の変更により新たな会計方針を遡及適用する場合，遡及適用による繰延税金資産または繰延税金負債の額の変更は遡及適用した年度の財務諸表（以下「遡及適用した年度の比較情報」という）に反映させます。ただし，新たな会計方針の遡及適用による繰延税金資産の回収可能性の判断の変更については，会計上の見積りの変更として，将来に向かってその影響を反映させます。具体的には，図表Ⅱ-4-1のように取り扱われます（税効果適用指針57項から

59項）。

図表Ⅱ-4-1　遡及適用に伴う繰延税金資産または繰延税金負債の額の変更

ケース	繰延税金資産または繰延税金負債の額の変更の取扱い
①新たな会計方針の遡及適用により資産または負債の額が変更される場合であって，当該変更に伴い一時差異が生じる場合	当該一時差異に係る繰延税金資産または繰延税金負債の額を遡及適用した年度の比較情報に反映させる。
②子会社等が新たな会計方針を遡及適用した結果，当該会社の留保利益が変更されることにより，遡及適用した年度の比較情報において子会社等に対する投資に係る連結財務諸表固有の一時差異の額が変更される場合であって，当該一時差異に係る繰延税金資産または繰延税金負債を計上している場合	当該一時差異の額の変更に係る繰延税金資産または繰延税金負債の額を遡及適用した年度の比較情報に反映させる。
③新たな会計方針の遡及適用に伴い，将来の利益の額が変更されることに対応して，繰延税金資産の回収可能性の判断における将来の一時差異等加減算前課税所得の見積額が変更される場合	会計方針の変更を行った年度以降において，変更後の将来の一時差異等加減算前課税所得を前提として，繰延税金資産の回収可能性を判断する。
④新たな会計方針を遡及適用した結果，過年度において回収可能性適用指針に従って判断した企業の分類（第Ⅰ部第5章参照）を見直す場合	当該見直しに伴う影響は，会計方針の変更を行った年度の財務諸表に反映させる。

　③および④の場合，繰延税金資産は，過去の財務諸表の作成時において入手可能な情報に基づき最善の見積りを行って計上されたものであるため，過去に遡って繰延税金資産の額を変更するのではなく，会計上の見積りの変更として取り扱い，会計方針開示等会計基準17項に従って，将来にわたってその影響を反映させます（税効果適用指針155項，156項）。

２．修正再表示により繰延税金資産または繰延税金負債を変更する場合の取扱い

　過去の誤謬により財務諸表の修正再表示をする場合，修正再表示による繰延税金資産または繰延税金負債の額の変更を修正再表示した年度の財務諸表（以下「修正再表示した年度の比較情報」という）に反映させます。具体的には，**図表Ⅱ-4-2**のように取り扱われます（税効果適用指針60項から62項）。

図表Ⅱ-4-2 修正再表示に伴う繰延税金資産または繰延税金負債の額の変更

ケース	繰延税金資産または繰延税金負債の額の変更の取扱い
①修正再表示により資産または負債の額が変更される場合であって，当該変更に伴い一時差異が生じる場合	当該一時差異に係る繰延税金資産または繰延税金負債の額を修正再表示した年度の比較情報に反映させる。
②子会社等において過去の誤謬により当該会社の留保利益が変更され修正再表示が行われた場合で，かつ，当該修正再表示した年度の比較情報において子会社等に対する投資に係る連結財務諸表固有の一時差異の額が変更される場合であって，当該一時差異に係る繰延税金資産または繰延税金負債を計上している場合	当該一時差異の額の変更に係る繰延税金資産または繰延税金負債の額を修正再表示した年度の比較情報に反映させる。
③修正再表示した年度の比較情報における将来の一時差異等加減算前課税所得の見積額や過年度において回収可能性適用指針に従って判断した企業の分類（第Ⅰ部第5章参照）を見直す場合	当該見直しに伴う影響を修正再表示した年度の比較情報に反映させる。

　③について，**図表Ⅱ-4-1**の③および④の場合と異なり，会計上の見積りの変更ではなく，過去の誤謬の訂正として，過去に遡って繰延税金資産の額を変更します。

本セクションのポイント

● 会計方針の変更に伴う新たな会計方針の遡及適用または過去の誤謬による修正再表示によって繰延税金資産または繰延税金負債の額が変更される場合，その変更は，遡及適用または修正再表示した年度の比較情報に反映させる。ただし，新たな会計方針の遡及適用による繰延税金資産の回収可能性の判断の変更については，会計上の見積りの変更として，将来に向かってその影響を反映させる。

IFRS 対応

第1章

IAS 第12号「法人所得税」の主な論点

　IFRS 会計基準では，IAS 第12号「法人所得税」が法人所得税の会計処理，表示および開示を包括的に取り扱っています。IAS 第12号で規定されている法人所得税の会計処理は，当期税金の取扱いも含め多岐にわたっていますが，本章では，税効果会計の適用方法を中心に，主な会計処理，表示および開示の論点について解説します。

1．税効果会計の概要

(1)　基本的な考え方（貸借対照表負債法）

　IAS 第12号では，税効果の前提として，財政状態計算書において認識された資産について，将来の期に，少なくとも帳簿価額と同額が，企業に流入する課税対象となる経済的便益として実現されると考えられています。これが，貸借対照表負債法の基礎となる考え方となります。

　すなわち，報告期間の末日までに発生した取引および事象について，税務上，発生した会計期間に益金算入もしくは損金算入されない場合には，原則として，その影響が後の期間に生じることになります。このような場合，当該取引および事象の将来の税務上の影響を認識するためには，当期税金負債および当期税金資産に加えて，繰延税金負債および繰延税金資産を認識することが必要となります。

　税効果の対象となる一時差異は，財政状態計算書における資産または負債の帳簿価額と当該資産または負債の税務基準額との差額です。この場合，税務基

準額とは，財政状態計算書上の資産または負債に税務上帰属するとされた金額
となります（IAS 第12号 5 項）。

　資産の税務基準額とは，企業がその資産の帳簿価額を回収する時に，企業に
流入する課税対象となる経済的便益に対して税務上減算される金額です。例え
ば，営業債権のように，その金額が売上としてすでに課税所得に算入されてい
る場合には，財政状態計算書における資産の帳簿価額と税務基準額は同額とな
ります（IAS 第12号 7 項）。

図表Ⅲ-1-1　　**貸借対照表負債法**

【前提】
- X0年度末において，会計上，資産100が認識される。一方で，税務上は損金100として算入される。
- 会計上，当該資産は残存価額 0 として，X1年度から 2 年間にわたり定額法で減価償却される。売却の予定はない。
- X0年度とX1年度の税率は30%である。

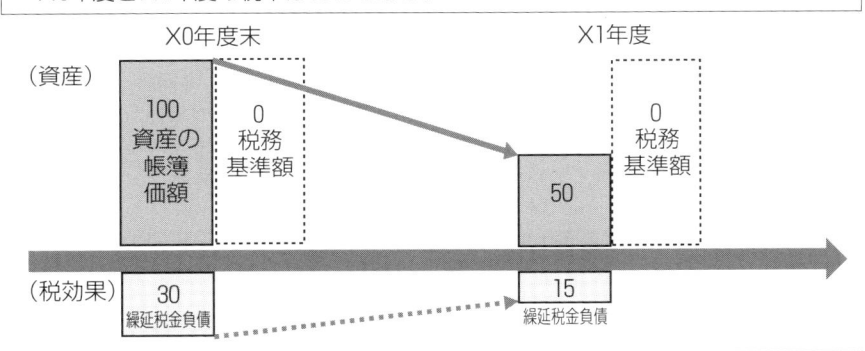

【考え方】
- X0年度末において，資産の帳簿価額100が税務基準額 0 を100上回り，将来加算一時差異100が生じる。これに対して，繰延税金負債30が認識される。
- X1年度中に減価償却費50が生じるため，年度末の当該資産の帳簿価額は50となる。これにより，当該資産の税務基準額 0 との差額である将来加算一時差異は50となる。この結果，繰延税金負債は15まで減額される。

　図表Ⅲ-1-1のケースでは，企業は，会計上，X0年度末において，当該資
産の帳簿価額100を認識し，X1年度期首から 2 年間にわたって減価償却により

当該資産の経済的便益を回収することになります。他方，企業が資産の帳簿価額100を回収するときに，税務上，企業に流入する課税対象となる経済的便益を益金として加算することになります。すなわち，企業は，当該資産の帳簿価額100について減価償却を通じて回収する，X1年度およびX2年度における課税所得計算において，企業が回収する経済的便益である当該減価償却費相当額50をそれぞれ加算することになります。このような，報告期間末の資産の帳簿価額について，将来回収するときに企業に流入する税務上の益金となる経済的便益が税務上の損金として認められる額を上回る場合に，繰延税金負債が認識されます。

(2)　適用範囲

IAS第12号は，課税所得を課税標準として課される税金（法人所得税）に係る会計処理を定めています。そのため，適用の範囲に含まれる税金は，IAS第12号の法人所得税の定義を満たすものだけであり，すべての税金がIAS第12号に含まれるわけではありません。このため，IAS第12号の適用範囲に含まれるかどうか，すなわち，課税所得を課税標準として課される税金であるのかどうかの判定が必要になります。

なお，この場合の「課税所得（税務上の欠損金）」とは，税務当局が定めたルールに従って計算され，それに対して法人所得税が課される（還付される）ある期の利益（損失）を意味します（IAS第12号5項）。

Short Break　IAS第12号の範囲に含まれる源泉税と含まれない源泉税

源泉税は，配当やロイヤルティ収入などの特定の収益について，受領者により負担される税金です。このため，通常，受取配当金，受取利息などの収益は，損益計算書において，源泉税を含んだ総額で認識されます。

このような源泉で徴収された税金は，税額控除される場合には，IAS第12号の適用範囲に含まれます。他方，税額控除されず，課税所得を課税標準として課される税金の定義にあてはまらないと判定される場合には，IAS第12号の適

用範囲に含まれないことになります。このような判定は，源泉税に関する各税務管轄の規則等を参照して行う必要があります。

　なお，IAS 第12号の適用範囲に含まれない源泉税については，IAS 第37号「引当金，偶発負債及び偶発資産」に従って会計処理することになります。

(3)　繰延税金資産および負債の認識と測定

①　繰延税金資産の認識

a　原　　則

　企業は，原則として，将来減算一時差異を利用できる課税所得が生じる可能性が高い範囲内で，すべての将来減算一時差異について繰延税金資産を認識しなければなりません（IAS 第12号24項）。のれんの当初認識により生じる場合も例外ではありません。企業結合で生じたのれんの帳簿価額がその税務基準額よりも小さい場合には，その差異は将来減算一時差異であり，繰延税金資産を認識する対象となります。のれんの当初認識による繰延税金資産については，将来減算一時差異を活用できる課税所得が得られる可能性が高い範囲で，企業結合の会計処理の一環として認識しなければなりません（IAS 第12号32Ａ項）。

b　例　　外

⒜　資産または負債の当初認識の例外

　IAS 第12号では，以下の(ⅰ)から(ⅲ)のすべてに該当するような取引における資産または負債の当初認識により生じる将来減算一時差異については，繰延税金資産を認識することを認めていません（IAS 第12号24項）（**図表Ⅲ-1-2** 参照）。

　(ⅰ)　企業結合ではない

　(ⅱ)　取引時に会計上の利益にも課税所得もしくは税務上の欠損金にも影響しない

　(ⅲ)　取引時に同額の将来加算一時差異と将来減算一時差異が生じない

　この当初認識の例外に該当する場合，事後に，当該資産または負債が変動した結果，未認識の繰延税金資産が変化したとしても，企業はその影響を認識し

ないことになります（IAS 第12号22項(c)）。

　図表Ⅲ-1-2 は，資産および負債の当初認識の例外の判定をフローチャートで示しています。

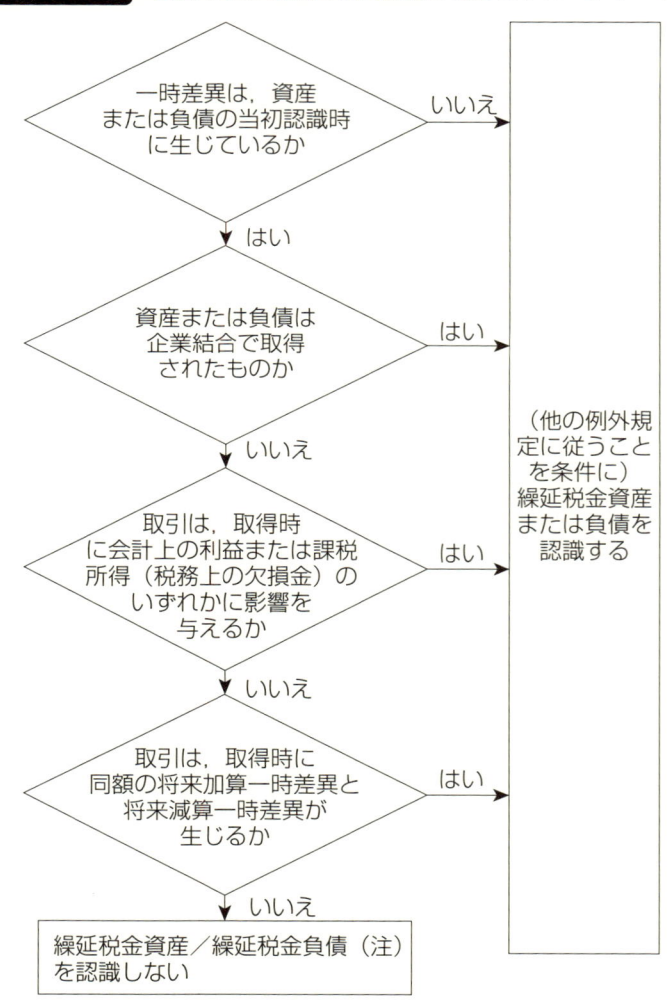

図表Ⅲ-1-2　資産および負債の当初認識の例外のフローチャート

（注）　後述② b (b)「資産または負債の当初認識の例外」（317頁）参照

　IAS 第12号に，このような当初認識の例外の定めがない場合，企業は，原則に従って，取引が企業結合ではなく，取引時に会計上の利益にも課税所得にも影響せず，かつ同額の将来加算一時差異と将来減算一時差異が生じない取引において，資産または負債の当初認識より生じる将来減算一時差異についても，繰延税金資産を認識し，同額だけ資産または負債の帳簿価額を修正することになります。このような修正は，財務諸表を不明瞭なものにすると考えられます（IAS 第12号22項(c)）。

　なお，資産または負債の当初認識において生じる一時差異については，繰延税金資産だけではなく，繰延税金負債も認識することは認められていません（IAS 第12号15項）。この例外に係る定めの詳細については，後述②b(b)「資産または負債の当初認識の例外」（317頁）を参照ください。

Short Break　当初認識の例外に該当しないケース：取引時に同額の将来加算一時差異と将来減算一時差異が生じる取引例

　リース契約の開始日において，借手は，通常，リース負債とそれに対応する金額を使用権資産の取得原価の一部として認識します。この場合，適用される税法によっては，この取引における資産と負債の当初認識において，同額の将来加算一時差異と将来減算一時差異が生じる可能性があります。

　例えば，税法上，リース料がその支払時に損金算入される場合，当該リース料が資産または負債の税務基準額に影響します（1.(1)「基本的な考え方（貸借対照表負債法）」（310頁）参照）。税法上，当該リース料がリース負債に関連する場合には，リース負債の税務基準額はゼロになり（利息は考慮しない），リース負債には将来減算一時差異，使用権資産には将来加算一時差異が生じることになります。その結果，資産と負債の当初認識時に同額の将来加算一時差異と将来減算一時差異が生じることになるため，当初認識の例外の定めを適用することはできません。

(b)　子会社等に対する持分から生じる一時差異の例外

IAS 第12号では，企業は，子会社，支店および関連会社に対する投資ならび

に共同支配の取決めに対する持分から生じるすべての将来減算一時差異について，以下の(ⅰ)および(ⅱ)の双方の可能性が高い範囲内でのみ繰延税金資産を認識しなければなりません（IAS 第12号24項，44項）。

　(ⅰ)　当該将来減算一時差異が予測可能な期間内に解消する

　(ⅱ)　当該将来減算一時差異を活用できる課税所得が稼得される

②　繰延税金負債の認識

a　原　　則

原則として，企業は，すべての将来加算一時差異について繰延税金負債を認識しなければなりません（IAS 第12号15項）。

将来に税務上の欠損金の発生が見込まれる場合であっても，企業は，繰延税金負債を認識する必要があります。確かに，税務上の欠損金が発生する会計期間において，将来加算一時差異が解消した場合には，税金の支払は生じないかもしれません。しかしながら，将来の会計期間において，将来加算一時差異の解消が生じた場合には，税務上の欠損金から生じる経済的便益が減額されることになるため，繰延税金負債を認識することになります。

b　例　　外

ⓐ　のれんの当初認識の例外

IAS 第12号は，のれんの当初認識により生じる将来加算一時差異について，繰延税金負債を認識することを認めていません（IAS 第12号15項，21項）。

企業結合において発生するのれんは，次の項目の合計額が，取得した識別可能な資産と引き受けた負債の取得日における金額の純額を超過する額として算定されます（IAS 第12号21項，IFRS 第３号32項）。

- 移転した対価
- 被取得企業に対する非支配持分の金額
- 段階的に達成された企業結合の場合，被取得企業に対して取得企業が従前から保有していた資本持分の取得日現在の公正価値

　のれんについては，多くの国や地域において，税法上，課税所得計算において，その帳簿価額の減額を損金として取り扱うことは認められていません。

　原則通りに考えれば，のれんの会計上の帳簿価額と税務基準額（金額はゼロ）との差額は，将来加算一時差異に該当します。しかしながら，企業結合におけるのれんは，あくまでも残余として測定されるものです。そのため，このような場合にのれんに対して繰延税金負債を認識すると，のれんの帳簿価額が増加することになります。そこで，このような状況を回避するために，IAS 第12号では，のれんに対して繰延税金負債の認識を認めていません（IAS 第12号21項）。

　ただし，のれんに係る将来加算一時差異による繰延税金負債は，のれんの当初認識から生じていない範囲では認識されます。例えば，企業結合において企業が100億円ののれんを認識し，このれんについて，税務上，取得年度から5年にわたって，毎期定額（20億円）を損金算入できるものとします。このような場合，のれんの税務基準額は，当初認識時は100億円ですが，取得した年度末には80億円となります。取得した年度末ののれんの帳簿価額が，100億円で変動しないままであれば，20億円の将来加算一時差異が当該期末に生じます。この将来加算一時差異は，のれんの当初認識に関連するものではありません。そのため，これに係る繰延税金負債は認識されることとなります（IAS 第12号21 B項）。

⒝　資産または負債の当初認識の例外

　IAS 第12号では，以下(i)から(iii)のすべてに該当するような取引における，資産または負債の当初認識により生じる将来加算一時差異については，繰延税金負債を認識することを認めていません（IAS 第12号15項，22項，22 A項）。この点は，繰延税金資産について当初認識の例外を設けている理由と同じです（前述① b(a)「資産または負債の当初認識の例外」（313頁）参照）。

　(i)　企業結合ではない

　(ii)　取引時に会計上の利益にも課税所得もしくは税務上の欠損金にも影響しない

(ⅲ)　取引時に同額の将来加算一時差異と将来減算一時差異が生じない

　また，企業は，資産または負債の当初認識において認識しなかった繰延税金負債のその後の変動についても認識しません（IAS 第12号22項(c)）この点も，繰延税金資産の場合と同じです。

Short Break　取引時に会計上の利益にも課税所得（もしくは税務上の欠損金）にも影響しない資産または負債に係る将来加算一時差異

　Ａ社が，Ｂ社との企業結合ではない契約により，耐用年数10年のライセンス（無形資産）を購入しました。Ａ社は，このライセンスの第三者への売却は認められていないため，使用により経済的便益を回収することになります。他方で，Ａ社の所在地国の税法上，当該ライセンスについて，償却や期限の満了等によっても損金算入することは認められていません。

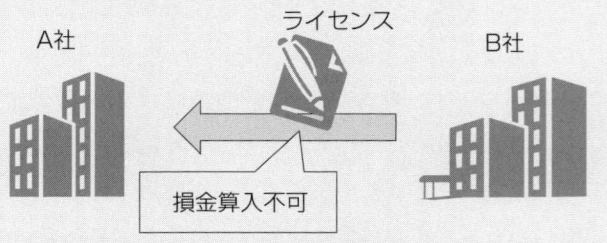

このような場合，Ａ社は，税務上，どのような状況になってもライセンスの帳簿価額を損金算入できないため，その税務基準額はゼロです。そのため，ライセンスの購入時には，ライセンスの帳簿価額と同額の将来加算一時差異が発生することになります。

　しかしながら，Ａ社のライセンスの購入は，企業結合ではなく，取引時に会計上の利益にも課税所得にも影響せず，さらに，取引時に同額の将来加算一時差異と将来減算一時差異が生じない取引に該当します。したがって，IAS 第12号15項の繰延税金負債の当初認識の例外の定めに従って，ライセンスに係る将来加算一時差異について繰延税金負債は認識されないことになります。

　また，その後，ライセンスの償却によって未認識の繰延税金負債の金額が変化したとしても，一旦未認識として処理した繰延税金負債については，その後の変動についても認識することは認められません（IAS 第12号22項(c)）。

⒞　子会社等に対する持分から生じる一時差異の例外

　IAS第12号では，子会社，支店および関連会社に対する投資ならびに共同支配の取決めに対する持分から生じる将来加算一時差異について，以下の(ⅰ)および(ⅱ)の双方の要件を満たす場合を除いて，すべての繰延税金負債を認識しなければなりません（IAS第12号15項，39項）。

　(ⅰ)　親会社，投資者，共同支配投資者または共同支配事業者が当該将来加算
　　　　一時差異を解消する時期をコントロールできる

　(ⅱ)　予測可能な期間内に当該将来加算一時差異が解消しない可能性が高い

　ただし，関連会社に対する投資については，その投資者である企業は，当該関連会社をコントロールしておらず，通常は，その配当政策を決定する立場にはないと考えられます。したがって，当該関連会社の利益が予測可能な期間内に配当されないことを要求している合意がない場合には，企業は，関連会社に対する投資に係る将来加算一時差異から生じる繰延税金負債を認識することとなります（IAS第12号42項）。

　また，共同支配の取決めについては，通常，参加者間の協定において利益の分配についての定めがあり，当該事項の決定にすべての当事者の合意を要するのか，または当事者の中のあるグループの合意のみで足りるのかが明示されています。そのため，共同支配投資者または共同支配事業者は，このような合意をもとに上記(ⅰ)および(ⅱ)の要件に当てはめて，共同支配の取決めに対する持分に係る将来加算一時差異から生じる繰延税金負債を認識するか否かを判断することになります（IAS第12号43項）。

③　繰延税金資産および繰延税金負債の測定

　繰延税金資産および繰延税金負債は，資産の実現または負債の決済が行われる会計期間に適用されると予想される税率に基づいて算定されます。この場合の税率は，報告期間の末日までに制定され，または実質的に制定されている税率および税法に基づきます（IAS第12号47項）。

　IAS第12号では，実質的に制定されている税率および税法の利用が求められ

るため，政府が報告期間の末日時点，またはそれ以前に税率および税法の変更を公表した後，その成立に至るための制定手続が未だ完了していない場合，企業は，当該公表が実質的な制定と同じ効果を持つかどうかを検討する必要があります（IAS 第12号48項）。課税法域によっては，政府による公表が実質的な制定と同じ効果を有すると考えられる場合があります。そのような場合には，繰延税金資産および繰延税金負債を新しい税率および税法に基づいて算定する必要があります。

> ### Short Break　各国における税率および税法が実質的に制定されていると認められる時点
>
> 　各国の立法制度によって，税法の施行に向けたプロセスが異なるため，それぞれの国の立法制度を考慮して，実質的に制定されている時点を判断する必要があります。
>
> 　例えば，英国では，制定される時点は，国王が裁可を下した時点とされていますが，実質的に制定される時点は，暫定課税徴収法の下で庶民院が決議を可決した時点，もしくは，庶民院が第三読会を経た時点とされています。
>
> 　また，米国では，大統領が議会で可決した法案に対する拒否権を持っているため，制定される時点も実質的に制定される時点も，大統領が署名した時点，または，連邦議会両院が大統領による拒否権を覆すことに成功した時点とされています。
>
> 　なお，日本の場合には，制定される時点も実質的に制定される時点も，国会で法案が可決した時点であると考えられます。

　また，法令の新たな発効や改正によって税率が変更される場合，その税率変更による会計処理への影響は，それに関連する法律の変更の内容およびタイミングによって異なりますが，実質的な制定日以降に終了する会計期間に認識されることになります。多くの税法の改正は，将来に影響をもたらすため，改正の発効日より前に発生した当期税金負債および当期税金資産には影響を与えない可能性が高いと考えられます。これに対して，将来の税金費用（収益）に関連する繰延税金資産および繰延税金負債には影響を与える可能性が高いことに

留意が必要です。

　さらに，報告期間の末日後に制定または発表された税率または税法の変更で，当期税金および繰延税金の資産および負債に重要な影響を及ぼすものは，その内容とその影響について開示することが必要です（IAS 第10号22項(h)，IAS 第12号88項）。

④　棚卸資産等の未実現損益の消去に係る税効果

　IAS 第12号では，連結財務諸表における企業グループ内での棚卸資産等の移転に伴う未実現損益の消去に係る税効果について個別の定めはありません。そのため，当該未実現損益に係る税効果については，IAS 第12号の原則的な考え方に基づいて繰延税金資産および繰延税金負債を認識することになります。この場合，企業は，将来の会計期間に，企業グループ内で移転した棚卸資産等が企業グループ外に売却されること等による税務上の帰結を反映するように，繰延税金資産および繰延税金負債を認識します。

　具体的には，企業グループ内での棚卸資産等の移転における買手の税率を使用して，繰延税金資産および繰延税金負債を算定することになります。また，繰延税金資産が認識される場合には，買手の他の繰延税金資産と同様に回収可能性について検討する必要があります。

⑤　期中財務報告における税金費用の会計処理

a　IAS 第34号「期中財務報告」の基本原則

　IAS 第34号に従って期中財務報告を作成する場合の税金費用の会計処理は，特段の定めが設けられていない限り，期中財務報告における会計方針が，年度の財務諸表と同一のものでなければならないという基本概念があります（IAS 第34号28項）。そのため，所得に対する税金は年次基準で課税されるため，期中財務報告における税金費用は，原則として，年間の見積利益総額に適用される税率，すなわち，見積平均年次実効税率を期中報告期間の税引前利益に適用して算定されます（IAS 第34号 B 12項）。

b 見積平均年次実効税率の算定

見積平均年次実効税率は，年間の利益に対して適用されると予測される累進税率を平均したものであり，年度末までに施行される予定となっている，制定された，または実質的に制定された税率の変更も考慮に入れたものとなります（IAS 第34号 B 12項，B 13項）。

なお，年次の税率の見積りが変化する場合には，ある期中報告期間に計上された税金費用は，当該年度におけるその後の期中報告期間において修正が必要となる可能性があります（IAS 第34号30項(c)）。

c 企業グループにおける期中税金計算

各課税法域では，法令や規則なども異なります。このため，見積平均年次実効税率については，納税主体および租税区域ごとに決定し，それぞれの見積平均年次実効税率を各期中税引前利益に対して適用します。利益の種類（インカム・ゲイン（営業利益）またはキャピタル・ゲイン等）ごとに異なる税率が適用される場合には，期中税引前利益の個々の種類ごとに当該税率を適用して税金費用を算定した上で，積み上げ計算を行うことが望ましいとされています（IAS 第34号 B 14項）。しかしながら，実務においては，企業グループ内のすべての企業において，個々に精密な期中税金計算ができるとは限りません。そのため，納税主体および租税区域ごと，さらに利益の種類ごとに異なる税率を適用して算定された結果と，合理的に近似した値を算出することができる場合には，すべての納税主体および租税区域，または，すべての利益の加重平均税率を用いて算定することが許容されています（IAS 第34号 B 14項）。

（本セクションのポイント）

- ●IAS 第12号では，日本基準とは異なる貸借対照表負債法の考え方に基づき，繰延税金資産および繰延税金負債の認識および測定の定めが設けられている。
- ●IAS 第12号では，制定された税率や税法だけではなく，実質的に制定され

ている税率や税法の適用が求められている。

- ●IAS 第12号では，資産または負債の当初認識の例外の定めがあるため，以下の３つのすべてに該当するような取引における資産または負債の当初認識により生じる一時差異については，繰延税金資産または繰延税金負債を認識することはできない。
  - − 企業結合ではない
  - − 取引時に会計上の利益にも課税所得もしくは税務上の欠損金にも影響しない
  - − 取引時に同額の将来加算一時差異と将来減算一時差異が生じない

  なお，のれんの当初認識において将来加算一時差異が生じる場合，繰延税金負債を認識しない。
- ●連結財務諸表における企業グループ内での棚卸資産等の移転に伴う未実現損益の消去について，企業は，将来の会計期間に企業グループ内で移転した棚卸資産等が連結グループ外に売却されること等による税務上の帰結を反映するように，買手の税率を使用して繰延税金資産および負債を認識する。

２．繰延税金資産の回収可能性

(1)　原則的な考え方

　繰延税金資産は，将来減算一時差異を利用できる課税所得が生じる可能性が高い範囲内で，すべての将来減算一時差異について認識されます（IAS 第12号24項）。

　繰延税金資産を認識できるかどうかは，将来減算一時差異，税務上の繰越欠損金および繰越税額控除に対して利用できる適切な種類（インカム・ゲインまたはキャピタル・ゲイン等）の十分な課税所得を稼得できると予測されるかどうかの判断によって決定されます。

⑵　将来の課税所得が生じる可能性の判断

①　将来の課税所得が生じる可能性の閾値

　繰延税金資産は，将来減算一時差異を利用できる課税所得が生じる可能性が高い範囲内で，すべての将来減算一時差異について認識されるため，「可能性が高い（probable）」という閾値の判断が重要になります（IAS第12号24項）。

　この「可能性が高い（probable）」という文言は，IAS第12号では定義されていません。しかしながら，IFRS第5号「売却目的で保有する非流動資産及び非継続事業」の付録A「用語の定義」では，「IFRSにおいて，可能性が高い（probable）は「発生しない可能性より発生する可能性のほうが高い（more likely than not）」と定義している」と記載されています（IFRS第5号付録A，BC81項）。すなわち，IAS第12号においては，繰延税金資産は，回収される可能性が回収されない可能性よりも高いすべて（または一部）について認識されるべきということになります。なお，**図表Ⅲ－1－3**により，IAS第12号における繰延税金資産の回収可能性の閾値を示しています。

図表Ⅲ－1－3　繰延税金資産の回収可能性の閾値

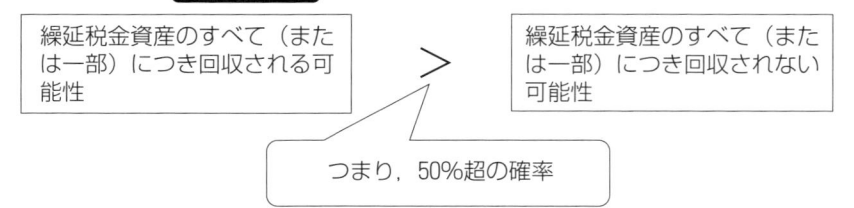

②　将来の課税所得が生じる可能性の判断に必要な情報

　繰延税金資産を回収するために，企業は，将来に税務上の欠損金が生じないようにするだけではなく，十分な課税所得を稼得する必要があります。繰延税金資産の回収可能性を判断するにあたっては，繰延税金資産の認識の裏付けとして，すべての入手可能な証拠を検討する必要があります。すなわち，「有利な証拠」と「不利な証拠」の双方を吟味して総合的に判断することが必要にな

ります。

　例えば，不利な証拠が存在せず，企業が過年度から継続して課税所得を生み出して納税をしている場合には，現在または将来において反証となる事実がない限り，この状況は今後も続くものとして結論付けることができると考えられます。そして，この場合には，十分な将来の課税所得を稼得することが予測されるため，繰延税金資産の認識は適切であると結論付けることになります。

　他方で，年間の予想課税所得と比較して，税務上の繰越欠損金が非常に大きい場合には，より慎重に検討することが必要となります。税務上の繰越欠損金などの過年度の事象から生じている不利な証拠を客観的に証明することは容易である一方，将来の課税所得に関する有利な証拠を客観的に証明することは容易ではありません。このような場合，繰延税金資産を認識すべきかどうかの判断において，将来の課税所得に関する有利な証拠に重点を置いて検討することは適切でないと考えられます。

　図表Ⅲ-1-4 は，繰延税金資産の回収可能性に関する総合的な判断について示しています。

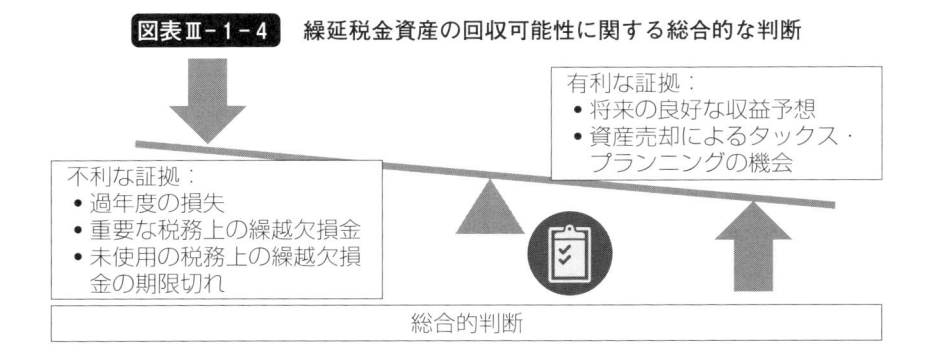

図表Ⅲ-1-4　繰延税金資産の回収可能性に関する総合的な判断

有利な証拠：
- 将来の良好な収益予想
- 資産売却によるタックス・プランニングの機会

不利な証拠：
- 過年度の損失
- 重要な税務上の繰越欠損金
- 未使用の税務上の繰越欠損金の期限切れ

総合的判断

　以下では，このような繰延税金資産の回収可能性を総合的に判断するうえでカギとなる，将来減算一時差異と相殺できる将来の課税所得の源泉である3項目について解説します。

- 現存の将来加算一時差異の将来における解消（以下(3)）

- 将来の課税所得の見積り（以下(4)）
- タックス・プランニングの機会の活用（以下(5)）

(3)　現存の将来加算一時差異の将来における解消

　現存の将来加算一時差異の将来における解消により，課税所得は増加します。そのため，報告期間の末日において，同一の課税法域内で納税企業に係る十分な将来加算一時差異が存在し，かつ，以下のような時期に解消が見込まれる場合には，将来減算一時差異を活用できる課税所得が得られる可能性が高いものとして，将来減算一時差異が発生する期間において，繰延税金資産を認識します（IAS 第12号28項）。

- 現存の将来減算一時差異の解消が予測される期間と同じ期間
- 繰延税金資産により生じる税務上の欠損金の繰戻しまたは繰越しが可能な期間

　なお，報告期間の末日現在で，上記の条件を満たす将来加算一時差異が将来減算一時差異を超過している場合には，将来において税務上の欠損金の発生を見込んでいる場合であっても，将来加算一時差異の解消により生じる課税所得で回収される繰延税金資産を認識することになります。

　現存の将来加算一時差異の将来における解消と，税務上の繰越欠損金に係る繰延税金資産の認識については，後述の(6)② a「将来に税金の支払を発生させる将来加算一時差異がある場合」（330頁）を参照ください。

(4)　将来の課税所得の見積り

　将来減算一時差異と相殺できる十分な将来加算一時差異がない場合，将来減算一時差異が解消する期間と同じ期間，または繰延税金資産から生じる税務上の欠損金の繰戻しもしくは繰越しが可能な期間に十分な課税所得が生じる可能性が高いかどうかを考慮する必要があります（IAS 第12号29項(a)）。

　また，課税所得を検討するにあたっては，欠損金の控除に関する税法，例えば，使用できる利益の種類（インカム・ゲイン（営業利益）またはキャピタ

ル・ゲイン）を考慮する必要があります。

　さらに，企業は，税務上の繰越欠損金を活用できる課税所得の範囲が，当該繰越欠損金を計上した企業に制限されているか，または通算グループなどの他の企業での使用が可能かについても検討する必要があります。

　なお，将来の期間に発生すると予想される将来減算一時差異は，当該将来減算一時差異から生じる繰延税金資産自体を活用するためにはさらなる将来の課税所得が必要となるため，将来の課税所得の算定に含めません（IAS第12号29項(a)）。

⑸　タックス・プランニングの機会の活用

　企業は将来の税金負担を軽減するために，タックス・プランニングの機会を活用することがあります。タックス・プランニングの機会とは，企業が税務上の欠損金または税額控除の繰越期限が到来する前に，特定の期間において課税所得の創出または増加のために主体的に行う行為をいいます（IAS第12号30項）。そのため，あくまでも，現存する将来減算一時差異に係る繰延税金資産の回収可能性を検討する際にのみ考慮すべきものであり，繰延税金負債を軽減したり，新たに将来減算一時差異を創出して繰延税金資産を認識するために利用することはできません。また，タックス・プランニングの機会は，企業が日常的に行うものではありません（ただし，税務上の繰越欠損金の繰越期限到来を回避する目的等で行われる場合は除きます）。このため，企業はタックス・プランニングの機会により，適切な期間に課税所得が生じることを予測できるかどうかについて検討する必要があります（IAS第12号29項(b)）。

　タックス・プランニングの機会には，企業の行動として，以下のようなものが考えられます（IAS第12号30項）。

- 繰越欠損金を期限到来前に使用するために，課税所得を前倒し計上する，または課税所得からある種の控除申請を繰り延べる。
- 益金算入額または損金算入額の性質を，インカム・ゲイン（営業利益）またはインカム・ロス（営業損失）から，キャピタル・ゲインまたはキャピ

タル・ロスへ，またはその逆に変更する。

- 非課税投資から課税対象となる投資へ変更する。

タックス・プランニングの機会によって課税所得を後の期間から前の期間に移動させたとしても，税務上の繰越欠損金または繰越税額控除は，将来発生する一時差異以外の源泉からの課税所得がある場合にのみ活用することができます（IAS 第12号30項）。

タックス・プランニングの機会の実現可能性は，個別の事実および状況に基づき評価することが求められます。このため，タックス・プランニングの機会を検討するにあたっては，計画を実行する意思と能力，実行することに対する期待のほか，タックス・プランニングの機会に係るすべての経済的影響を考慮して，その実現可能性を評価する必要があります。

⬤ Short Break　企業結合とタックス・プランニングの機会の関係

会社が繰延税金資産の回収可能性を評価する際に，企業結合などの企業の重要な取引の実行を伴ったタックス・プランニングの機会を検討することがあります。この場合，繰延税金資産の回収可能性の検討において，どの時点から，タックス・プランニングの機会による影響を考慮すべきかという点が問題になることがあります。

例えば，以下の事例について検討します。

Ａ社はグループ通算制度を採用しています。長期間にわたり損失を計上してきたＡ社が，税務上の繰越欠損金に係る繰延税金資産の認識を行うために，タックス・プランニングの機会の利用を検討しています。Ａ社の課税法域の税法においては，新たに通算グループに子会社を取り込んだ場合，通算グループの納税申告書において，当該子会社の課税所得を既存の税務上の繰越欠損金に充当することができます。Ａ社は，最近の募集株式の発行で受領した現金の一部を使い，多額の課税所得を発生させているＢ社（第三者企業）の買収を社内で計画していますが，この時点では，Ａ社は，Ｂ社の支配を獲得していないため，当該買収をタックス・プランニングの機会として，繰延税金資産の回収可能性を評価する際に考慮することはできません。これは，Ｂ社の買収が取消となる可能性や追加的な法的および規制上の障害がなくなるまで，Ａ社のタックス・

プランニングの機会は有効とはならないことを意味します。

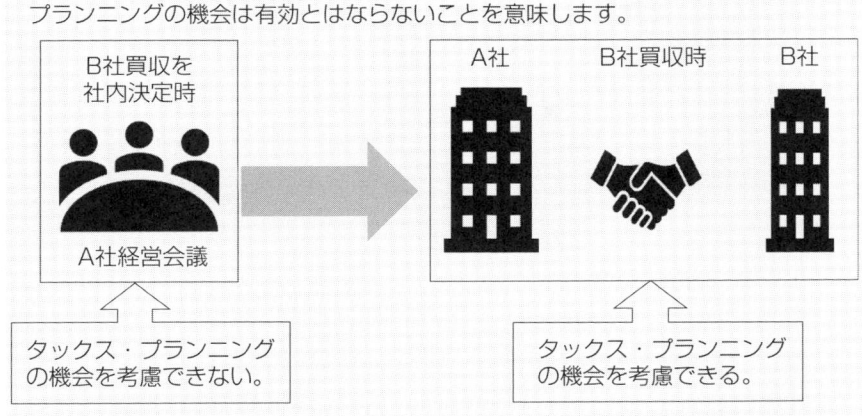

したがって，この場合，Ａ社は，Ｂ社を買収して子会社にするまでは，この買収の実行を前提として繰延税金資産を認識することはできません。Ａ社は，Ｂ社を買収して子会社にした報告期間において，Ｂ社の将来の課税所得を繰延税金資産の回収可能性の検討において考慮し，繰延税金資産を認識することができます（IAS第12号67項）。

⑹　税務上の繰越欠損金および繰越税額控除の回収可能性の検討

IAS第12号では，税務上の欠損金および税額控除について，以下のように定めています。

①　過去の期間の当期税金負債を減少させることができる税務上の欠損金（繰戻還付）

税務上の欠損金が過去の期間に支払われた税金の還付を受けるために使用される場合，当期税金を軽減することができるため，当該税務上の欠損金が発生した期間に，その便益を資産として認識することになります（IAS第12号14項）。

②　将来の期間の課税所得に対して使用できる税務上の繰越欠損金および繰越税額控除

税務上の繰越欠損金は，将来の課税所得を減額し，将来の期間の税金を減額

することができます。また，繰越税額控除は，将来の期間における税額を控除
し，将来の期間の税金を減額することができます。そのため，将来，その使用
対象となる課税所得が稼得される可能性が高い範囲内で，繰延税金資産を認識
しなければなりません（IAS 第12号34項）。企業は，税務上の繰越欠損金およ
び繰越税額控除（以下，繰越欠損金等）を活用できる課税所得が稼得される可
能性を評価するにあたっては，以下を考慮する必要があります（IAS 第12号36
項）。

a　将来に税金の支払を発生させる将来加算一時差異がある場合

　同一の税務当局の課税法域内で同一の納税企業体内に，税務上の繰越欠損金
等の繰越期限内に活用できる課税所得をもたらすのに十分な将来加算一時差異
を当該企業が有しているかどうかを検討します（IAS 第12号36項(a)）。例えば，
税務上の繰越欠損金が，将来加算一時差異が解消する際に生じる課税所得（将
来減算一時差異控除後）との相殺により利用可能な場合には，当該繰越欠損金
について繰延税金資産を認識し，繰延税金負債と相殺することになります。

b　上記 a の将来加算一時差異がすべての税務上の繰越欠損金等を吸収するのに十分でない場合

　現存する将来加算一時差異の解消により生じる課税所得が税務上の繰越欠損
金等を吸収するのに十分でなく，将来の課税所得に依存する場合，企業は，税
務上の繰越欠損金等の繰越期限内に，課税所得を稼得する可能性が高いかどう
かを将来において課税所得が生み出されることを示す信頼すべき根拠をもって
評価する必要があります。このような場合，税務上の繰越欠損金等が使用され
ない状況で存在しているという事実そのものが，将来において課税所得が稼得
されない可能性があるという強い証拠（不利な証拠）となるため，慎重に判断
する必要があります。

　この際，以下の要件を考慮することとなります（IAS 第12号36項）。

　(a)　税務上の繰越欠損金等の繰越期限内に企業が課税所得を稼得する可能性

が高いか

(b)　税務上の繰越欠損金が特定の原因によって発生したものであり，再発する可能性が低いか

(c)　税務上の繰越欠損金等の繰越期限内に課税所得を発生させるタックス・プランニングの機会を利用することが可能か

　なお，現存する将来加算一時差異の解消により生じる課税所得が税務上の繰越欠損金を吸収するのに十分でなく，かつ，企業が課税法域において，当期または前期に税務上の欠損金を生じているにもかかわらず，将来の課税所得に基づいて税務上の繰越欠損金等に係る繰延税金資産を認識する場合には，IAS第12号82項の開示要求事項に従って，認識した繰延税金資産の額およびその認識の根拠となった証拠を開示することが必要です（IAS第12号35項）。

> ### `Short Break`　課税所得の見積対象期間
>
> 　予想される課税所得を検討する期間は，恣意的に区切るべきではありません。例えば，ある特定年数経過後の期間について予算や将来の計画が入手できないという理由だけで，課税所得の見積対象期間を限定して繰延税金資産の回収可能性を検討すべきではありません。これは，通常，特定の事実（例えば，将来の特定の時点で終了する重要な契約や特許権）がない限り，一定期間を過ぎると課税所得が発生する可能性が高くなくなると仮定することはできないという考え方に基づいています。
>
> 　IAS第12号における繰延税金資産の回収可能性の検討では，IAS第36号「資産の減損」における減損テストで用いられる使用価値の見積りにおける仮定と基本的に整合するものと考えられます。ただし，繰延税金資産の回収可能性の検討では，将来の課税所得に係る割引や，将来の資産の改善の影響など減損テストにおける取扱いが異なる点がありますので，留意が必要です。

　繰延税金資産の回収可能性は，将来減算一時差異または税務上の繰越欠損金もしくは繰越税額控除に対して利用できる適切な種類（インカム・ゲイン（営業利益）またはキャピタル・ゲイン）の十分な課税所得の稼得が予測されるかどうかに依存します。以下(7)および(8)では，税務上の繰越欠損金が生じた原因

が，インカム・ロス（営業損失）による場合とキャピタル・ロスによる場合の
それぞれについて，前述②b「上記aの将来加算一時差異がすべての税務上の
繰越欠損金等を吸収するのに十分でない場合」（330頁）の IAS 第12号36項の
要件を検討するうえで留意すべき点について説明します。

(7)　税務上の繰越欠損金から生じる繰延税金資産の回収可能性の検討

①　インカム・ロス（営業損失）が特定の原因によって生じた場合

将来において，同様の特定の原因によりインカム・ロス（営業損失）が再発
しないかどうかを検討することが必要です（IAS 第12号36項(c)）。例えば，再
発のおそれがない特定の原因によってインカム・ロス（営業損失）が生じて税
務上の繰越欠損金が発生している場合には，この特定の原因を除いた過去の業
績が良好であれば，当該過去の業績は，将来の収益力を示す客観的な証拠とし
て，確かなものとなりえます。

②　タックス・プランニングの機会の検討

インカム・ロス（営業損失）による税務上の繰越欠損金に係る繰延税金資産
の認識を裏付けるための将来の課税所得を見積る場合，企業が実行するタック
ス・プランニングの機会の利用可能性を考慮しなければなりません（IAS 第12
号36項(d)）。ただし，リストラクチャリングや出口計画のような計画は，一般
的に，企業の通常の業務遂行の一部であるため，タックス・プランニングの機
会とはみなされません。このような計画は，その実行可能性や期待される成果
が得られる可能性について慎重に検討し，将来の課税所得が稼得される可能性
が高いかを判断することが必要となります。

(8)　キャピタル・ロスにより生じた税務上の繰越欠損金等に係る繰延税金資産の回収可能性の検討

一部の課税法域では，営業損益とキャピタルゲイン・ロスに対して，異なる
税務上の取扱いを有する場合があります。そのような法域では，税法上，キャ

ピタルゲイン・ロスを定義し，営業項目より生じる損益と相殺できないことがあります。その場合，キャピタル・ロスに係る繰延税金資産は，営業項目により生じる繰延税金負債と相殺できないこととなります。このような場合，当該キャピタル・ロスにより生じた税務上の繰越欠損金に係る繰延税金資産を認識できるのは，以下の場合です。

- 未実現のキャピタル・ゲインに関して認識されている繰延税金負債と相殺できる
- 将来において生じることが予測されるキャピタル・ゲインによって当該繰延税金資産を回収できるという説得力のある証拠がある

なお，キャピタル・ゲインは，報告期間の末日現在で現存する将来加算一時差異の解消，将来の課税所得の発生またはタックス・プランニングの機会の実行を通じて，将来において発生する場合があります。

(9)　繰延税金資産の回収可能性の検討の見直し

①　事業年度末（IAS 第12号）

企業は，各報告期間の末日現在で，未認識の繰延税金資産を再検討し，繰延税金資産の金額が適切になるように見直さなければなりません（IAS 第12号37項，56項）。

例えば，企業がある過去の期間において，当時入手可能であった情報に基づいて税務上の繰越欠損金から生じる繰延税金資産を認識したにもかかわらず，その後に状況が変化し，企業が繰延税金資産のすべての税務上の便益を吸収できるだけの十分な将来の課税所得を稼得する可能性が高くなくなる場合があります。その場合，企業は，繰延税金資産の便益を実現させるために十分な課税所得を稼得する可能性が高くなくなった範囲で，繰延税金資産の一部または全部の帳簿価額を減額しなければなりません（IAS 第12号56項）。

他方で，いったん繰延税金資産を減額した場合でも，十分な課税所得を稼得する可能性が高くなった場合には，その範囲で，繰延税金資産を認識しなければならないこともあります。例えば，取引状況の改善や新しい子会社の取得に

より，従前は未認識であった企業の税務上の繰越欠損金に係る繰延税金資産が回収される可能性が高くなる場合（Short Break「企業結合とタックス・プランニングの機会の関係」（328頁）参照）が考えられます（IAS第12号37項）。

なお，過去に認識していなかった繰延税金資産が認識される場合には見積りの変更として，IAS第8号「会計方針，会計上の見積りの変更及び誤謬」に基づき，その影響を当期の財務諸表に反映することになります。

②　期中財務報告（IAS第34号）

期中財務諸表における繰延税金資産の回収可能性の見直しについて，IAS第34号では，明確な規定はありません。

しかしながら，期中報告期間における特定の事象または状況に基づいて繰延税金資産の回収可能性に係る判断を見直した結果，その期中報告期間において繰延税金資産の金額を増減させなければならないことがあります。そのような場合，通常，その事象または状況において発生した期中報告期間の税金費用への影響として認識する必要があると考えられます。特に，繰延税金資産の金額を減額する場合，①「事業年度末（IAS第12号）」（333頁）に記載した取扱いと同様に，IFRS会計基準の原則的な考え方，すなわち，もはや回収可能ではなくなった繰延税金資産を財政状態計算書上に資産として認識すべきではないという考え方に基づくものです。

他方で，期中財務報告の税金費用は，年間の所得に対する税金に基づき計上するというIAS第34号での期中税金費用の認識にかかる基本的な考え方があります。そのため，繰延税金資産の金額を増額する場合には，このIAS第34号の基本的な考え方に基づき，その事象や状況の税金費用への影響額について，見積年次平均実効税率を調整することによって年間を通して反映していくことが，より実態を表す場合も考えられます。

a　繰延税金資産の残高として認識すべき金額が増加する場合

前期まで認識されていなかった繰延税金資産について，期中報告期間におい

て回収可能であると判断された結果，新たに繰延税金資産を認識する場合，以下の3通りの会計処理が考えられます（回収可能性の見込みに影響する事実が第2四半期（2Q）期首に発生した場合）。

(a)　繰延税金資産の増加による影響を見積年次平均実効税率に反映させることにより，当事業年度にわたって認識する（IAS 第34号 B 21項）。

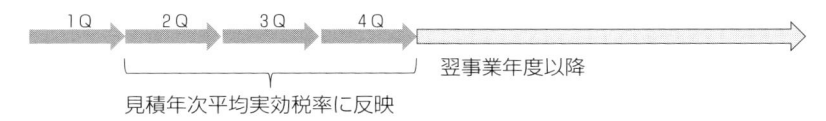

(b)　繰延税金資産の増加による影響について，以下のように区分して会計処理する（IAS 第34号 B 21項）。

　ⓐ　当事業年度中に解消される見込みの一時差異に関連する部分を年次平均実効税率に反映させることにより当事業年度にわたって認識する。

　ⓑ　将来年度に解消される部分を当年度の損益に関連しないため，見積りの変更として当該期中報告期間において認識する。

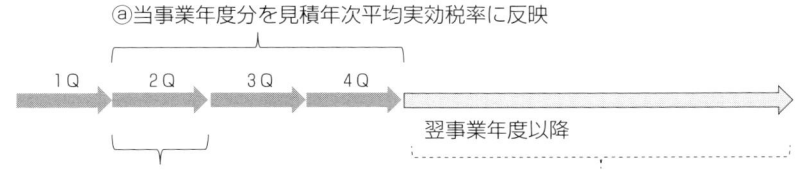

(c)　当期中報告期間に発生した特定の事象または状況に基づく場合，見積りの変更として，当該期中報告期間において繰延税金資産の増加による影響を全額認識する（IAS 第34号 B 19項）。

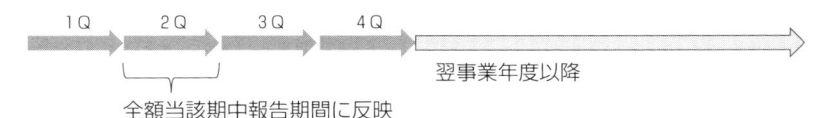

　上記のいずれのアプローチを採用するかは，会計方針の選択となるため，毎期継続して適用することが必要となります。

b　繰延税金資産の残高として認識すべき金額が減少する場合

前期までに認識されていた繰延税金資産について，期中報告期間の末日において回収可能性が高いとはいえないと判断された場合には，当該期中報告期間において，その繰延税金資産の認識を中止することが，企業の財政状態をより忠実に表示することになると考えられます。

本セクションのポイント

● 繰延税金資産は，将来減算一時差異を利用できる課税所得が生じる可能性が高い範囲内で，すべての将来減算一時差異について認識される。

● 繰延税金資産を認識できるかどうかは，将来減算一時差異および税務上の繰越欠損金ならびに繰越税額控除を利用できる適切な種類（インカム・ゲイン（営業利益）またはキャピタル・ゲイン）の十分な課税所得を稼得できると予測されるかどうかによって決定される。

● IFRS 会計基準において，「可能性が高い」（probable）は発生しない可能性より発生する可能性のほうが高い（more likely than not）と定義されている。

● 繰延税金資産の回収可能性を判断するためには，十分な将来の課税所得の裏付けとして，すべての入手可能な証拠（「有利な証拠」と「不利な証拠」の双方）を検討する必要がある。

● 税務上の繰越欠損金および繰越税額控除については，十分な将来加算一時差異，または将来その使用対象となる課税所得が稼得されるという信頼すべき根拠が存在する範囲内でのみ，繰延税金資産を認識しなければならない。

● 税務上の繰越欠損金または繰越税額控除を活用できる課税所得が稼得される可能性を評価するときには，企業は以下の要件を考慮する。

　・同一の税務当局の課税法域内で同一の納税企業体内に，税務上の繰越欠損金または繰越税額控除の繰越期限内に活用できる課税所得をもたらすために十分な将来加算一時差異を当該企業が有しているかどうか

> ・税務上の繰越欠損金または繰越税額控除の繰越期限内に，当該企業が課
> 税所得を稼得する可能性が高いかどうか
> ・税務上の繰越欠損金は再発の見込みがない特定の原因によって発生した
> ものかどうか
> ・税務上の繰越欠損金または繰越税額控除の繰越期限内に課税所得を発生
> させるべきタックス・プランニングの機会が利用可能かどうか

3. 表　　示

(1)　財政状態計算書における表示

　財政状態計算書では，法人所得税について，以下の項目を区分して表示する
必要があります（IAS 第 1 号54項(n), (o)）。

- 当期税金負債および当期税金資産
- 繰延税金負債および繰延税金資産

　また，財政状態計算書において，資産および負債を流動・非流動に分類して
表示する場合，繰延税金負債および繰延税金資産は，非流動項目として分類さ
れます（IAS 第 1 号56項）。

　なお，IFRS 会計基準では，回収可能性が見込まれる繰延税金資産のみを財
政状態計算書において表示することになります。

(2)　相　　殺

　当期税金資産と当期税金負債，繰延税金資産と繰延税金負債は，**図表Ⅲ
- 1 - 5** に示した 2 つの要件①と②の双方を満たす場合に，財政状態計算書にお
いて，それぞれ相殺して表示されます（IAS 第12号71項，74項）。

図表Ⅲ-1-5　当期税金資産と当期税金負債，繰延税金資産と繰延税金負債の相殺要件

当期税金資産と当期税金負債	繰延税金資産と繰延税金負債
①　認識した金額を相殺する法的強制力のある権利を有している ②　純額で決済するか，または資産の実現と負債の決済を同時に行うことを意図している	①　当期税金資産と当期税金負債を相殺する法的強制力のある権利を有している ②　繰延税金資産と繰延税金負債は，同一の税務当局が次のいずれかに対して課している法人所得税に関するものである ● 同一の納税主体 ● 異なる納税主体だが，多額の繰延税金資産または繰延税金負債の回収または決済を見込んでいる将来の各期間において，当期税金資産と当期税金負債とを純額で決済するか，あるいは資産の実現と負債の決済を同時に行うことを意図している納税主体

　当期税金資産と当期税金負債の相殺要件は，金融資産と金融負債の相殺要件と同様です（IAS 第12号72項，IAS 第32号42項）。**図表Ⅲ-1-5** の要件①の「相殺する法的強制力のある権利を有している」は，通常，同一の税務当局によって課される法人所得税であり，当該税務当局が単一の純額支払の授受を認めている場合に満たされます（IAS 第12号72項）。また，繰延税金資産と繰延税金負債の相殺要件を満たすかどうかは，それらの残高の性質（たとえば，税法によりキャピタル・ロスに係る繰延税金資産は，営業項目に係る繰延税金負債との相殺が認められない場合（2．(8)「キャピタル・ロスにより生じた税務上の繰越欠損金等に係る繰延税金資産の回収可能性の検討」（332頁）参照））や課税法域によって決まるため，留意する必要があります。

(3)　包括利益計算書における表示

①　純損益に認識される項目

　税金費用（収益）のうち，経常的活動による純損益に係る部分については，純損益及びその他の包括利益計算書の純損益の一部として表示します（IAS 第12号77項，IAS 第 1 号81 A 項）。

　当期税金および繰延税金は，収益または費用として認識し，次のいずれかの場合を除いて，当期の純損益に含められます（IAS 第12号58項）。

- 同じ期間または異なった期間に，純損益の外，すなわち，その他の包括利益，または資本に直接認識される取引または事象から生じる場合
- 企業結合から生じる場合

②　その他の包括利益または資本に直接認識される項目

　その他の包括利益に認識される項目に係る当期税金または繰延税金は，その他の包括利益に認識されます（IAS 第12号61 A 項(a)）。同様に，資本に直接認識される項目に係る当期税金または繰延税金は，資本に直接認識されます（IAS 第12号61 A 項(b)）。

　これらの純損益の外で認識される項目に係る税金については，その項目の区分に応じて認識し，別個に開示することが求められます（IAS 第12号61 A 項，81項(a)（ab））。

　その他の包括利益に認識される項目については，包括利益計算書において，以下のいずれかの表示方法によることができます（IAS 第 1 号91項）。

- 関連する税効果控除後の純額で表示する方法
- 税効果控除前の金額を表示し，当該項目に関連する法人所得税の合計額を単一の金額で示す方法（ただし，この場合，法人所得税の金額は，その後に純損益の部に振り替えられる可能性のある項目と，その後に純損益の部に振り替えられることのない項目とに配分する必要がある）

　図表Ⅲ-1-6 は，これらに該当する項目の例を示したものです（IAS 第12号62項，62 A 項）。

図表Ⅲ-1-6　その他の包括利益または資本に直接認識される項目の例

その他の包括利益	資本
• 有形固定資産の再評価による帳簿価額の変動 • 在外営業活動体の財務諸表の換算の際に生じる為替差額	• 遡及適用される会計方針の変更または誤謬の訂正による，期首利益剰余金の修正 • 複合金融商品の資本部分の当初認識により生じる金額

　その他の包括利益または資本に直接認識される項目について，当期税金と繰延税金の額を算定することが困難な場合もあります。例えば，以下のような場合があります（IAS第12号63項）。

- 法人所得税が累進税率になっていて，課税所得（税務上の欠損金）のうち特定の部分に適用された税率の算定が不可能である場合
- 税率または税法の変更が，過去に純損益の外で認識された項目に（全部または部分的に）関係する繰延税金資産または繰延税金負債に影響を与える場合
- 企業が，繰延税金資産を認識する必要がある，または全額の認識をすべきでないと判断したが，その繰延税金資産が過去に純損益の外で認識された項目に（全部または部分的に）関係する場合

　上記のように，純損益の外で認識される項目に係る当期税金および繰延税金の額を算定するのが困難な場合には，帰属する税金を，合理的な比例配分や，その状況においてより適切な配分となる他の方法に基づいて計算する必要があります（IAS第12号63項）。

(4)　繰延税金資産および繰延税金負債の計上額の変更

　関連する一時差異そのものに変更がなくとも繰延税金資産および繰延税金負債の計上額が変更されることがあります。例えば，以下の場合に当該変更が生じる可能性があります。

- 税率または税法の変更
- 繰延税金資産の回収可能性の再検討

•資産の予定回収方法の変更

このような場合に生じる繰延税金は，過去にその他の包括利益または資本に直接認識した項目に関する場合を除いて，純損益に認識しなければなりません（IAS第12号60項）。

(5)　繰延外国税金資産および繰延外国税金負債に関する為替差額

IAS第21号「外国為替レート変動の影響」では，一定の為替差額を収益または費用に認識することを要求していますが，包括利益計算書における表示場所については明示していません。したがって，繰延外国税金資産および繰延外国税金負債に係る為替差額の包括利益計算書における表示については，為替差損益に含めて表示することもできると考えられますが，財務諸表利用者にとって最も有用と考えられる場合には，当該差額を繰延税金費用（収益）に含めることができるとされています（IAS第12号78項）。

(6)　法人所得税に関するキャッシュ・フロー

IAS第7号「キャッシュ・フロー計算書」に従い，法人所得税に関するキャッシュ・フローは区別して表示し，財務および投資活動に明確に関連付けできる場合を除き，営業活動によるキャッシュ・フローに分類しなければなりません（IAS第7号35項）。

本セクションのポイント

- ●IAS第12号では，回収可能性が見込まれる繰延税金資産のみを認識するため，日本基準の繰延税金資産の回収可能性に係る評価性引当額の概念はない。
- ●IAS第12号では，繰延税金資産と繰延税金負債について，当期税金資産と当期税金負債の純額決済が認められており，かつ，同一の税務当局が以下のいずれかに課している法人所得税に関するものであるときは，相殺しなければならない。

－同一の納税主体

－別々の納税主体であるが，多額の繰延税金資産または繰延税金負債の回収または決済が見込まれている各期間において，当期税金資産と当期税金負債を純額で決済するかあるいは資産の実現と負債の決済を同時に行うことを意図している納税主体

●IAS 第12号では，当期税金および繰延税金は，同じ時期または異なった期間に，その他の包括利益または資本に直接認識される取引または事象，もしくは企業結合から生じる場合を除いて，純損益に認識する。

4．開　示

(1)　会計方針

　IAS 第12号には，当期税金および繰延税金に関する会計方針の開示を定める個別の要求事項はありません。しかしながら，IAS 第 1 号「財務諸表の表示」において，企業の財務諸表の理解に目的適合性のある重要な会計方針の開示が求められており（IAS 第 1 号117項），繰延税金の認識については，会計方針の注記において使用した測定基礎を記載することが適当であると考えられます。

　また，IAS 第 1 号では，経営者が当該企業の会計方針を適用する過程で行った判断のうち，財務諸表に認識されている金額に最も重要な影響を与えているものについて，開示することが求められています（IAS 第 1 号122項）。

(2)　税金費用（収益）の分析

　IAS 第12号では，税金費用（収益）の主要な内訳を個別に開示することが求められています（IAS 第12号79項）。この内訳には，**図表Ⅲ－1－7** に示した項目が含まれます（IAS 第12号80項）。また，開示例については，**図表Ⅲ－1－8** を参照ください。

図表Ⅲ-1-7　税金費用（収益）の内訳に含まれる開示項目

当期税金に関する項目	繰延税金に関する項目
• 当期税金費用（収益）	• 一時差異の発生と解消に係る繰延税金費用（収益）の額
• 過去の期の当期税金について当期中に認識された修正	• 税率の変更または新税の賦課に係る繰延税金費用（収益）の額
• 当期税金費用の減額のために使用した，従前は未認識であった税務上の欠損金，税額控除または過去の期間の一時差異から生じた便益の額	• 繰延税金費用の減額のために使用した，従前は未認識であった税務上の欠損金，税額控除または過去の期間の一時差異から生じた便益の額
	• 各報告期間の末日での再検討による繰延税金資産の評価減（または以前に計上した評価減の戻入れ）により生じた繰延税金費用の額
• 遡及的に会計処理できないために，（IAS 第 8 号に従って）純損益に含めた会計方針の変更および誤謬に係る税金費用（収益）の額	• 遡及的に会計処理できないために，（IAS 第 8 号に従って）純損益に含めた会計方針の変更および誤謬に係る税金費用（収益）の額

図表Ⅲ-1-8　税金費用の開示例

法人所得税費用

（単位：百万円）

	20X0年 3 月期	20X1年 3 月期
当期税金		
当期利益に対する当期税金	11,899	17,116
過年度の当期税金についての修正	135	(369)
当期税金費用合計	12,034	16,747
繰延税金		
繰延税金資産の（増加）減少	(1,687)	(4)
繰延税金負債の増加（減少）	1,399	(177)
繰延税金収益合計	(288)	(181)
法人所得税費用	11,746	16,566
以下に帰属する法人所得税費用		
継続事業からの利益	11,575	16,182
非継続事業からの利益	171	384
	11,746	16,566

(3)　資本に直接認識した項目に係る税金

　資本に直接認識した項目がある場合には，それらの項目に係る当期税金およ
び繰延税金の合計額を開示しなければなりません（IAS 第12号81項(a)）（**図表
Ⅲ-1-9** 参照）。

図表Ⅲ-1-9　**資本に直接認識した項目に係る税金の開示例**

資本に直接認識した金額
当年度に発生し，純損益またはその他の包括利益に認識せず，資本に直接（借方）または貸方計上した項目に係る当期税金および繰延税金の合計額は，以下のとおりです。

（単位：百万円）

	X0年3月期	X1年3月期
当期税金：株式の買戻しの取引コスト	－	(15)
繰延税金：転換社債および株式の発行コスト	－	990
合計	－	975

(4)　その他の包括利益の各内訳項目に係る税金

　その他の包括利益の各内訳項目に係る法人所得税の金額（組替調整額を含
む）を開示しなければなりません（IAS 第12号81項（ab））（**図表Ⅲ-1-10**参照）。

図表Ⅲ-1-10 その他の包括利益に認識した項目に係る税金の開示例

その他の包括利益に認識した項目に係る税効果

　その他の包括利益の各内訳項目に関連した税金の（借方）／貸方認識額は以下のとおりです。

（単位：百万円）

	20X0年3月期			20X1年3月期		
	税引前	税金の（借方）／貸方計上額	税引後	税引前	税金の（借方）／貸方計上額	税引後
純損益に振り替えられることのない項目						
公正価値利得：						
－土地および建物	1,005	(250)	755	1,133	(374)	759
関連会社のその他の包括利益に対する持分	(86)	－	(86)	91	－	91
退職後給付負債の再測定	119	(36)	83	(910)	273	(637)
純損益に振り替えられる可能性のある項目						
キャッシュ・フロー・ヘッジ	97	(33)	64	(3)	－	(3)
純投資のヘッジ	(45)	－	(45)	40	－	40
為替換算差額	2,401	－	2,401	(922)	－	(922)
ABCグループに対して以前保有していた持分の再評価の組替調整	(850)	－	(850)	－	－	－
その他の包括利益	2,641	(319)	2,322	(571)	(101)	(672)
当期税金		－			－	
繰延税金		(319)			(101)	
合計		(319)			(101)	

(5) 企業結合に係る税効果

　企業結合取引が行われた場合には，関連する税金に関して，以下の開示を行う必要があります（IAS第12号81項(j), (k)）。

- 企業が取得企業の場合には，企業結合により取得前の繰延税金資産について認識していた金額に変更が生じた場合，その変動額
- 企業結合で取得した繰延税金便益を取得日の時点では認識しなかったが，取得日後に認識する場合，繰延税金便益を認識する原因となった事象または状況変化の説明

⑹　**非継続事業**

　非継続事業に帰属する税金は，税金費用を分析し，次の項目に係る税金を区分して開示する必要があります（IAS 第12号81項(h)）。

- 非継続に伴う利得または損失
- 非継続事業の当期中の経常的活動からの純損益（表示する過去の期間の対応する金額とともに）

⑺　**税金費用と会計上の利益との関係についての説明**

　IAS 第12号では，税金費用と会計上の利益との関係を説明する開示が要求されます（IAS 第12号81項(c)）。この説明には，例えば，次のような事項が要因として含まれます。

- 益金不算入額および損金不算入額
- 繰延税金資産を認識していなかった税務上の繰越欠損金の使用
- 国外活動の拠点における税率の違い
- 過年度の修正
- 未認識の繰延税金資産の変動
- 税率変更

　上記のような要因の説明を開示することにより，財務諸表の利用者は，税金費用と会計上の利益との関係が異常であるかどうかを理解し，将来において，この税金費用と会計上の利益との関係に影響を与える可能性のある重要な要因を理解することができます。この説明は，定量的に，以下の様式のいずれか，または両方により，開示することが求められます（IAS 第12号81項(c)，84項）。

- ①　税金費用（収益）と会計上の利益に適用税率を乗じて得られる額との間の数字的調整
- ②　平均実際負担税率（税金費用を会計上の利益で除した数値）と適用税率との間の数字的調整

　なお，上記①および②のいずれの方法を選択した場合においても，適用税率の計算根拠も併せて開示する必要があります。

　また，前期と比較した適用税率の変動の説明についても開示する必要があります（IAS第12号81項(d)）。

　図表Ⅲ-1-11は，税金費用と会計上の利益に適用税率を乗じた額との調整（上記①）の開示例を示しています。また，本開示例では，法令による税率の改正の影響の記載例も併せて示しています。

図表Ⅲ-1-11　税金費用と会計上の利益に適用税率を乗じた額との調整

当グループの税引前利益に対する課税額は，連結ベースの利益に適用される税率の加重平均を用いて計算された理論上の税額と以下のとおり異なっています。

（単位：百万円）

	20X0年3月期	20X1年3月期
継続事業からの法人所得税費用控除前利益	39,617	51,086
非継続事業からの法人所得税費用控除前利益	570	1,111
合計	40,187	52,197
法定実効税率（30%）で算定した税金費用	12,056	15,659
税務上の損金不算入額（益金不算入額）の税効果：		
－のれんの減損	－	723
－無形資産の償却	158	92
－交際費	79	82
－従業員のストック・オプション制度	99	277
－優先株式の株主へ支払われる配当金	378	378
－子会社売却時の外貨換算剰余金の組替調整	－	(51)
－その他	14	189
小計	12,784	17,349
－外国税率との差異	(127)	(248)
－過年度の当期税金の修正	135	(369)
－研究開発費税額控除(i)	(101)	(121)
－過去の未認識の税務上の欠損金で繰延税金費用の減額に使用した額	(945)	－
－過去の未認識の税務上の欠損金で当期税金費用の減額に使用した額	－	(45)
法人所得税費用	11,746	16,566

加重平均適用税率は，20X0年3月期30%，20X1年3月期：30%でした。

(i)　研究開発費税額控除の会計処理　当社グループ内の企業に，日本国内における研究開発に関する税制優遇措置に基づく適格資産への投資または適格支出に関する特別税額控除を申告する権利が与えられています。当社グループは，そのような控除を税額控除として会計処理します。すなわち，当該控除が未払法

> 人所得税および当期税金費用を減額することを意味します。繰延税金資産として繰り延べられる未申告の税額控除については繰延税金資産を認識しています。

　なお，IAS 第12号では，税金費用の総額（当期税金および繰延税金）について，会計上の利益に対する理論上の税金への調整を要求しており，当期税金についてのみではないことに留意する必要があります。

Short Break　税金費用と会計上の利益との関係の開示における適用税率の決定

　開示に際して使用する適用税率は，財務諸表の利用者にとって最も意味のある情報となる税率を使用することが重要です。

　企業グループに最も関連性のある税率は，報告企業の所在国で適用される税率であることが多いと考えられます。例えば，日本に所在する報告企業の企業グループであれば，日本の税法による法定実効税率が，当該企業グループに最も関連性のある税率と考えられます。

　その場合，企業グループの事業の一部が報告企業の所在国以外で行われている場合であっても，この企業グループに最も関連性のある税率を適用して，報告企業の所在国以外の利益に対して異なる税率を適用することによる影響を開示上の調整項目として示すことになります。

　また，いくつかの課税法域で事業を行っている企業については，各課税法域の個々の適用税率を使用して作成した別々の調整を合算する方法もあります。このような情報は，連結決算手続の過程で，財務報告パッケージの一部として，通常，各子会社に作成が要求されていると考えられ，このような方法によった場合には，報告企業において，連結財務諸表における税金の調整表の作成プロセスを簡略化することができると考えられます。

　図表Ⅲ-1-12は，報告企業の適用税率と異なる適用税率が各子会社の課税法域で利用されている場合に，その適用税率の間の差異を示した開示例となります。

図表Ⅲ-1-12　企業グループにおける適用税率の調整

　企業Ｌは，純粋持株会社であり，ルクセンブルグで設立されました。企業Ｌは，イタリア，フィンランドおよびブラジルに子会社があります。以下の表は，それぞれの子会社の所在地国の法定税率および税引前利益に関する情報を示しています。

連結財務諸表に計上された税金費用は520百万ユーロです。

（単位：百万ユーロ）

国	法定税率(a)	税引前利益(b)	法定税率に基づく税金費用 ((b)×(a))	ルクセンブルグと各国の法定税率の差異による税金費用の差額(b)× ((a)−25%)
ルクセンブルグ	25%	20	5	−
フィンランド	37%	700	259	84
イタリア	29%	400	116	16
ブラジル	33%	500	165	40
合計		1,620	545	140

　なお，多国籍企業にとっては，意味のある単一の適用税率の決定が困難な場合があるため，前期と比較した適用税率の変動の説明とともに，適用税率を計算した根拠を開示することが適当と考えられます（IAS 第12号81項(d)）。

　企業は，親会社の税率による税金額との調整を行うか，または各国ごとに実際の税金費用と法定税率による税金額との調整を行い，それを合算した形で調整を行うか選択することができます。**図表Ⅲ-1-13**は，この２つの方法を示しています。

図表Ⅲ-1-13　税金費用の調整

（単位：百万ユーロ）

	親会社の税率による税金費用の調整	平均税率による税金費用の調整
税引前利益	1,620	1,620
国内税率25%に基づく税金費用	405	−
各国の適用税率に基づくそれぞれの国の利益に対する税金費用	−	545
非課税所得	(50)	(50)
税務上損金算入されない費用	25	25
海外の税率との差異の影響額	140	−
税金費用	520	520

(8)　繰延税金資産および繰延税金負債の残高および変動の分析

　各種類の一時差異ならびに各種類の税務上の繰越欠損金および繰越税額控除について，以下の項目を開示する必要があります（IAS 第12号81項(g)(i)，(ii)）。

- 表示する各期間の財政状態計算書に認識した繰延税金資産および繰延税金負債の額
- 財政状態計算書に認識した金額の変動から明らかでない場合には，純損益に認識した繰延税金費用または繰延税金収益の額

　将来減算一時差異または将来加算一時差異の発生と解消による繰延税金費用または繰延税金収益は，純損益において，法人所得税費用に含めて表示されます。しかし，この金額について，財政状態計算書における繰延税金資産および繰延税金負債の金額の変動から明らかでない場合には，一時差異等の種類ごとに繰延税金費用または繰延税金収益を分析することが必要となります（IAS 第12号81項(g)(ii)）。例えば，次のような一時差異等について，個別開示を行うことが考えられます。

- 減価償却超過額
- 資産の公正価値評価による利得
- 会計上の利益または課税所得に影響を与える他の短期的な将来加算一時差異
- 引当金
- 税務上の繰越欠損金

　ただし，この繰延税金費用または繰延税金収益の内訳の開示は，実際には，主な一時差異等の繰延税金資産および繰延税金負債の残高の変動の一部でもあります。そのため，財政状態計算書において認識されている金額の変動から明らかであり，通常は，純損益の法人所得税費用（収益）に関する別個の注記として開示する必要はないことが多いものと考えられます。

　図表Ⅲ-1-14では，種類別の一時差異等の分析の開示例（IAS 第12号81項(g)(i)）を示しています。

図表Ⅲ-1-14　種類別の一時差異等の分析

　企業Aが期末日において保有する有形固定資産の帳簿価額，税務基準額および一時差異は以下に示すとおりです。有形固定資産は，会計上認識される減価償却費とは異なる金額で税務上は損金算入されるため，これらの一時差異が発生しています。

（単位：百万円）

有形固定資産の種類

	帳簿価額	税務基準額	一時差異	繰延税金資産（負債）税率30%
不動産	100	75	25	(7.5)
車両及び運搬具	50	65	(15)	4.5
器具及び備品	20	10	10	(3.0)
合計	170	150	20	(6.0)

　図表Ⅲ-1-14では，企業Aにおいて実際負担税率30%によって，不動産，器具及び備品から10.5百万円の繰延税金負債が発生しています。また，車両及び運搬具から4.5百万円の繰延税金資産が発生しています。企業Aは，繰延税金資産を使用して繰延税金負債を相殺することができるため，財政状態計算書において，純額で6.0百万円の繰延税金負債を表示しています。

　また，**図表Ⅲ-1-15**は，財政状態計算書において認識した，繰延税金資産および繰延税金負債の金額の変動から純損益から認識した繰延税金収益または費用の金額が明らかでない場合の種類別の一時差異等の内訳の開示例（IAS第12号81項(g)(ii)）を示しています。

図表Ⅲ-1-15 種類別の一時差異等の内訳

繰延税金資産及び繰延税金負債
(i) 繰延税金資産

（単位：百万円）

	注記	20X1年 3月期	20X2年 3月期
残高は，以下に帰属する一時差異で構成されています。			
リース負債		3,387	3,450
税務上の欠損金		2,245	3,170
退職給付債務		783	1,317
製品保証，リストラクチャリング，返金，原状回復義務及び訴訟請求に係る引当金		786	1,137
		7,201	9,074
その他			
従業員給付		822	914
キャッシュ・フロー・ヘッジ		234	230
金融資産に対する損失評価引当金		121	215
売買目的保有のデリバティブ		186	183
契約負債－カスタマー・ロイヤルティ・プログラム		161	166
偶発負債		－	143
建物の帳簿価額の切下げ		－	140
返金負債		71	148
その他		18	65
小計－その他		1,613	2,204
繰延税金資産合計		8.814	11,278
相殺規定に従った繰延税金負債の相殺		(3,290)	(3,429)
繰延税金資産－純額		5,524	7,849

（単位：百万円）

増減	リース 負債	税務上の 欠損金	退職給付 債務	引当金	その他	合計
20X0年4月1日残高 （借方）貸方計上額	2,888	1,300	551	610	1,201	6,550
純損益	499	945	(41)	176	108	1,687
OCI	－	－	273	－	304	577
20X1年3月31日残高	3,387	2,245	783	786	1,613	8,814

（借方）貸方計上額						
－純損益	63	(600)	（4）	351	194	4
－その他の包括利益	－	－	(36)	－	77	41
－資本に直接計上	－	－	－	－	60	60
子会社の取得	－	1,525	574	－	260	2,359
20X2年 3 月31日残高	3,450	3,170	1,317	1,137	2,204	11,278

(ii)　繰延税金負債

（単位：百万円）

	注記	20X1年 3 月期	20X2年 3 月期
残高は，以下に帰属する一時差異で構成されています。			
有形固定資産		4,125	6,243
使用権資産		2,852	2,927
無形資産		770	2,375
投資不動産		719	1,124
		8,466	12,669
その他			
転換社債型新株予約権付社債		－	955
FVPL で測定する金融資産		441	804
キャッシュ・フロー・ヘッジ		639	649
FVOCI で測定する金融資産		142	173
関連会社に対する投資		113	131
前渡金		118	125
棚卸資産		－	120
契約を履行するために発生したコストについて認識された非流動資産		156	94
株式に基づく報酬（後配株）		22	51
その他		13	114
小計－その他		1,644	3,216
繰延税金負債合計		10,110	15,885
相殺規定に従った繰延税金資産の相殺		(3,290)	(3,429)
繰延税金負債－純額		6,820	12,456

（単位：百万円）

増減	有形 固定資産	使用権 資産	無形 資産	投資 不動産	その他	合計
20X0年 4 月 1 日残高	2,150	2,312	615	300	1,291	6,668

借方（貸方）計上額						
－純損益	223	540	155	419	62	1,399
－その他の包括利益	1,752	－	－	－	291	2,043
20X1年3月31日残高	4,125	2,852	770	719	1,644	10,110
借方（貸方）計上額						
－純損益	(379)	75	(255)	405	(23)	(177)
－OCI	2,173	－	－	－	425	2,598
－資本に直接計上	－	－	－	－	1,050	1,050
子会社の取得	324	－	1,860	－	120	2,304
20X2年3月31日残高	6,243	2,927	2,375	1,124	3,216	15,885

(9)　繰延税金資産または繰延税金負債を認識していない一時差異等

　繰延税金資産または繰延税金負債を認識していない一時差異等については，以下の開示が要求されています（IAS第12号81項(e)(f)）。

- 繰延税金資産を認識していない，将来減算一時差異，税務上の繰越欠損金および繰越税額控除の額（および，もしあれば失効日）
- 繰延税金負債を認識していない，子会社，支店および関連会社に対する投資ならびに共同支配の取決めに対する持分に係る一時差異の総合計額

　なお，子会社，支店および関連会社に対する投資ならびに共同支配の取決めに対する持分に関しては，それらの一時差異に関連する未認識の繰延税金負債の開示は奨励されていますが要求されていません（IAS第12号87項）。

　他方で，繰延税金負債の基礎となる一時差異自体の合計額を開示することが要求されています。これは，特に，海外投資などの場合には，多くの要因（例えば，その国の税法や税率，将来の配当支払の予定時期，二国間で結ばれている租税条約の条項など）を考慮すると，将来の納税額を定量的に把握することは，困難な場合があるためです（IAS第12号87項）。

　図表Ⅲ-1-16では，繰延税金資産または繰延税金負債を認識していない一時差異等に係る開示例を示しています。

図表Ⅲ-1-16　**繰延税金資産または繰延税金負債を認識していない一時差異等に係る開示**

(1)　繰延税金資産を認識していない税務上の欠損金

（単位：百万円）

	20X0年3月期	20X1年3月期
繰延税金資産を認識していない税務上の繰越欠損金	2,796	1,740
潜在的な税金便益（適用税率30%）	839	522

　未使用の税務上の繰越欠損金は，予測可能な将来期間において課税所得が発生する可能性が高くない休眠中の子会社において生じたものです。この繰越欠損金は，繰越期間に制限はありません。

(2)　繰延税金負債を認識していない子会社に対する投資に係る一時差異

（単位：百万円）

	20X0年3月期	20X1年3月期
繰延税金負債を認識していない子会社に対する投資に係る一時差異		
－外貨換算差額	1,980	2,190
－未分配利益	－	1,350
合計	1,980	3,540
上記一時差異に関する未認識の繰延税金負債（適用税率30%）	594	1,062

　当社グループの中国子会社の財務諸表を換算した結果，当事業年度（20X1年3月期）2,190百万円（20X0年3月期は1,980百万円）の一時差異が生じました。ただし，繰延税金負債は子会社を処分した場合にのみ実現するものであり，予測可能な将来において，そのような処分は見込まれないため，繰延税金負債を認識していません。

　子会社は，当事業年度（20X1年3月期）において未分配の利益1,350百万円（20X0年3月期はゼロ）を有しており，これを配当として支払う場合に，配当の受領者に課税されます。課税対象となる一時差異は存在しますが，親会社は，当該子会社からの分配の時期を決定することができ，これらの利益の分配を予測可能な将来に行う予定はないため，繰延税金負債を認識していません。

⑽　配当の税務上の影響

　企業は一般に，配当を財務諸表において負債として認識した時点で，配当の支払による税務上の影響を認識します。ただし，財務諸表の発行が承認される前に提案または宣言したものの，財務諸表において負債として認識していない株主への配当から生じる法人所得税の金額を開示する必要があります（IAS 第12号81項(i)）。

　分配された利益と未分配利益とで税率が異なる場合には，株主に対する配当の支払により生じる法人所得税への潜在的な影響の内容を開示しなければなりません。この開示を行う際，企業は，以下の開示も行う必要があります（IAS 第12号82Ａ項，87Ａ項，87Ｂ項）

- 法人所得税制度の重要な特徴および株主に対する配当に係る潜在的な法人所得税上に影響を与える要因
- 配当の支払により生じる法人所得税への潜在的な影響の金額（算定が実務上可能な場合）

　　例えば，連結グループの中で，親会社と一部の子会社が未分配利益について高い税率で法人所得税を支払う場合がある。他方で，将来の配当の支払時により低い税率が適用されることにより還付される税額が分かっている場合もある。このような場合は，還付額を開示する。

- 法人所得税への潜在的な影響が実務上算定不可能なものの有無

　　企業が多くの海外子会社を有しており，その課税法域における分配された利益と未分配利益に係る取扱いが複雑であるなど，株主への配当の支払により生じる法人所得税の影響の算定が実務上不可能な場合がある。このような場合には，企業は単に当該事実を開示すればよい。

⑾　赤字企業の繰延税金資産

　当期または前期において企業に税務上の繰越欠損金が発生しており，かつ，繰延税金資産の回収が既存の将来加算一時差異の解消により生じる課税所得を上回り，将来の課税所得の有無に依存している場合には，次の開示が必要とな

ります（IAS 第12号82項）。

- 繰延税金資産の額とその認識の根拠となる証拠の内容

　繰延税金資産は，その回収が可能となるような将来の課税所得を見込める信頼すべき根拠の範囲でのみ認識されるものであり，その根拠は証拠によって裏付けられる必要があります。このような証拠には，タックス・プランニングの機会による回収も含まれることになります。

　繰延税金資産がどのように回収されるかについての説明は，現実的なものである必要があり，経営者による財務・経営成績の分析（MD＆A），あるいは経営と財務のレビュー（OFR）など，財務諸表のその他の開示とも整合している必要があります。

⑿　見積りの不確実性

　IAS 第 1 号125項では，次のように示しています。

> 企業は，報告期間の末日における，将来に関して行う仮定及び見積りの不確実性の他の主要な発生要因のうち，翌事業年度中に資産及び負債の帳簿価額に重要性のある修正を生じる重要なリスクがあるものに関する情報を開示しなければならない。当該資産及び負債に関して，注記には⒜その内容⒝報告期間の期末日現在の帳簿価額の詳細を記載しなければならない。

　見積りの不確実性に関して要求される開示は，会計方針適用の際の重要な判断に関する開示（IAS 第 1 号122項）とは異なります。見積りの不確実性の開示は，企業が不完全で不十分な情報を持つ状況（多く場合，将来に関する状況）を扱うものです。

　見積りの不確実性の開示が必要となる可能性のある項目には，例えば以下があります。

- 税務当局との交渉の状況（⒀「税金関連の偶発事象」（358頁）参照）
- 将来減算一時差異および税務上の繰越欠損金に係る繰延税金資産の認識を可能とする十分な将来の課税所得を稼得する可能性の評価

●繰延税金資産の回収可能性に係るその他の仮定

⒀　税金関連の偶発事象

　例えば，過年度に税務調査が入ったものの，その調査が終了しておらず，税務当局と討議中であるといった状況や，税務上の取扱いが明確でないまま納税申告を行っている状況も，実務においては珍しいことではありません。そうした税務上の不確実性が含まれている税務処理の会計処理は，IFRIC 第23号「法人所得税の税務処理に関する不確実性」に定められています。IFRIC 第23号に従い，企業は，税務当局が不確実な税務処理を認める可能性は高くないと結論づける場合には，その決定が行われた期間の法人所得税の処理において，不確実性の影響を反映しなければなりません（IFRIC 第23号11項）。このとき，税務調査等による発見リスクは，不確実な税務処理の認識および測定において考慮されません（IFRIC 第23号 8 項）。その代わりに，企業は，税務調査を行う権限および税務処理に異議を唱える権限を有する税務当局が，それらの税務処理を調査し，すべての関連する情報について十分な知識を有しているであろうと仮定することを要求されます。

　また，測定については，不確実性の解消についてより適切な予測を提供する方法，すなわち，最も可能性の高い金額または期待値のいずれかの方法を用いて不確実性の影響を測定しなければなりません。

　不確実な税務処理の影響を認識および測定するために行った判断と見積りは，状況が変化した場合には常に，あるいはそれらの判断に影響を与える新たな情報がある場合に見直されます。

　なお，税金関連の偶発事象に係る開示については，IAS 第37号「引当金，偶発負債及び偶発資産」と整合的に，偶発事象の性質，将来の税金の支払要否に関わる不確実性の内容および財務上の影響の見積額に関する情報を示すことが求められます（IAS 第12号88項）。

　図表Ⅲ－1－17では，不確実な税務上のポジションおよび税金に関連する偶発事象に係る開示例を示しています。

図表Ⅲ-1-17　不確実な税務上のポジションおよび税金に関連する偶発事象

(b)　重要な見積り－不確実な税務上のポジションおよび税金に関連する偶発事象
　　販売部門の設立に関連して発生した支出に関する税法が不明確です。当社グループは，1,933百万円の課税所得控除を利用できる可能性が高いと判断し，これに基づいて当期税金費用を計算しています。しかしながら，当社グループは，それらの解釈を確認するために私的通達（private ruling）を申請しました。仮に，この通達が有利な内容でない場合には，当社グループの当期税金支払額と当期税金費用が，それぞれ580百万円増加することになります。当社グループは，次の期中財務報告日までには税務当局から回答を受け取り，税務上のポジションに関する確実性を確保する予定です。

⑭　報告期間末日後の税率の変更

　当期税金資産および当期税金負債，ならびに繰延税金資産および繰延税金負債の算定にあたっては，財務諸表の公表承認日ではなく，報告期間の末日までに制定され，または実質的に制定されている税法および税率を使用することが求められます（IAS第12号46項，47項）。このため，報告期間の末日後に実質的に制定された税法や税率に関する情報は，報告期間の末日後に財務諸表の修正を必要とする事象（修正を要する後発事象）には該当しません。しかしながら，報告期間の末日後に制定または発表された税率または税法の変更によって，当期税金資産および負債，ならびに繰延税金資産および負債に重要な影響を及ぼすものは，IAS第10号「後発事象」に基づく修正を要しない後発事象（IAS第10号21項）として開示が必要となります（IAS第10号22項(h)，IAS第12号88項）。

本セクションのポイント
● IAS第12号は，法人所得税に関して投資家に，有用と考えられる情報について，多くの項目と内容を開示することを要求している。

5．グローバル・ミニマム課税に関する取扱い

(1)　グローバル・ミニマム課税による影響

　第2の柱モデルルール（第Ⅱ部第3章「グローバル・ミニマム課税に関する取扱い」（293頁）参照）は，過去4年間のうち少なくとも2年にわたり7億5,000万ユーロの連結収入（OECD により定義されているとおり，あらゆる形態の収入を含むため，IFRS 第15号「顧客との契約から生じる収益」に従って認識される収益に限定されない）を有する多国籍企業に適用されます。

　第2の柱モデルルールは，グループが事業を営む国・地域が当該ルールを国内法として制定した場合に適用されます。適用される国・地域は，所得合算ルール（IIR）の場合，最終親会社の国・地域で IIR が発効している場合には最終親会社の国・地域になりますが，最終親会社の国・地域で IIR が発効していない場合にはトップアップ税の対象となる多国籍企業の中間親会社の国・地域になる可能性があります。また，軽課税所得ルール（UTPR）の場合，適用される国・地域は，多国籍企業の子会社等の国・地域になる可能性があります。適格国内ミニマム課税（QDMTT）の規則が制定されれば，グループの税金負債が増える可能性もあります。

　したがって，最終親会社の国・地域がまだ第2の柱モデルルールを制定していない場合でも，多国籍企業は，第2の柱モデルルールの課税対象となり，IAS 第12号の開示要求事項の範囲に含まれる可能性があります。

(2)　グローバル・ミニマム課税の取扱い

　繰延税金資産および繰延税金負債は，報告期間の末日までに制定または実質的に制定されている税法に基づいて算定しなければなりません（IAS 第12号47項）。しかしながら，第2の柱モデルルールの適用とその影響の算定は非常に複雑になる可能性が高く，実務上，利害関係者から第2の柱モデルルールに係る法人所得税の会計処理，特に，繰延税金の会計処理に係る不確実性について，

強く懸念が示されていました。いくつかの法域では当該モデルルールを導入するための税法の制定が間近に迫っている状況にあったため，2023年 5 月，IASB は，第 2 の柱モデルルールの適用から生じる繰延税金資産および繰延税金負債について認識および開示しないこととする一時的な例外事項を定めた，IAS 第12号の修正（以下「改訂 IAS 第12号」という）を公表しました。この一時的な例外事項は，財務諸表の比較可能性を高めるとともに，IAS 第12号の原則および要件と矛盾する会計方針が不用意に策定されてしまうリスクを排除するために，強制適用とされています。本修正基準の要求事項と適用時期は，以下のとおりです。

図表Ⅲ- 1 -18　繰延税金の取扱い

区分	要求事項	適用時期
会計処理	IAS 第12号の例外として，第 2 の柱モデルルールの法人所得税に係る繰延税金資産・負債に関しては，認識および情報の開示を行ってはならない（改訂 IAS 第12号 4 A 項）。	改訂 IAS 第12号公表後ただちに遡及適用（ただし，現地の承認プロセスに従う）
開示	第 2 の柱モデルルールの法人所得税に係る繰延税金資産・負債に関して，認識および情報の開示の例外を適用した旨を開示する（改訂 IAS 第12号88 A 項）。	

図表Ⅲ- 1 -19　当期税金の取扱い

区分	要求事項	適用時期
開示	第 2 の柱モデルルールの法制発効前の期間（**図表Ⅲ- 1 -21**参照） 次の内容を開示する。 ① 　第 2 の柱モデルルールの法人所得税に対するエクスポージャーを財務諸表利用者が理解するために有用な既知または合理的に見積可能な情報（改訂 IAS 第12号88 C 項） ② 　①の開示目的を満たす報告期間の末日における企業のエクスポージャーに関する定性的および定量的な情報。当該情報は，第 2 の柱モデルルールの税制の特定の要求事項のすべてを反映する必要はなく，	2023年 1 月 1 日以後に開始する年次報告期間

	一定の範囲を示す形で適用できる（改訂 IAS 第12号 88D 項） ③　情報が既知のものでない，または合理的に見積可能でない場合は，その旨および第2の柱モデルルールの法人所得税に対するエクスポージャーの評価の進捗に関する情報（改訂 IAS 第12号88D項）
開示	第2の柱モデルルールの法制発効後の期間 第2の柱モデルルールの法人所得税に係る当期税金費用（収益）を区分して開示する（改訂 IAS 第12号88B項）。

　なお，改訂 IAS 第12号では，年度で要求される第2の柱モデルルールの法人所得税に対する企業のエクスポージャーに関する開示および当期税金費用の個別開示について，2023年12月31日以前に終了する期中財務報告期間については要求されないとされています。一方で，それ以降の期中財務報告期間における取扱いについては言及されていませんが，IAS 第34号に従って期中財務諸表を作成する場合には，一般的な要求事項に従った対応が考えられます（**図表Ⅲ-1-20**参照）。

図表Ⅲ-1-20　**期中財務報告（IAS 第34号に従って期中財務諸表を作成する場合）における取扱い**

区分	要求事項	適用時期
会計処理	第2の柱モデルルールの法人所得税に係る当期税金については，当該当期税金を生じさせた国・法域における予想年間税引前利益に対する期中税引前利益の比率で按分して期中報告期間に計上することが考えられる。	改訂 IAS 第12号公表後ただちに遡及適用（ただし，現地の承認プロセスに従う）
開示	当期税金に係る開示（第2の柱モデルルールの法制発効後の期間）について，特段の定めはない。IAS 第34号「期中財務報告」の一般的な要求事項（IAS 第34号15項）に従った対応が考えられる。	2024年1月1日以後に終了する期中報告期間

　親会社が，第2の柱モデルルールの法律が実質的に制定されているもののグ

ループの報告日時点でまだ発効していない国・地域に所在する場合があります。例えば，2023年12月31日現在，親会社の所在する国・地域は，2025年1月1日から発効するこの場合，第2の柱モデルルールの法律を実質的に制定している場合があります。

　上記のIAS第12号の開示要求事項を満たすために，第2の柱モデルルールのルールの範囲に含まれる企業は，2023年12月31日現在の年次財務諸表において，第2の柱モデルルールの法人所得税に対するエクスポージャーに関する定性的および定量的な情報を開示しなければなりません。その情報は，必ずしも法律の具体的な要求事項のすべてを反映している必要はなく，一定の範囲を示す形で提供することも可能です。

　考えられる開示は以下のとおりです。

●グループは第2の柱の法律によってどのような影響を受けるか，および第2の柱モデルルールの法人所得税に対するエクスポージャーが存在する可能性のある主要な国・地域などの定性的な情報

　例えば，親会社が軽課税国・地域で事業を営む子会社を有している場合，親会社は，それらの国・地域の名称および現行の法定実効税率または平均実効税率を開示することを検討する可能性がある。

●以下のような定量的な情報

・潜在的に第2の柱モデルルールの法人所得税の課税対象になる可能性のある企業の利益の割合およびそれらの利益に適用される平均実効税率

・第2の柱モデルルールの法律が発効していた場合，企業の平均実効税率がどのように変わっていたかを示す指標

　情報が既知のものではない，または合理的に見積ることができない範囲で，企業は，代わりにその旨の記述およびエクスポージャーの評価の進捗に関する情報を開示しなければなりません。経営者は，第2の柱モデルルールによる重要性のある影響はないという説明を裏付けることができる必要があります。

　企業が2023年12月31日に終了する事業年度の財務諸表において検討する可能性がある開示の記載例は，以下のとおりです。

図表Ⅲ-1-21　開示例－法律が実質的に制定されているが未発効の場合

OECD の第 2 の柱モデルルール

　当社グループは，OECD の第 2 の柱モデルルールの範囲に含まれます。第 2 の柱の法律は，当社が設立された国・地域である X 国で制定され，2025年 1 月 1 日から施行されます。第 2 の柱の法律は報告日時点では施行されていないため，当社グループには関連する当期税金のエクスポージャーはありません。当社グループは，2023年 5 月に公表された IAS 第12号の修正に規定されている，第 2 の柱の法人所得税に関連する繰延税金資産および繰延税金負債の認識および情報開示の法人所得税に関連する繰延税金資産および繰延税金負債の認識および情報開示の例外を適用しています。

　本法律の下で，当社グループは，国・地域別の GloBE 実効税率と15%の最低税率との差異に対してトップアップ税を支払う義務があります。当社グループ内の企業の実効税率は，A 国で事業を営んでいる 1 つの子会社を除き，15%を超えています。

　2023年について，A 国で事業を営んでいる企業の平均実効税率（IAS 第12号86項に従って算出）は以下のとおりです。

	A 国で事業を営むグループ企業単位：千 CU
2023年12月31日に終了する事業年度の税金費用	250
2023年12月31日に終了する事業年度の会計上の利益	3,000
平均実効税率	8.3%

　当社グループは，第 2 の柱モデルルールの法律の施行に備えて，そのエクスポージャーを評価中です。この評価では，A 国について，2023年12月31日までの年次報告期間の会計上の利益に基づく平均実効税率が8.3%であることが示されています。しかし，平均実効税率が15%を下回っているにもかかわらず，当社グループは，A 国に関連して，第 2 の柱の法人所得税を支払わない可能性があります。これは，第 2 の柱モデルルールの法律で想定されている特定の調整の影響により，IAS 第12号86項に従って計算される実効税率とは実効税率が異なるためです。

　当該法律の適用および GloBE 所得の計算の複雑性により，制定または実質的に制定された法律の定量的な影響は，まだ合理的に見積可能ではありません。したがって，会計上の実効税率が15%を超える企業であっても，依然として第 2 の柱モデルルール課税の影響がある可能性があります。当社グループは現在，当該法律の適用を支援する税務専門家を関与させています。

第2章

IFRS 会計基準への
移行時の検討ポイント

　本章では，第1章「IAS 第12号「法人所得税」の主な論点」で解説した IFRS 会計基準に基づいた会計処理と第Ⅰ部で解説した日本基準に基づいた会計処理の主要な基準上の差異について解説します。また，このような主要な基準の差異を踏まえて，日本基準から IFRS 会計基準へ移行するときの実務上の主な留意点を解説します。

1．税効果会計に係る主な相違点

(1)　基準の枠組みの相違

　IFRS 会計基準では，IAS 第12号が当期税金と繰延税金の双方の会計処理を対象とする単一の包括的な基準として存在します。他方，日本基準では，当期税金については，「法人税，住民税及び事業税等に関する会計基準」，繰延税金については，「税効果会計に係る会計基準」等が公表されており，それぞれ異なる会計基準によることとなります。

(2)　基本的な考え方の相違

　IFRS 会計基準は，日本基準が採用している資産負債法（第Ⅰ部第1章2．(2)②「資産負債法」（9頁）参照）に相当する「貸借対照表負債法」を採用しています（詳細は，第1章1．(1)「基本的な考え方（貸借対照表負債法）」（310頁）参照）。基本的な考え方には，IFRS 会計基準と日本基準とでは相違

はありません。しかしながら，日本基準では，例えば，後述の(7)「未実現損益消去に係る税効果」（370頁）で解説する繰延法を採用した定めがあるなど，個別の定めによって，IFRS 会計基準と取扱いが異なる場合があります。

(3)　繰延税金負債の対象項目

　IFRS 会計基準には，のれんの当初認識以外にも，資産または負債の当初認識から生じる将来加算一時差異について例外の定めがあります。そのような例外の定めは日本基準には設けられていないため，繰延税金負債の認識額に相違が生じる場合があります。

IFRS 会計基準	日本基準
繰延税金負債が，次のいずれかから生じる場合を除き，すべての将来加算一時差異について繰延税金負債を認識しなければならない。 ・のれんの当初認識 ・以下の①から③のすべてに該当する取引における資産または負債の当初認識 　①　企業結合でない 　②　取引時に会計上の利益にも課税所得（税務上の欠損金）にも影響しない 　③　取引時に同額の将来加算一時差異と将来減算一時差異が生じない ただし，子会社・関連会社に対する投資等に係る将来加算一時差異を解消する時期をコントロールすることができ，かつ，予測可能な期間内に当該一時差異が解消しない可能性が高い場合は繰延税金負債を認識しない。 （IAS 第12号15項，39項）	のれんを除き，資産または負債の当初認識の将来加算一時差異に係る繰延税金負債の認識の例外はない。このため，将来加算一時差異等に係る税金の額は，将来の会計期間において清算するまで支払が見込まれない税金の額を除き，繰延税金負債として計上しなければならない。 （税効果会計基準第二二１）（税効果適用指針８項(2)） なお，子会社・関連会社に対する投資等に係る将来加算一時差異は，以下の場合は繰延税金負債を認識しない。 ・配当受領を解消事由とする留保利益については，配当に係る課税関係が生じない可能性が高い場合（配当をしない方針や株主間の合意がある場合など） ・配当受領以外を解消事由とする一時差異は，親会社等が投資の売却を自ら決めることができ，かつ，予測可能な将来の期間にその売却

（注）第1章1．(3)②b「例外」（316頁）参照	を行う意思がない場合 （税効果適用指針23項，24項）（持分法実務指針27項） （注）第Ⅰ部第2章1．(4)「繰延税金資産および繰延税金負債の計上」（19頁）参照

(4)　繰延税金資産の対象項目

　繰延税金資産にも，IFRS会計基準では，(3)に示した繰延税金負債と同様に，資産または負債の当初認識から生じる将来減算一時差異等について例外の定めがあります。そのような例外の定めが，日本基準には設けられていないため，繰延税金資産の認識額に相違が生じる場合があります。

　なお，のれんの当初認識の例外に係るIFRS会計基準と日本基準の相違点は，後述の(5)「のれんに係る税効果」において解説します。

IFRS会計基準	日本基準
繰延税金資産は，将来減算一時差異を利用できる課税所得が生ずる可能性が高い範囲内で，すべての将来減算一時差異について繰延税金資産を認識しなければならない。ただし，以下の①から③のすべてに該当する取引における資産または負債の当初認識から生じる場合を除く。 ①　企業結合でない ②　税務上の取引時に会計上の利益にも課税所得（税務上の欠損金）にも影響しない ③　取引時に同額の将来加算一時差異と将来減算一時差異が生じない また，子会社・関連会社に対する投資等に係る将来減算一時差異は，予	組織再編に伴い受け取った子会社株式・関連会社株式を除き，資産または負債の当初認識の将来減算一時差異に係る繰延税金資産の認識の例外はない。将来減算一時差異等の係る税金の額は，将来の会計期間において回収が見込まれない税金の額を除き，繰延税金資産として計上しなければならない。 （税効果会計基準第二二1）（税効果適用指針8項(1)） なお，子会社・関連会社に対する投資等に係る将来減算一時差異は，予測可能な将来，評価減の損金算入要件を満たすか，売却の可能性が高く，かつ回収可能性が満たされる場合の

資等に係る将来減算一時差異は，予測し得る期間内に解消し，かつ，これを活用できる課税所得が稼得される可能性が高い範囲でのみ，繰延税金資産を認識する。 (IAS 第12号24項，44項) (注)　第1章1.(3)①b「例外」(313頁) 参照	み，繰延税金資産を認識する。 (税効果適用指針22項)(持分法実務指針29項，30項) (注)　第Ⅱ部第1章4.(3)「組織再編に伴い受け取った子会社株式に係る税効果」(244頁)，第Ⅰ部第3章6.(2)「子会社に対する投資に係る一時差異」(56頁)，8.(3)「持分法適用会社への投資に係る税効果」(78頁)参照

(5)　のれんに係る税効果

　IFRS 会計基準では，のれんに係る将来加算一時差異について繰延税金負債を認識しないのに対して，のれんに係る将来減算一時差異については，活用できる将来の課税所得が得られる可能性が高い範囲で繰延税金資産を認識することとされています。他方，日本基準では，非適格合併等における，いわゆる税務上ののれん（資産調整勘定または差額負債調整勘定）に対して税効果が認識されるのに対して，会計上ののれんの当初認識では，繰延税金資産と繰延税金負債のいずれも認識されません。

　なお，日本の税法上ののれん（資産調整勘定）を IFRS 第3号「企業結合」における会計上ののれんの税務基準額とみなすかどうかについては両方の考え方があります。

IFRS 会計基準 （税務上ののれんを会計上の 税務基準額とみなす場合）	日本基準
のれんの帳簿価額がその税務基準額よりも小さい場合には，将来減算一時差異を活用できる課税所得を得られる可能性が高い範囲で繰延税金資産を認識しなければならない。	非適格合併等におけるいわゆる税務上ののれん（資産調整勘定または差額負債調整勘定）については税効果を認識する。この場合，税務上ののれんはその額を一時差異とみて，繰

| （IAS 第12号32Ａ項）

（注）第１章１．⑶①ａ「原則」（313頁）参照 | 延税金資産または繰延税金負債を計上したうえで，配分残余としての会計上ののれん（または負ののれん）を算定する。
（結合分離適用指針378-3項）

（注）第Ⅱ部第１章２．⑵「のれんの税効果」（234頁）参照 |

⑹　繰延税金資産の回収可能性の判断

　IFRS 会計基準では，日本基準のような分類判定やこの結果に基づく検討について詳細な規定が設けられていないため，繰延税金資産の回収可能性を判断するためには，繰延税金資産の認識の裏付けとして，すべての入手可能な証拠（「有利な証拠」と「不利な証拠」の双方）を総合的に検討する必要があります。他方，日本基準では，分類判定の結果に基づき，将来の一定の見積可能期間の一時差異等加減算前課税所得等の範囲内で回収可能な繰延税金資産が計上されます。このため，それぞれの基準に基づいて認識される繰延税金資産の額が相違する場合も考えられます。

IFRS 会計基準	日本基準
分類判定に基づいた詳細な規定はなく，将来減算一時差異を利用できる課税所得が生じる可能性が高い範囲内で，すべての将来減算一時差異等について繰延税金資産を認識する。 （IAS 第12号27項〜31項） （注）第１章２．「繰延税金資産の回収可能性」（323頁）参照	過去（３年）および当期の課税所得（または税務上の欠損金）の発生状況等の要件により企業を（分類１）から（分類５）のいずれかに分類したうえで，企業の収益力に基づく一時差異等加減算前課税所得等に基づいて，繰延税金資産の回収可能性を判断する。 なお，一時差異等加減算前課税所得とは，将来の事業年度における課税所得の見積額から，その事業年度において解消することが見込まれる当

| | 期末に存在する一時差異等の額を除いた額をいう。
（回収可能性適用指針3項，15項〜31項）

（注）第Ⅰ部第5章「繰延税金資産の回収可能性」（104頁）参照 |

(7)　未実現損益消去に係る税効果

　IFRS 会計基準では，特段個別の定めがないため，原則的な貸借対照表負債法に基づいた取扱いとなります。他方，日本基準では，連結会社間の棚卸資産等に係る内部取引により生じた未実現損益消去に関する税効果については，繰延法の考え方を採用した定めがあります。この結果，IFRS 会計基準と日本基準とでは，会計処理の結果に相違が生じることになります。

IFRS 会計基準	日本基準
未実現損益に係る一時差異に適用する税率は，貸借対照表負債法により，売却先（関連する資産・負債を財務諸表に計上している法人）の税率を使用し，税率変更があった場合には，税率変更による計上額の見直しを行う。 一時差異の金額の上限を売却元の売却年度における課税所得に制限する規定はなく，未実現利益の消去に係る繰延税金資産は，毎期，回収可能性を判断することになる。 （IAS 第12号47項） （注）第1章1．(3)④「棚卸資産等の未実現損益の消去に係る税効果」（321頁）参照	未実現損益に係る一時差異に適用する税率は，売却元の売却年度の課税所得に適用された法定実効税率を使う。そのため，その後の税率変更の影響を受けない。 一時差異の金額は，売却元の売却年度の課税所得を上限とする制限がある。未実現利益の消去に係る繰延税金資産の回収可能性について，判断は不要である。 （税効果適用指針34項〜37項，56項，126項〜141項）（持分法実務指針25項，26項） （注）第Ⅰ部第3章3．「未実現損益の消去に係る一時差異の取扱い」（45頁）参照

> **本セクションのポイント**
> - IFRS会計基準において，日本基準の「資産負債法」に相当する「貸借対照表負債法」が採用されていることから，基本的な税効果の取扱いには相違はない。
> - ただし，例えば，のれんの税効果や繰延税金資産の回収可能性の検討，未実現損益消去に係る税効果に係る規定など，それぞれの基準の個別の定めの相違により，会計処理の結果が異なる場合がある。

2．表示に係る主な相違点

(1)　評価性引当額

　IFRS会計基準では，評価性引当額の概念はなく，回収可能性が見込まれる繰延税金資産のみを認識します。他方，日本基準では，まず，繰延税金資産の回収可能性を考慮する前の総額を認識したうえで，そのうち回収が見込まれない部分を評価性引当額として控除するという考え方が採用されています。

　この考え方の相違は，各基準の定め（第1章4．(8)「繰延税金資産および繰延税金負債の残高および変動の分析」（350頁）参照）に基づいた開示の内容に影響を与えます。

(2)　相　　殺

　IFRS会計基準では，財政状態計算書において，当期税金資産と当期税金負債は，金融商品の相殺の要件（IAS第32号42項）と同様の要件に従って，相殺されます（IAS第12号71項，72項）（第1章3．(2)「相殺」（337頁）参照）。また，繰延税金資産と繰延税金負債は，企業が当期税金資産と当期税金負債を相殺する法的強制力のある権利を有する場合には，同一納税主体のほか，異なる納税主体であっても，多額の繰延税金負債または繰延税金資産の決済または回収が見込まれる将来の期間において，これらを純額で決済するか，資産の実現

と負債の決済を同時に行うことを意図している場合には，相殺されます（IAS 第12号74項）（第1章3．(2)「相殺」（337頁）参照）。他方，日本基準では，当期税金資産と当期税金負債について，相殺の特別な定めはありませんが，繰延税金資産と繰延税金負債は，グループ通算制度の通算グループを含め，同一納税主体の繰延税金資産と繰延税金負債は相殺されますが，異なる納税主体については，これらの相殺は認められません。

本セクションのポイント

● IFRS 会計基準には，評価性引当額の概念はないが，日本基準では，その概念が存在する。この結果，それぞれの基準で要求される開示の内容に相違が生じる。

● IAS 第12号では，純額決済を求めている場合，異なる納税主体の繰延税金資産と繰延税金負債が相殺される。他方で，日本基準では，異なる納税主体での相殺は認められない。

---

(3)　税金費用（収益）の表示

　IFRS 会計基準では，税金費用（収益）は，その他の包括利益または直接資本に認識される取引または事業，もしくは企業結合から生じるものを除き，純損益及びその他の包括利益計算書の純損益の一部として表示します（第Ⅲ部第1章3．(3)「包括利益計算書における表示」（339頁）参照）。

　他方，日本基準では，従前より，税金の表示について包括的な定めはなく，事業年度の所得等に対する法人税，住民税および事業税等（当期税金）は法令に従い算定された額を損益に計上する一方で，評価・換算差額等またはその他の包括利益の内訳項目（その他有価証券評価差額金，繰延ヘッジ損益，為替換算調整勘定等）に関する税効果（繰延税金）はその他の包括利益の調整として表示することとされており，税引前当期純利益と税金費用の対応関係が図られていないとの意見がありました。このため，評価差額等に対して課される当期税金のほか，株主資本に対して課される当期税金も含めて，所得を課税標準と

する税金について，税金の発生源泉となる取引等の処理と整合させるために，損益，株主資本およびその他の包括利益の各区分に計上するよう改正が行われました。この結果，日本基準の基本的な税金費用の表示に関する考え方は，IFRS会計基準と整合的になりました。なお，当該改正は，2024年4月1日以後開始する（連結）事業年度の期首からの適用となります。

3．開示に係る主な相違点

IFRS会計基準に基づいて作成された連結財務諸表と日本基準に基づいて作成された連結財務諸表に係る開示の主な相違点は，**図表Ⅲ-2-1**の一覧のとおりとなります。詳細は，IFRS会計基準については，第1章4.「開示」（342頁），日本基準については，第Ⅰ部第8章2.「注記事項」（212頁）を参照ください。

図表Ⅲ-2-1　IFRS会計基準と日本基準の連結財務諸表における開示の主な相違点

開示項目	IFRS会計基準	日本基準
税金費用（収益）の分析	主な内訳を開示する。（IAS第12号80項）	特段の定めはない。
資本に直接認識した項目に係る税金	各項目に係る当期税金および繰延税金の合計額を開示する。（IAS第12号81項(a))	特段の定めはない。
その他の包括利益の各内訳項目に係る税金	各内訳項目に係る法人所得税の金額を組替調整額を含めて，包括利益計算書本体または注記で表示または開示する。（IAS第1号90項）	各内訳項目に係る税効果の金額および当期純利益への組替調整額を注記する。（包括利益会計基準9項）
企業結合に係る税効果	取得企業の場合には，関連する税金に関する開示要求がある。（IAS第12号81項(i)(k))	特段の定めはない。

非継続事業	定められた項目に区分した税金費用の分析を開示する。（IAS 第12号81項(h)）	継続事業と非継続事業とに区分して表示する要求事項がない。
税金費用と会計上の利益との関係についての説明	税金費用と会計上の利益との関係について，以下のいずれかの方法による説明を開示する。（IAS 第12号81項(c)） • 税引前利益に対する税金費用（収益）の比率と適用税率との調整 • 税引前利益に適用税率を乗じた金額と税金費用（収益）との調整	税引前当期純利益に対する法人税等の比率と法定実効税率との間に重要な差異がある場合には，当該差異の原因となった主要な項目の内訳を注記する。（税効果会計基準第四 2 項）
繰延税金資産および繰延税金負債の残高および変動の分析	当期および過去の期間について，種類別の一時差異ならびに種類別の税務上の繰越欠損金および繰越税額控除について開示する。（IAS 第12号81項(g)）	繰延税金資産および繰延税金負債の発生原因別の主な内訳を注記する。（税効果会計基準第四 1 項）
繰延税金資産または繰延税金負債を認識していない一時差異等	以下を開示する。（IAS 第12号81項(e)(f)） • 繰延税金資産を認識していない将来減算一時差異，税務上の繰越欠損金および繰越税額控除の額（もしあれば失効日） • 繰延税金負債を認識していない子会社・関連会社等に対する投資に係る一時差異の総合計額	繰延税金資産および繰延税金負債の発生原因別の主な内訳に併せて評価性引当額を注記する。 なお，税務上の繰越欠損金の額が重要な場合には，繰越期限別の金額に係る特定項目を注記する。（税効果会計基準一部改正 4 項，5 項） 他方で，繰延税金負債を認識していない一時差異等の注記は要求されていない。
配当の税務上の影響	財務諸表において負債として認識されていない配当から生じる法人所得税の金額等，特定の項目を開示する。（IAS 第12号81項(i)）	特段の定めはない。

赤字企業の繰延税金資産	当期または前期において企業に損失が発生しており，かつ繰延税金資産の回収が既存の将来加算一時差異の解消により生じる課税所得を上回る将来の課税所得の存在に依存している場合に，繰延税金資産の額と認識の根拠となる証拠の内容を開示する。（IAS 第12号82項）	税務上の繰越欠損金に係る重要な繰延税金資産を計上している場合，当該繰延税金資産を回収可能と判断した主な理由を注記する。（税効果会計基準一部改正 5 項⑵）
税金関連の偶発事象	偶発事象の性質，将来の税金の支払要否に関わる不確実性の内容および財務上の影響の見積額に関する情報を開示する。（IAS 第12号88項）	特段の定めはない。
報告期間末日後の税率の変更	報告期間末日後に制定または実質的に制定された税率または税法の変更によって，当期税金および繰延税金の資産・負債に重要な影響を及ぼすものを開示する。（IAS 第10号22項⒣）	決算日後に税率変更を含む改正税法が国会で成立した場合には，その内容および影響を注記する。（税効果会計基準第四 4 項）

Short Break　IFRS 会計基準移行時の開示要求への実務対応の留意点

　日本基準においても「税効果会計に係る会計基準」の一部改正に伴い繰延税金資産の回収可能性に関連する注記要求は拡充されました。しかしながら，IAS 第12号の開示要求事項に比べると，依然として大きな乖離があります。このため，会計処理については IFRS 会計基準移行による重要な影響が生じない企業であっても，連結子会社からの新たな情報の収集や取りまとめといった開示のための準備には，一定の時間と負担がかかると考えられます。例えば，すでに日本基準に基づく連結財務諸表作成目的で IFRS 会計基準による報告数値を作成していた連結子会社については，IFRS 会計基準移行時の金額的な影響は重要でないかもしれません。しかしながら，当該子会社が，親会社に対して開示情報に必要

な情報を収集し報告するためには，開示要求に関する担当者の教育研修，システムの改修や新たな連結用の財務報告パッケージの準備等が必要となる可能性があります。

　また，連結子会社がさまざまな国や地域で事業を展開していれば，その課税法域ごとに異なる制度や規則等に準拠して税務処理が行われています。そのため，それを踏まえた会計処理が検討されているかどうかを，一貫した基準を適用するという観点から，親会社でも確認する必要があります。

　連結財務諸表作成会社は，移行準備の早い段階で，連結子会社においてどのような会計処理が行われているのか，また，各子会社が開示に必要な情報を収集することができるのかなど，連結財務諸表作成に必要な情報を把握する必要があります。また，把握した情報に基づき，グループ内のシステム改修等の対応の要否を判断して必要な手当てをするとともに，連結用の財務報告パッケージのフォーマットやその作成要領等を見直し，子会社の経理担当者に向けた研修を実施するなどの対応が必要です。

（**本セクションのポイント**）

● 日本基準における注記事項の定めは，「『税効果会計に係る会計基準』の一部改正」により拡充した。しかしながら，IAS 第12号は，さらに多くの項目について開示することを要求している。

● IFRS 会計基準への移行においては，日本基準では要求されていない項目について開示することが必要になるため，移行準備の早い段階において，情報収集の検討を開始することが必要である。

索　引

税効果会計の実務ガイドブック〈改訂版〉
■基本・応用・IFRS対応

2021年12月10日　第1版第1刷発行
2024年11月5日　改訂版第1刷発行

編　者　PwC Japan有限責任監査法人
発行者　山　　本　　　　継
発行所　㈱中　央　経　済　社
発売元　㈱中央経済グループ
　　　　パ ブ リ ッ シ ン グ

〒101-0051　東京都千代田区神田神保町1-35
電話　03 (3293) 3371 (編集代表)
　　　03 (3293) 3381 (営業代表)
https://www.chuokeizai.co.jp
印刷／文唱堂印刷㈱
製本／誠　製　本　㈱

©2024
Printed in Japan

ISBN978-4-502-51371-8 C3034

＊頁の「欠落」や「順序違い」などがありましたらお取り替えいた
しますので発売元までご送付ください。(送料小社負担)

● 実務・受験に愛用されている読みやすく正確な内容のロングセラー！

定評ある税の法規・通達集 シリーズ

所得税法規集
日本税理士会連合会
中央経済社 編

❶所得税法 ❷同施行令・同施行規則・同関係告示 ❸租税特別措置法(抄)❹同施行令・同施行規則・同関係告示(抄)❺震災特例法・同施行令・同施行規則(抄)❻復興財源確保法(抄)❼復興特別所得税に関する政令・同省令 ❽災害減免法・同施行令(抄)❾新型コロナ税特法・同施行令・同施行規則 ❿国外送金等調書提出法・同施行令・同施行規則・同関係告示

所得税取扱通達集
日本税理士会連合会
中央経済社 編

❶所得税取扱通達(基本通達／個別通達)❷租税特別措置法関係通達 ❸国外送金等調書提出法関係通達 ❹災害減免法関係通達 ❺震災特例法関係通達 ❻新型コロナウイルス感染症関係通達 ❼索引

法人税法規集
日本税理士会連合会
中央経済社 編

❶法人税法 ❷同施行令・同施行規則・法人税申告書一覧表 ❸減価償却耐用年数省令 ❹法人税法関係告示 ❺地方法人税法・同施行令・同施行規則 ❻租税特別措置法(抄)❼同施行令・同施行規則・同関係告示 ❽震災特例法・同施行令・同施行規則(抄)❾復興財源確保法(抄)❿復興特別法人税に関する政令・同省令 ⓫新型コロナ税特法・同施行令 ⓬租特透明化法・同施行令・同施行規則

法人税取扱通達集
日本税理士会連合会
中央経済社 編

❶法人税取扱通達(基本通達／個別通達)❷租税特別措置法関係通達(法人税編)❸減価償却耐用年数省令 ❹機械装置の細目と個別年数 ❺耐用年数の適用等に関する取扱通達 ❻震災特例法関係通達 ❼復興特別法人税関係通達 ❽索引

相続税法規通達集
日本税理士会連合会
中央経済社 編

❶相続税法 ❷同施行令・同施行規則・同関係告示 ❸土地評価審議会令・同省令 ❹相続税法基本通達 ❺財産評価基本通達 ❻相続税法関係個別通達 ❼租税特別措置法(抄)❽同施行令・同施行規則・同関係告示 ❾租税特別措置法(相続税法の特例)関係通達 ❿震災特例法・同施行令・同施行規則(抄)・同関係告示 ⓫震災特例法関係通達 ⓬災害減免法・同施行令(抄)⓭国外送金等調書提出法・同施行令・同施行規則 ⓮民法(抄)

国税通則・徴収法規集
日本税理士会連合会
中央経済社 編

❶国税通則法 ❷同施行令・同施行規則・同関係告示 ❸同関係通達 ❹国外送金等調書提出法・同施行令・同施行規則(抄)❺新型コロナ税特法・令 ❻国税徴収法 ❼同施行令・同施行規則・同告示 ❽滞調法・同施行令・同施行規則 ❾税理士法・同施行令・同施行規則・同関係告示 ❿電子帳簿保存法・同施行令・同施行規則・同関係告示 ⓫デジタル手続法・同国税関係法令に関する省令・同関係告示 ⓬行政手続法 ⓭行政不服審査法 ⓮行政事件訴訟法(抄)⓯組織的犯罪処罰法(抄)⓰没収保全と滞納処分との調整令 ⓱犯罪収益規則(抄)⓲麻薬特例法(抄)

消費税法規通達集
日本税理士会連合会
中央経済社 編

❶消費税法 ❷同別表第三等に関する法令 ❸同施行令・同施行規則・同関係告示 ❹消費税法基本通達 ❺消費税申告書様式等 ❻消費税法等関係取扱通達等 ❼租税特別措置法(抄)❽同施行令・同施行規則(抄)・同関係告示・同関係通達 ❾消費税転嫁対策法・同ガイドライン ❿震災特例法・同施行令(抄)・同関係告示 ⓫震災特例法関係通達 ⓬新型コロナ税特法・同施行令・同施行規則・同関係告示・同関係通達 ⓭税制改革法等 ⓮地方税法(抄)⓯同施行令・同施行規則(抄)⓰所得税・法人税政省令(抄)⓱輸徴法令(抄)・同関係告示 ⓲関税定率法令(抄)・同関係告示 ⓳関税法令(抄)⓴国税通則法令・同関係告示 ㉑電子帳簿保存法令

登録免許税・印紙税法規集
日本税理士会連合会
中央経済社 編

❶登録免許税法 ❷同施行令・同施行規則 ❸租税特別措置法・同施行令・同施行規則(抄)❹震災特例法・同施行令・同施行規則(抄)❺印紙税法 ❻同施行令・同施行規則 ❼印紙税法基本通達 ❽租税特別措置法・同施行令・同施行規則(抄)❾印紙税額一覧表 ❿震災特例法・同施行令・同施行規則(抄)⓫震災特例法関係通達等

中央経済社